高等学校实践实验教学系列教材

侵权责任法案例教学实验教程

——基于请求权基础分析法的视角

鲁晓明　主编

中国政法大学出版社

2016·北京

高等学校实践实验教学系列教材
编委会

鲁晓明 男，教授，中国人民大学民商法专业法学博士。现为广东财经大学法学院副院长，民商法专业硕士生导师，广东省政府普法讲师团成员，民建广东省委法制委员会主任。在《法商研究》《法律科学》《现代法学》《法学家》《民商法论丛》等核心期刊上发表学术论文四十余篇，先后主持教育部哲学社会科学青年项目、一般项目、国家法治与法学理论研究项目等多项省部级课题，所撰论文曾获2008～2009年度广东省哲学社会科学优秀成果二等奖、2008～2009年度广东省法学会优秀成果一等奖、2010～2012年度广东省法学会优秀成果一等奖、广东财经大学2014～2015年度学术专著一等奖等荣誉。主要学术兼职有广东省民商法研究会副会长、广东省医药食品法研究会副会长、广州市消费者权益保护法研究会副会长等。

编写说明 ❖❖

　　法律人才的职业性特点，决定了法学实验实践性教学在法学教育中不可或缺的地位，实验教学应当成为与理论教学紧密衔接、相互促进的教学内容与环节。基于这一理念，我们在进行课程教学时，始终将实验教学贯穿于理论教学之中，突出实验教学的地位和功能，实现理论教学与实验教学的有机结合。在理论教学基础上，通过法学实验教学进一步深化学生对法学专业知识的理解，训练学生法律实践技能，强化对学生的法律职业伦理教育，塑造法科学生的法律人格，从而实现法律人才素质的法律知识、法律能力、法律职业伦理和法律人格四者的统一。

　　法学实验教学改革应当以培养学生法治理念、实践创新能力和提高法律职业素养与技能为宗旨，以高素质实验教学队伍和完备的实验教学条件为保障，融知识传授、能力培养、素质提高为一体，通过实验教学培养学生探寻法律事实的能力、法律事务操作能力和综合表达能力，培养其法律思维能力与创新思维能力，最终实现法律知识、法律能力、法律职业伦理和法律人格四者的统一。然而，在我国的法学教育中，较普遍地存在理论与实践脱节的现象，学生难以在短期内适应法律事务部门的工作。近年来，法学教育中的实验实践性教学环节的重要性越来越受到法学教育界的重视，教育部"教学质量与教学改革工程"中开展的国家级法学实验教学中心的建设就清楚地表明了这一点。通过法学实验教学改革，我们力求达到如下目标：

　　第一，促进法学理论与实践相结合。通过实验教学，使学生直接面对将来的工作环境与工作要求，促使学生将所学理论知识运用于实务之中，使学生在校时就具备适应未来法律工作所必需的心理素质、知识结构和操作能力。

第二，构建模拟法律职业环境，为学生提供充分的动手操作机会。通过建立仿真实验环境，使学生在分析案件事实、收集证据、人际交往和沟通、起草法律文书等技能方面的训练得到强化，培养学生从事法律职业所需要的专业技能。

第三，提供师生互动平台，变"填鸭式"教学为学生主动学习。实验教学是以学生主动学习为基础展开的，在实验教学模式下，学生也被赋予了一定的责任，在实验过程中，学生可以同指导教师就实验中遇到的问题进行无障碍的沟通。

第四，提高师资队伍的教学水平。要进行法学实验教学，仅有书本知识，没有丰富的实践经验是远远不够的，这就要求指导教师必须深入法律实务部门，掌握相应的专业技能。实践经验的丰富，无疑可以帮助教师更好地讲授相关法律专业知识，促进教学水平的提高。

我校历来重视法学实验教学在法学教育和法律人才培养中的重要地位，早在1993年法学本科专业设立之初就着手法学实验室和实验教学的设计和规划。1996年竣工的法学实验室（包括模拟法庭和司法技术实验室）是当时广东省唯一的法学专业实验场地。1997年实验教学正式纳入教学计划，在物证技术学、法医学、侦查学、刑事诉讼法、民事诉讼法、行政诉讼法学等6门课程中开设28个实验项目。2007年学校整合全部法学实验教学资源，成立了由法律实务实验室、法庭科学综合实验室、开发设计实验室、网络学习实验室和模拟法庭组成的法学实验教学中心。2009年中心被评为省级法学实验教学示范中心。

二十多年来，我们开展了法律实务实训教学（如案例分析诊断、庭审观摩、法律实务模拟等）、法庭科学实验教学（如法医学、物证技术学和侦查学实验）、社会专题调查（地方立法调查、法律援助调查、乡村法律服务等）、实践与实习（包括法律诊所、社会实践和毕业实习）等四种模式组成的实验教学活动，形成了有我校特点的"两大部分、三个层次、四大模块"法学实验教学的内容体系：①从实验教学的空间来看，包括校内实验和校外法律实践两大部分；②从实验教学的性质来看，包括基础型实验（如课程实验）、综合型实验（如专项实验、仿真实验）和法律实践（如见习、实习等）三个层次；③从实验教学的类型来看，包括实验、实训、调研和实习四个模块。其中，实验模块主要由法庭科学的实验课程组成，包括法医学、侦查学、物证技术鉴定等；实训模块主要包括庭审观摩、案例诊断、司法实务（民事法律实务、刑事法律实务、行政法律实务）、企业法律实务、警察行政执法程序、调解与仲裁等；调研模块包括地方立法、法律援助等专题调研；实习模块包括法律诊所、基于经济与管理实验教学中心平台的"企业法律法务仿真实习"和毕业实习等内容。

通过多年的努力建设和广大教师的辛勤劳动，我校法学实验课程和实验项目体系建设取得了较为丰硕的成果，建设了包括基础型、综合设计型、研究创新型等实验类别在内的 129 个实验项目、18 门实验课程，以及 28 门涉及相关知识内容的课程。所有这些实验项目体系，通过作为实验课程建设直接成果的法学实践实验教学系列教材公开出版。本套法学实践实验教学系列教材是我校教师长期从事法学实验教学改革和研究的直接成果。我们相信，这些成果的出版将有力地推动我校法学实验教学改革和法律人才培养目标的实现，我们也希望能够得到广大从事法学教育特别是从事法学实验教学的专家、学者的鼓励、交流、批评和指正。

杜承铭

广东财经大学法学实验教学中心

2015 年 4 月 11 日

❖ 前　言

　　法学作为应用型学科，以解决社会生活中的实际法律问题为根本目标。与之相适应，现代法学教育以培养高水平应用型人才为己任。为满足法律职业技能的需要，法学教育越来越重视学生案件处理能力的培养。案例教学作为实现教学相长、缩短教学情境与实际生活情境差距、提高学生理论与实践结合能力的有力手段，已经成为高校法学教育不可或缺的环节，有效促进了人才培养质量的提高。

　　案例教学能有效地补充教材内容，扩充课本知识，将传统"重教轻学"的教学模式转入"以学生为中心"的实践模式，有助于培养学生独立思考、分析、推理、表达等能力，有助于激发学生学习的积极性，有助于学生掌握从事法律专业工作的技巧。但是，由于我国法学教育中存在重理论轻实践的传统，案例教学的时间并不长，我国本科案例教学中尚存在不少误区，比如：仅仅把案例作为解释相关法律原理、概念、规则和原则的工具，不组织学生对案例进行讨论，把举例教学等同于案例教学；所选案例过于简单，不具备代表性和典型性，不能启发学生思维和满足案例教学的要求；等等。尤其是案例分析过程基本靠感觉和意识，随意性强，没有遵从行之有效的方法，客观上影响了案例教学的效果。

　　在案例分析诸种方法之中，请求权基础分析法由于实现了对请求权基础规范的体系化检索，几无遗漏且可操作性强，因而备受重视，被认为是保障民事案件质量的有效办法。所谓请求权基础分析法，是指通过寻求请求权基础，将小前提归入大前提，从而确定请求权是否能够得到支持的一种案例分析法。

　　本书以请求权基础分析法作为案件分析方法，按照"谁得向谁，依据何种法律规范，主张何种权利"的构造，分章、分节对侵权责任法案例进行请求权基础分析，在案件事实与法律规范中来回穿梭：在一个案件中，首先判断请求权是否发生；在请求权发生的情况下，继而判断该请求权是否消灭；在请求权存在的情况下，再判断被请求人的抗辩权。通过尝试案件处理的程式化和科学化，对如何保障案件分析的质量进行有效探索。本书视角主要集中于侵权责任请求权，但请求权基础分析法是一种体系化的检索分析方法，只进行某个方面的检索和分析不能真正体现该方法的特点，故在部分案例中还对案例涉及的其他请求权进行了检索和分析。我们深信，在案例分析中，坚持必要的方法不仅是必需的，也是可行的。本书不同于国内众多的案例书，尝试以一个统一的方法将案例处理过程串联起来，展示案例分析的思路，保障案例处理的质量，对初学者掌握合适的案例分析方法具有启示意义。

　　本书具体编写分工如下：

第一章　陈洁

第二章　陈昆虬

第三章　何蒋玲

第四章　侯巍冰

第五章　李耀

第六章　郑智丹、傅远泓

第七章　郑智丹

第八章　吴家俊

第九章　郑伟鸿

第十章　官招阳

第十一章　段旭

第十二章　陈昆虬、李昂、潘杰英

第十三章　段旭、潘杰英、肖俊娜

第十四章　彭鹏

第十五章　陈洁

第十六章　李耀、公君超

第十七章　侯巍冰、肖俊娜、姚蔚子

第十八章　何蒋玲、潘杰英、肖俊娜

第十九章　郑伟鸿

第二十章　李耀、公君超

当然，由于国内在侵权法案例分析中很少有系统采用请求权基础分析法进行分析的实践，且由于撰稿人能力有限，本书不可避免地存在不少缺点，比如：请求权基础分析法主要用来解决现实问题，但有的案例改编自其他著作，案例的现实性不够强；请求权基础分析法作为一种体系化的分析方法，比较适合在复杂案件中采用，但有的案例过于简单；请求权基础分析法要求明确列出具体的请求权基础规范，但有的案例对于规范的指向不是很清晰；等等。不足之处，欢迎大家不吝指正。

编　者
2015 年 12 月 28 日于广州

目 录 ❖

第一章　过错侵权责任 ………………………………………… 1

第二章　无过错侵权责任 ……………………………………… 7

第三章　因果关系 ……………………………………………… 10

第四章　共同侵权责任 ………………………………………… 17

第五章　准共同侵权责任 ……………………………………… 25

第六章　连带责任 ……………………………………………… 31

第七章　不真正连带责任 ……………………………………… 48

第八章　补充责任 ……………………………………………… 57

第九章　精神损害赔偿 ………………………………………… 61

第十章　转承责任 ……………………………………………… 66

第十一章　限制民事行为能力人侵权责任 …………………… 73

第十二章　网络侵权责任 ……………………………………… 79

第十三章　产品侵权责任 ……………………………………… 103

第十四章　交通事故责任 ……………………………………… 123

第十五章　医疗损害责任 ……………………………………… 132

第十六章　环境污染责任 ……………………………………… 143

第十七章　高度危险责任 ……………………………………… 151

第十八章　饲养动物损害责任 ………………………………… 168

第十九章　物件致人损害责任 ………………………………… 190

第二十章　雇佣关系的侵权责任 ……………………………… 199

第一章

过错侵权责任[1]

[案情简介]

　　某日早 7 时许，闵某与部分村民到枣树地（承包权属未明）内自行划分各自承包土地的范围。8 时许，巴某得知后赶到事发地点，并声明该土地是其承包的。后巴某与闵某发生口角，在此过程中，巴某用刀将闵某扎伤。闵某前往医院就诊，其伤情经检查诊断为：头外伤，右额顶部软组织挫伤，左眼下睑内侧外伤。闵某支付医疗费 5482.53 元、交通费 241 元。闵某共住院 8 天，住院期间需陪护 1 人，护理人员护理费为 650 元。闵某共休假 74 天，误工费为 3700 元。闵某诉称：巴某用刀将我扎伤，要求损害赔偿。巴某辩称：我已经承包了本案发生地，闵某带领百余人要分该土地，我赶到后进行劝阻。闵某与我家亲戚打了起来，我上前拉架，闵某拿起一把铁锹要打我（无证据），我出于自卫，用随身带着的小刀将闵某划伤。[2]

　　根据本案具体案情，试以请求权基础规范为基础，分析本案中的请求权。

[基于请求权基础的案件分析]

　　本案请求权基础可以从以下几方面进行分析：①闵某对巴某的请求权；②巴某对闵某的请求权。对此，根据闵某请求的性质以及巴某的抗辩，经过简单的筛选，很容易能够依次排除对合同上请求权、类似契约关系上请求权、无因管理上的请求权、不当得利请求权以及其他请求权。在此基础上，主要对侵权行为损害赔偿请求权、绝对权关系上的请求权进行基础规范的检索和探讨。

闵某对巴某的请求权
——《侵权责任法》第 6 条的请求权

　　本案在侵权上的请求权主要涉及如下基础规范：《侵权责任法》第 2 条第 1

---

〔1〕　撰稿人：陈洁。
〔2〕　改编自高海鹏、高菲斐：《侵权案件裁判思路与操作》，中国法制出版社 2011 年版，第 48 页。

款、《侵权责任法》第 2 条第 2 款、《侵权责任法》第 6 条第 1 款。

《侵权责任法》第 2 条第 1 款规定："侵害民事权益，应当依照本法承担侵权责任。"该条明确规定了侵犯他人民事权益的应依法承担侵权责任，这里的民事权益不仅包括民事权利，如人身权、财产权等，还包括民事利益。

《侵权责任法》第 2 条第 2 款规定："本法所称民事权益，包括生命权、健康权、姓名权、名誉权、荣誉权、肖像权、隐私权、婚姻自主权、监护权、所有权、用益物权、担保物权、著作权、专利权、商标专用权、发现权、股权、继承权等人身、财产权益。"该条规定以列举的形式概括了民事权益的主要类型。

《侵权责任法》第 6 条第 1 款规定："行为人因过错侵害他人民事权益，应当承担侵权责任。"该条规定明确了侵权责任规则的一般原则是过错原则。

一、请求权的发生

本案中，巴某持刀伤害闵某，不属于特殊侵权案件，而属于一般侵权案件，可能适用《侵权责任法》第 6 条。根据该项请求权基础规范，行为人因过错侵害他人民事权益，应当承担侵权责任，本案中，闵某请求巴某承担侵权责任，应当符合该项侵权责任的如下构成要件：①违法行为；②损害事实；③因果关系；④过错。

本案中，对巴某的行为分析如下：

1. 违法性方面。巴某违反法律规定，以刀伤害闵某，客观上直接违反了保护他人的法定义务，符合违法性这一构成要件。

2. 损害事实方面。侵权损害赔偿的民事责任以损害事实的客观存在为前提。本案中，闵某被巴某所持刀具所伤，双方并无异议，根据《侵权责任法》第 2 条第 2 款的规定，闵某受到了人身损害，其被侵害的民事权益是健康权。

3. 因果关系方面。本案中，闵某受损害的事实与巴某持刀伤人的违法行为有直接因果关系，正是因为巴某的行为，闵某才受此伤害，这种因果关系极为简单，容易判断。

4. 过错方面。侵权人在实施侵权行为时对于损害后果的心理状态，分为故意或过失。本案中，巴某作为一名智力正常的完全民事行为能力的成年人，尽管给予一定的利益纠纷，但持刀伤害闵某之时，应当能够预见自己行为将导致的后果，但是仍然放任其发生或者明显疏忽大意，显然存在过错。

综上所述，四要素齐全，巴某构成了对闵某生命健康权的侵权。所以，闵某对巴某侵权上的请求权发生。

二、请求权的消灭

本案请求权发生后，并无消灭之情形，故请求权没有消灭。

三、被请求人的抗辩

基于过错成立的一般侵权案件，依据《民法通则》及《侵权责任法》，行为人可以有如下抗辩：

1. 正当防卫。在本案中，巴某根据《民法通则》第128条以及《侵权责任法》第30条的规定提起抗辩。

《民法通则》第128条规定："因正当防卫造成损害的，不承担民事责任。正当防卫超过必要的限度，造成不应有的损害的，应当承担适当的民事责任。"该条规定表明：在正当防卫的情况下，行为对所造成的后果应免除或者减轻责任。

《侵权责任法》第30条规定："因正当防卫造成损害的，不承担责任。正当防卫超过必要的限度，造成不应有的损害的，正当防卫人应当承担适当的责任。"该条规定表明：在侵权的情况下，同样适用正当防卫的抗辩。

巴某的抗辩不成立。因为：《民法通则》和《侵权责任法》中规定了正当防卫，却没有明确规定正当防卫的概念和构成要件。根据法理上的体系解释的原则，即将被解释的法律条文放在整部法律乃至整个法律体系中，联系此法条与其他法条之间的关系进行解释。虽然《民法通则》和《侵权责任法》并未对"正当防卫"进行定义，但是，根据整个法律体系的统一性，我们可以参照《刑法》中对"正当防卫"的解释予以适用。因此，在审判实践中，对正当防卫的具体应用，可作如下分析：

我国《刑法》第20条第1款规定："为了使国家、公共利益、本人或者他人的人身、财产和其他权利免受正在进行的不法侵害，而采取的制止不法侵害的行为，对不法侵害人造成损害的，属于正当防卫，不负刑事责任。"所以，对于《民法通则》和《侵权责任法》中规定的正当防卫，审判实践中可以参考《刑法》中的规定来理解适用。

就本案而言，巴某所称闵某先用铁锹打人这一事实没有证据证明，而且也没有证据证明双方争议的土地为巴某所有。因此，巴某伤害闵某，在目的上不具有正当性，其面临的侵害也不具有现实性；而且，巴某完全可以通过诉诸法院等合理方式来处理各方之间的纠纷，其采取的伤害闵某这一措施不具有防卫的必要性。所以，巴某伤害闵某，不属于正当防卫，不能因此减轻或免除侵权责任。

所以，被请求人的抗辩不成立。

2. 受害人过错。在本案中，巴某根据《民法通则》第131条、《侵权责任法》第26条以及《最高人民法院关于审理人身损害赔偿案件适用法律若干问题的解释》第2条的规定提起抗辩。

《民法通则》第 131 条规定："受害人对于损害的发生也有过错的，可以减轻侵害人的民事责任。"该条规定表明了受害人的过错能够成为侵害人抗辩事由。

《侵权责任法》第 26 条规定："被侵权人对于损害的发生也有过错的，可以减轻侵权人的责任。"该条规定表明：若受害人存在过错，侵权人以此为由抗辩。

《最高人民法院关于审理人身损害赔偿案件适用法律若干问题的解释》（以下简称《人身损害赔偿解释》）第 2 条规定："受害人对同一损害的发生或者扩大有故意、过失的，依照民法通则第 131 条的规定，可以减轻或免除赔偿义务人的赔偿责任。但侵权人因故意或重大过失致人损害，受害人只有一般过失的，不减轻赔偿义务人的赔偿责任。适用民法通则第 106 条第 3 款规定确定赔偿义务人的赔偿责任时，受害人有重大过失的，可以减轻赔偿义务人的赔偿责任。"该条规定表明：当侵权人因故意或重大过失致人损害，而受害人只有一般过失时，不能成为被请求人的抗辩事由。

巴某的抗辩不成立。因为：根据《人身损害赔偿解释》的规定，若受害人对于损害的发生存在故意，此时应免除赔偿义务人的赔偿责任；若受害人对于损害的发生存在重大过失，应适当减轻赔偿义务人的赔偿责任；若受害人对于损害的发生存在一般过失，而加害人对于损害的发生为故意或重大过失时，不减轻赔偿义务人的赔偿责任。

如何判定何为重大过失，何为一般过失，我国法律中并没有明文规定，根据我国主流学者的解释：若行为人因欠缺一般人起码的注意，则为重大过失；若因欠缺有一般知识、经验的人诚实处理事物时所需的注意，为一般过失；而若缺乏极谨慎、勤勉和精细的注意，为轻微过失。[1]

就本案而言，在确实存在土地权属争议的前提下，原告闵某擅自组织部分村民划分争议土地，使当事人之间的矛盾升级并引发口角冲突事件，存在一定过错。但是，闵某擅自划分争议土地并且和赶来的巴某发生口角的行为，这是一般人在通常情况下的过失，缺乏诚实处理事物所应有的注意，在主观上只是一般过失而已，还达不到重大过失的程度，因为重大过失是指行为人在极不合理的、超出一般人想象的程度上所为的行为，也未施加即使是一个漫不经心的人在通常情况下也会施加的注意。本案中，闵某只是和巴某发生口角，并未发生肢体冲突。但是，被告巴某用刀扎伤原告闵某这一行为，在主观状态上属于故意，至少也是重大过失。综上所述，本案处理不适用过失相抵原则来减轻

---

[1]　参见魏振瀛主编：《民法》，北京大学出版社、高等教育出版社 2010 年版，第 658 页。

责任。

所以，被请求人的抗辩不成立。

（四）小结

综上所述，闵某对巴某侵权上的请求权成立。

《民法通则》第 119 条规定："侵害公民身体造成损害的，应当赔偿医疗费、因误工减少的收入、残废者生活补助费等费用；造成死亡的，并应当支付丧葬费、死者生前扶养的人必要的生活费等费用。"《侵权责任法》第 16 条规定："侵害他人造成人身损害的，应当赔偿医疗费、护理费、交通费等为治疗和康复支出的合理费用，以及因误工减少的收入。……"《人身损害赔偿解释》第 17 条第 1 款也作了详细的规定。各项具体费用根据《人身损害赔偿解释》第 19 ~ 24 条以及《民法通则》第 131 条来确定实际赔偿标准。根据特别法优于一般法的原则，对侵权责任的规定，《侵权责任法》有规定的按照《侵权责任法》进行适用，《侵权责任法》中对赔偿标准没有具体规定的，按照《人身损害赔偿解释》中的标准进行计算。

巴某对闵某的请求权
——《侵权责任法》第 6 条的请求权

本案在侵权上的请求权主要涉及如下基础规范：《民法通则》第 80 条第 2 款、《物权法》第 124 条、《物权法》第 127 条。

《民法通则》第 80 条第 2 款规定："公民、集体依法对集体所有的或者国家所有由集体使用的土地的承包经营权，受法律保护。承包双方的权利和义务，依照法律由承包合同规定。"该条规定表明，土地承包经营权是一项重要的财产权，受我国法律的保护。

《物权法》第 124 条规定："农村集体经济组织实行家庭承包经营为基础、统分结合的双层经营体制。农民集体所有和国家所有由农民集体使用的耕地、林地、草地以及其他用于农业的土地，依法实行土地承包经营制度。"该条规定确定了农村集体经济组织的经营体制。

《物权法》第 127 条规定："土地承包经营权自土地承包经营权合同生效时设立。县级以上地方人民政府应当向土地承包经营权人发放土地承包经营权证、林权证、草原使用权证，并登记造册，确认土地承包经营权。"该条规定明确了土地承包经营权的设立时间是在土地承包经营合同生效时，并且我国实行的是土地承包经营权登记对抗主义，只有经依法登记的土地承包经营权才可对抗善意第三人。

一、请求权的发生

根据上述请求权基础规范，巴某请求闵某承担侵权上的责任。

　　根据我国《物权法》第 124 条和第 127 条，我国的土地承包经营权实行的是登记对抗主义。由于本案中关于枣树地的土地承包经营权的权属仍有争议，且巴某拿不出证据证明其是权利人。因此，在此情况下可知，巴某不是该块土地的承包经营权人。而且，本案中巴某所谓的"自己的承包地"即其所谓的"土地承包经营权"并未遭受损失。所以巴某无人身、财产等民事权益受到侵害。

　　所以，巴某对闵某侵权上的请求权不发生。

二、请求权的消灭

　　在本案中，因为请求权没有发生，故不存在请求权消灭的情形。

三、请求权的抗辩

　　在本案中，因为请求权没有发生，故不存在被请求人抗辩的情形。

四、小结

　　综上所述，巴某对闵某侵权上的请求权不成立。

[结论]

1. 闵某对巴某享有人身损害赔偿请求权。
2. 巴某对闵某不享有财产损害赔偿请求权。

第二章

无过错侵权责任[1]

[案情简介]

代某到吴某家中向吴某借款时，左小腿内侧被吴某家拴养的狗咬伤。为此，代某入住东风新疆汽车有限公司医院就诊，支付门诊医疗费104元、住院医疗费340.30元。后代某又转入新疆医科大学附属医院住院治疗，住院治疗共计25天，支付住院医疗费7878.81元。代某受伤后，吴某已给付代某医疗费5000元。后因赔偿事宜与吴某协商未果，代某起诉，请求法院判令吴某赔偿其因伤病所产生的医疗费3431.11元、误工费4000元、交通费300元、住院伙食补助700元、精神损失费10 000元。吴某认为自己对饲养的狗咬伤代某一事没有过错；代某深夜到访被狗咬伤，存在重大过错。[2]

[基于请求权基础的案件分析]

本案请求权主要是代某对吴某的请求权。经过简单的筛选，很容易能够依次排除合同上请求权、类似契约关系上请求权、绝对权关系上的请求权、无因管理上的请求权、不当得利请求权以及其他请求权。在此基础上，主要对侵权行为损害赔偿请求权进行基础规范的检索和探讨。

代某对吴某的请求权
——《侵权责任法》第78条的请求权

《侵权责任法》第78条规定："饲养的动物造成他人损害的，动物饲养人或者管理人应当承担侵权责任，但能够证明损害是因被侵权人故意或者重大过失造成的，可以不承担或者减轻责任。"该条规定明确了动物饲养人或者管理人的责任。由此，我国侵权立法规定的饲养动物损害责任构成要件的一般要求是：①存在动物加害行为；②损害的存在，即存在被侵权人的人身和财产权益的损

---

〔1〕　撰稿人：陈昆虬。

〔2〕　改编自新疆维吾尔自治区乌鲁木齐市中级人民法院（2010）乌中民一终字第839号。

害；③因果关系，即动物加害行为与被侵权人的损害之间存在引起和被引起的客观关系；④动物为饲养人或者管理人所饲养或者管理。[1]

一、请求权的发生

按照《侵权责任法》第78条的规定，对于一般的饲养动物致人损害，并不要求有过错的要件存在，即可构成侵权责任，因此是无过错责任，由此由饲养人或者管理人承担其对于所管领的动物管束不妥致人损害的替代责任。根据饲养动物致损行为的构成，分析如下：

1. 吴某的狗存在加害行为。本案中，吴某家饲养的狗咬伤代某，尽管不是吴某及其他第三人的意志支配加害代某，但由于其饲养的狗本身具有危险习性，客观真实地导致了危害。

2. 代某损害的存在。代某的左小腿内侧被吴某家拴养的狗咬伤，是由此受到的客观损害，侵害其身体健康权。

3. 因果关系，即动物加害行为与被侵权人的损害之间存在引起和被引起的客观关系。本案中，可以证明：①代某的损害是由饲养的动物造成的。本案中，狗是吴某拴养在家中的，是其饲养的动物，而不是野生动物。②损害是由动物独立动作造成的，即动物自身的动作而非受外人驱使造成损害。由案件可看出，吴某的狗并未被外人驱使，所以符合动物独立的动作这一要求。③有损害事实。代某的左腿被咬伤。

4. 动物为饲养人或者管理人所饲养或者管理。如前所述，在我国现行法律中，饲养动物损害责任采无过错归责原则，即无论饲养人或管理人是否有过错，均需承担侵权责任。本案中，因狗是吴某家中的狗，吴某是狗的饲养人，所以本案中，无需作为饲养人或者管理人的吴某存在过错，一概对其家的狗产生的对他人的损害承担侵权责任。

同时，根据最高院《关于确定民事侵权精神损害赔偿责任若干问题的解释》第1条第1款的规定，代某对吴某的精神损害赔偿请求权发生。所以，代某对吴某侵权上的请求权发生。

二、请求权的消灭

本案请求权发生后，并无消灭之情形，故请求权没有消灭。

三、被请求人的抗辩

依据《侵权责任法》第78条、第26条和第27条的规定，侵权人吴某可以提出被侵权人故意或者重大过失的抗辩。

1. 无过错。吴某以自己对饲养的狗咬伤代某一事没有过错提出抗辩，上文

---

〔1〕　杨立新：《侵权责任法》，法律出版社2012年版，第537~539页。

已提到饲养动物损害责任实行的是无过错归责原则，也就是说，即使吴某没有过错，也应当承担侵权责任，因此不可抗辩。

2. 受害人的故意或者重大过失。依据《侵权责任法》第78条的规定，被侵权人的故意或者重大过失可以免责或减轻责任。与无过错责任的免责和减责不同的是，本条将故意或者重大过失放在一起，是否可以理解为故意为免责事由、重大过失为减责事由呢？在此，法律没有明确的规定与相关解释。一般认为，在饲养动物损害责任中，被侵权人故意或者重大过失，有时候是诱发动物侵权的直接原因，是引起损害的全部原因，有时候是次要原因，如果一概规定为故意免责、重大过失减责，未免有失偏颇。对此，学界杨立新教授主张，二者是交叉关系，不管被侵权人行为是故意还是重大过失，只要该行为是诱发动物造成他人损害的直接的主要的原因，即饲养人或者管理人可以免除责任；如果是部分或者次要的原因时，则只是减轻责任，而不应当免除责任。[1] 此种通过对诱发损害发生的原因力来区分免责事由和减轻事由，没有脱离该条的立法宗旨，是对该条的当然解释，比较可取。

本案中，吴某认为自己对饲养的狗咬伤代某一事没有过错；代某深夜到访，被狗咬伤，存在重大过错。此时主要争议在于，代某深夜到吴某家中，对于吴某家的狗咬伤自己造成损害的原因力如何分别。在此做如下分析：①代某的深夜拜访，尽管存在不合情理之处，但按照一般观念理解，远没有达到诱发动物对其侵害的过错程度，因而，将之认为故意或者重大过失，未免过于苛刻；②根据原因力的原理和规则，代某的行为不应当认定为该动物致人损害的原因力，代某仅是时间上的不合理，并没有其他可以非难的过失或者原因诱发动物对其造成伤害，如果将之解释为重大过失而免责或减责，不符合动物一般侵权的无过错归责原则的立法意图和精神。因此，代某对自己被咬伤的事实并无过错，也因此不能作为吴某的减轻或免责事由。

所以，被请求人的抗辩不成立。

四、小结

综上所述，代某对吴某侵权上的请求权成立。

[结论]

代某有权对吴某提出侵权损害赔偿请求权，但不享有提出精神损害赔偿请求权。

---

〔1〕 杨立新：《侵权责任法》，法律出版社2012年版，第537～539页。

第三章

因果关系[1]

[案情简介]

2000 年 3 月，四川省泸州市罗某的鱼塘水域遭到污染，造成大量鱼虾死亡，罗某向市环监站申请监测。环监站作出"弃土造成塘水悬浮物增多；污水为造纸所产生废水，造成水体缺氧"的结论。泸州 A 公司的围墙下有来源不明的污水，基于避害的目的，A 公司投资修建暗渠将污水引出，但污水最终流入了罗某的鱼塘。罗某经分析认为，造成鱼塘污染的原因可能为长期注入鱼塘的污水和 B 公路建设指挥部因筑路倾入塘中的弃土。同时，C 厂是鱼塘附近唯一的一家造纸厂，其地理位置居高临下但所排污水未超标。罗某将涉嫌污染的 A 公司、B 指挥部和 C 厂均诉至法院。[2]

根据本案具体案情，试以请求权基础规范为基础，分析本案中的请求权。

[基于请求权基础的案例分析]

本案请求权分析可以从以下方面进行分析：罗某对 A 公司、B 指挥部和 C 厂的请求权。本案罗某作为受害人，以其为核心，致使污水引出的 A 公司、倾倒废土的 B 公路指挥部以及上游排放污水的 C 厂，极有可能成为罗某主张的请求权对象。对此，根据罗某的鱼塘受到损害的性质，经过简单的筛选，很容易能够依次排除对合同上请求权、类似契约关系上请求权、无因管理上的请求权、绝对权关系上的请求权、不当得利请求权以及其他请求权。在此基础上，主要对侵权行为损害赔偿请求权进行基础规范的检索。

罗某对 B 公路指挥部及 C 厂的请求权
——《侵权责任法》第 65 条的请求权

依据该条，因污染环境造成损害的，污染者应当承担侵权责任。通说认为，

---

[1]　撰稿人：何蒋玲。
[2]　改编自孙佑海主编：《侵权责任法适用与案例解读》，法律出版社 2010 年版，第 329 页。

该条环境污染侵权的归责原则是无过错责任原则，即不以污染者主观存在过错为其承担环境污染侵权责任的构成要件之一。该请求权的成立需要满足如下构成要件：①有污染环境的行为；②造成他人损害；③行为人存在违法行为；④污染环境与产生的损害存在因果关系。

一、请求权的发生

根据《侵权责任法》第 65 条的规定，罗某请求 B 指挥部和 C 厂承担停止侵害、赔偿损失的责任，需要做如下考量：

1. 有污染环境的行为。本案中，B 公路建设指挥部因筑路随意搁置弃土，导致弃土倾入塘中，C 厂是鱼塘附近唯一的一家造纸厂，所排污水虽达标排放但有渗漏现象，加之该公司地理位置居高临下。A 公司的围墙下有来源不明的污水，基于避害的目的，A 公司投资修建暗渠将污水引出，但污水最终流入了罗某的鱼塘。显然 A 公司无排污行为，至于污水最终进入鱼塘，也属 A 公司无因管理行为，无可责性。此处，污染环境的行为是否必须违反国家保护环境防止污染的规定，才被认为是污染环境的行为呢？

对此问题，学界有不同的认识，但从我国现行法律规定来看，我国《民法通则》、《环境保护法》和《侵权责任法》的规定是有矛盾的。《民法通则》第 124 条规定："违反国家保护环境防止污染的规定，污染环境造成他人损害的，应当依法承担民事责任。"污染环境的行为应当是"违反国家保护环境防止污染的规定"的行为。而《环境保护法》第 64 条规定，因污染环境和破坏生态造成损害的，应依照《侵权责任法》的有关规定承担侵权责任。而《侵权责任法》第 65 条规定："因污染环境造成损害的，污染者应当承担侵权责任。"由此可见，该法取消了对于"违反国家保护环境防止污染的规定"等字样，代之以"因污染环境造成损害的，污染者应当承担侵权责任"，条文表述强调"污染者"对环境造成污染的事实，而不再拘泥于对合法性的苛刻要求。也就是说，我国最新立法趋势表明，在认定污染环境的行为的时候，无须考察是否"违反国家保护环境防止污染的规定"。[1]

2. 须有客观的损害事实。本案中，罗某的鱼塘水域遭到污染造成大量鱼虾死亡，即财产损害。

3. 须污染环境的行为与损害事实之间具有因果关系。由于环境污染责任因果关系的特殊性，如果完全要求以环境科学证明直接因果关系，很可能陷入科学争论而使受害人的请求无法得到救济，也不能对环境侵权行为及时予以制止。为了适应环境侵权损害赔偿的需要，产生了推定因果关系的多种学说，下面主

---

〔1〕　参见孙佑海主编：《侵权责任法适用与案例解读》，法律出版社 2010 年版，第 323 ~ 324 页。

要介绍优势证据说、盖然性说和间接反证说。

（1）优势证据说。优势证据说是英美法上的一种证明规则。美国法院对于有害物体与损害之间因果关系的认定，就采取这种方式，举证人所提出的证据的证明程度超过50%即可推定因果关系存在。优势证据说的实质在于，规定举证责任不再由原告一方承担，而是由双方承担。然后比较双方的证明度，证明高的一方胜诉。这样，原被告双方就处于平等地位了，从而减轻了原告的责任，加重了被告的责任。这一理论大大缓解了环境侵权受害人举证责任的负担。环境诉讼中，原告在证明损害是由被告的有害物体引起的过程中，由于受科学技术和医学发展情况的限制，有些因果关系的必然性尚无法揭示时，只须揭示二者之间的可能联系，而且这种可能性只要大于50%即可。其缺陷在于，对原告来说，要么得到过度的赔偿，要么得不到赔偿。在双方的证据所揭示的可能性都小于50%时，则无法判断。

（2）盖然性说。盖然性说的主要内容：①因果关系的举证责任在形式上仍然由原告受害人承担；②被告若不能证明因果关系之不存在则视为因果关系存在，以此实现举证责任的转换，习惯上称事实推定理论；③只要求原告在相当程度上举证，不要求全部技术过程的举证。根据盖然性理论，环境诉讼的受害者只要能够对以下两个事实举证，法院就应推定有因果关系：其一，从工厂等排放的污染物质达到并蓄积于发生损害的区域，发生了作用；其二，该地域有许多损害发生。盖然性说的意义在于，它从经验事实出发，考虑到双方当事人之间的经济实力对比、受害的程度、被告赔偿的能力、损失转嫁能力等因素，强调加害者承担较重的因果关系举证责任。缺陷在于，有导致事实认定上含糊的危险，具有以"盖然"取代"实然"之虞。

（3）间接反证说。即当主要事实是否存在尚不明确时，由不负举证责任的当事人负反证其事实不存在的证明责任理论。即被告为了阻绝主要事实的成立，需用其他的间接事实来认定主要事实不存在。因其并非直接对举证者举证事实的反证，与直接反证不同，故称间接反证。它的意义在于，根据部分举证事实推定来认定存在因果关系，大大缓和了原告在环境案件上的举证责任，适用于复合要件产生损害的场合。在事实认定上，同样存在以"推定"代替"实在"、以"部分事实"代替"全部事实"的弊端，而且，被告往往只要找到孤例，就能证明间接事实的存在，而使推定不成立。[1]

2009年我国颁布了《侵权责任法》，该法第66条规定："因污染环境发生纠

---

〔1〕　参见奚晓明、王利明主编：《侵权责任法案例解读》，人民法院出版社2010年版，第397～399页。

纷，污染者应当就法律规定的不承担责任或者减轻责任的情形及其行为与损害之间不存在因果关系承担举证责任。"在我国的环境侵权司法实践中，已通过采用举证责任倒置这一方法，在环境侵权案件中，使因果关系的推定规则得到了具体的落实。最高人民法院在 2002 年 4 月 1 日起开始实施的《最高人民法院关于民事诉讼证据的若干规定》第 4 条第 1 款第 3 项规定："因环境污染引起的损害赔偿诉讼，由加害人就法律规定的免责事由及其行为与损害结果之间不存在因果关系承担举证责任。"由此可知，如果加害人能够证明其行为与被害人损害结果之间不存在因果关系，则可免除其环境污染的侵权责任，否则，即推定其加害行为与被害人损害结果之间存在因果关系[1]。本案中，C 厂作为邻近鱼塘唯一的造纸排污主体，所排污水具有渗漏可能，再加之该厂居高临下的地理位置和所生产的污水与入塘污水同性，虽然没有直接证据证明 C 厂所排污水与鱼塘鱼类的死亡存在因果关系，但是，C 厂既不能证明污染系第三人所为，又不能证明系原告自身原因造成，也不能证明罗某鱼塘所受财产损失与自己的排污行为无因果关系，那么，根据因果关系推定，可推定 C 厂的排污行为与罗某鱼塘鱼类死亡存在因果关系。C 厂仅凭达标排污是不能免除责任的，因为行为"违法性"并不是环境侵权责任的构成要件。该点也在"乐婷重大渔业污染案"中予以明确，该案首次以司法判决的形式确定了达标排放不能免除责任。B 公路指挥部倾倒弃土的行为虽有合法征地的事实理由，但未尽到必要的注意义务，导致弃土进入鱼塘造成塘水悬浮物增多，给原告造成了一定的损害。且 B 公路指挥部也不能就其污染行为与罗某鱼塘财产损失之间不存在因果关系举证证明，仅凭其弃土行为为合法征地的理由不能割断因果关系，那么，根据因果关系推定理论，推定 B 公路指挥部的损害行为与罗某的财产损失之间存在因果关系。

所以，罗某对 A 公司的请求权不发生，对 B 指挥部和 C 厂的请求权发生。

二、请求权的消灭

在本案中，因为请求权没有发生，故不存在请求权消灭的情形。

三、请求权的抗辩

在本案中，C 厂、B 公路指挥部根据《侵权责任法》第 66 条的规定："因污染环境发生纠纷，污染者应当就法律规定的不承担责任或者减轻责任的情形及其行为与损害之间不存在因果关系承担举证责任。"提起抗辩。

C 厂的抗辩不成立。因为：C 厂不能证明其排污行为与罗某的财产损害不存在因果关系。C 厂作为邻近鱼塘唯一的造纸排污主体，所排污水具有渗漏可能，

---

〔1〕 参见奚晓明、王利明主编：《侵权责任法案例解读》，人民法院出版社 2010 年版，第 399～400 页。

再加之该厂居高临下的地理位置和所生产的污水与入塘污水同性，虽然没有直接证据证明 C 厂所排污水与鱼塘鱼类的死亡存在因果关系，但是，C 厂既不能证明污染系第三人所为，又不能证明系原告自身原因造成，也不能证明罗某鱼塘所受财产损失与自己的排污行为无因果关系，那么，根据因果关系推定，可推定 C 厂的排污行为与罗某鱼塘鱼类死亡存在因果关系。C 厂仅凭达标排污是不能免除责任的，因为行为"违法性"并不是环境侵权责任的构成要件。而且，本案中无不可抗力、第三人侵权、受害人过错的抗辩事由存在。

B 公路指挥部的抗辩不成立。因为：B 公路指挥部倾倒弃土的行为虽有合法征地的事实理由，但未尽到必要的注意义务，导致弃土进入鱼塘造成塘水悬浮物增多，给原告造成了一定的损害。且 B 公路指挥部也不能就其污染行为与罗某鱼塘财产损失之间不存在因果关系举证证明，仅凭其弃土行为为合法征地的理由不能割断因果关系。

因此，被请求人对请求权的抗辩不成立。

四、小结

综上所述，罗某对 B 指挥部和 C 厂停止侵害、赔偿损失的请求权成立。

罗某对 A 公司的请求权

一、《侵权责任法》第 65 条的请求权

《侵权责任法》第 65 条规定："因污染环境造成损害的，污染者应当承担侵权责任。"通说认为，该条环境污染侵权的归责原则是无过错责任原则，即不以污染者主观存在过错为其承担环境污染侵权责任的构成要件之一。该请求权的成立需要满足如下构成要件：①有污染环境的行为；②造成他人损害；③行为人存在违法行为；④污染环境与产生的损害存在因果关系。

由此，对于罗某是否能够据此主张该条的请求权，应作如下考量：

（一）请求权的发生

1. 适用《侵权责任法》第 65 条的请求权基础规范，争议的焦点在于 A 公司是否有污染环境的行为。本案中，A 公司围墙下的污水并非来自于该公司自身排放的污水，其投资修建暗渠系出于避害的目的将污水引出，A 公司无排污行为，因而不能认为其有污染环境的行为，至于污水最终进入鱼塘，属无因管理行为[1]。故而，在本案中，A 公司的行为不能满足污染环境这一构成要件，适用该条并不存在合适的请求权基础。

2. A 公司的这一无因管理行为，系对于已有不明的污染行为的避害，其本

---

〔1〕　无因管理行为是否构成一般侵权责任的免责事由，详见后文。

身不存在污染环境的行为，故而不宜认定其作为环境污染的责任主体，而认定与罗某的损害存在因果关系。

故而，罗某的该项请求权不能成立。

（二）请求权的消灭

本案请求权没有发生，故无需讨论请求权消灭。

（三）请求权的抗辩

本案请求权没有发生，故无需讨论请求权抗辩。

（四）小结

罗某基于《侵权责任法》第 65 条向 A 公司主张的请求权不能成立。

二、《侵权责任法》第 6 条的请求权

经过如上分析，罗某并不存在《侵权责任法》第 65 条的请求权，那么，是否由此表明 A 公司不用承担任何赔偿责任呢？在此，笔者认为，除了探讨环境污染特殊侵权的请求权外，可以考察基于过错的一般侵权请求权是否成立，即考察是否适用《侵权责任法》第 6 条。依据该条第 1 款之规定："行为人因过错侵害他人民事权益，应当承担侵权责任。"据此，该项请求权的成立，需满足：①行为人存在过错；②产生他人民事权益的损害；③二者之间存在因果关系；④行为人存在违法行为。

（一）请求权的发生

1. A 公司存在过错。本案中，A 公司其本身并非造成环境污染的损害的污染来源，不是导致污染损害的主要原因。但其基于避害的目的，A 公司投资修建暗渠将污水引出，尽管在形式上属于无因管理，但是其就此存在着过失，即"应当注意能注意而不注意"[1]，A 公司可以预见引出行为会造成下游损害，其仅为了自己避害而未采取避免措施，存在对过失的非难。

2. 罗某的损害与 A 公司引出污水有直接的因果关系。尽管 A 公司不是污染源，但如果没有 A 公司这一避害行为，罗某鱼塘的鱼并不当然遭受这一损失，二者存在必然的关系。

3. A 公司存在违反保护他人的法律义务。该公司虽基于避害，但其行为应当以避免侵害他人权利的注意义务为必要，不能仅仅因为维护自己利益而牺牲对他人权益的保护，故而其违反了该注意义务，系符合违法性这一构成要件。

故而，罗某对于《侵权责任法》第 6 条的请求权成立。

（二）请求权的消灭

本案请求权发生后，并无消灭之情形，故请求权没有消灭。

---

[1] 参见王泽鉴：《侵权行为》，北京大学出版社 2009 年版，第 241 页。

（三）被请求人的抗辩

在本案中，被请求人可以提出无因管理行为免责的抗辩。于此，我国当前立法没有对此明确规定。对此，仅在《侵权责任法》第 30 条规定了正当防卫的免责条款，有鉴于此，笔者认为，对于 A 公司的避害行为而产生的无因管理，可以按照体系解释，适用该条进行免责，理由如下：①这一无因管理行为，是基于对现实不法侵害，为防止自己权益免受侵害的规避，与正当防卫有一定程度上的相似性，在性质上当属适法行为，具有可以阻却行为违法性的法理基础；②在一些其他大陆法系国家以及我国台湾地区，承认无因管理作为适法行为，可以阻却行为的违法性，不成立侵权行为[1] 值得注意的是，无因管理成立后，管理人因故意或过失不法侵害本人权利的，仍然应当负侵权责任。

本案中，A 公司为自己避害的行为，将之认定为无因管理行为，将之理解为类似于正当防卫的行为，其行为仅是在必要限度内的注意义务，损害的发生是由上游的排污以及倾倒泥土直接必然地导致的，该引出行为应认定为适法行为，可以构成对该条的违法阻却事由，不对其过失予以非难。

故而，A 公司可以其出于避害的目的，对罗某提出免责的抗辩。

（四）小结

综上所述，罗某不能基于《侵权责任法》第 6 条向 A 公司主张请求权。

[结论]

1. 罗某对 B 指挥部和 C 厂停止侵害、赔偿损失的请求权成立，罗某对 A 公司的请求权不成立。

2. 至于 B 指挥部和 C 厂的关系，两者属于无意思联络的数人侵权关系，即无共同故意或过失的数个污染者造成环境污染损害的情形，且不以污染者行为的违法性作为侵权责任的构成要件。两个以上污染者污染环境，各污染者承担责任的比例大小根据污染物的种类、排放量等可以计算或鉴定的因素来确定。[2] 即本案中，B 指挥部和 C 厂之间是一个按份责任，根据各自的原因力大小承担各自的责任。

〔1〕 参见王泽鉴：《侵权行为》，北京大学出版社 2009 年版，第 225～226 页。

〔2〕 参见孙佑海：《侵权责任法适用与案例解读》，法律出版社 2010 年版，第 337 页。

第四章

共同侵权责任[1]

[案情简介]

2012 年 5 月 1 日，甲（21 岁）与乙（19 岁）、丙（15 岁）一起外出吃夜宵，其间甲与邻桌的丁起了冲突，经夜宵店老板劝说后，甲想着不要多事就坐回了自己位置。但是丁仍然不停地破口大骂，还扬言不怕他们动手。乙听着很生气，便对甲和丙大喊："你们尽管给我打，打死我负责。"甲听罢便拿起凳子砸向丁，并用脚踢丁的头、胸、颈部，在一边的丙听到后也随即上前殴打丁。后丁经医院诊断为：头、胸等多处软组织挫伤，轻度脑震荡；住院治疗一个星期，共造成医疗、误工、护理等经济损失 3371 元。

[基于请求权基础的案件分析]

本案请求权基础可从以下几方面进行分析：本案丁作为受害人，以其为核心，致使丁直接受伤害的甲、丙和教唆殴打丁的乙，极有可能成为丁主张的请求权对象。对此，根据丁受伤害的性质，经过简单的筛选，很容易能够依次排除对类似契约关系上请求权、合同上请求权、无因管理上的请求权、绝对权关系上的请求权、不当得利请求权以及其他请求权。在此基础上，以下主要对侵权行为损害赔偿请求权进行基础规范的检索。需要说明的是，基于讨论的主题，此案例分析，对于可能涉及的精神损害赔偿不予探讨。

丁对甲的请求权
——《侵权责任法》第 6 条的请求权

《侵权责任法》第 6 条规定："行为人因过错侵害他人民事权益，应当承担侵权责任。根据法律规定推定行为人有过错，行为人不能证明自己没有过错的，应当承担侵权责任。"据此，基于过错责任原则的一般侵权行为，须具备以下构成要件：①加害行为；②损害事实；③因果关系；④过错。

---

[1] 撰稿人：侯巍冰。

一、请求权的发生

1. 甲存在加害行为。加害行为是指侵权人实施的使被侵权人权益遭到损害的行为。本案中，甲用凳子砸向丁，并用脚踢他的头、胸、颈部等，造成了丁的身体权和健康权遭到损害。

2. 存在丁受伤的损害事实。损害事实是指侵权人的侵权行为造成的损害后果。本案中，根据医院的诊断，丁的头、胸等多处软组织受损，并有轻微脑震荡，甲的行为造成了一定的损害事实。

3. 二者之间因果关系。因果关系是指侵权人的侵权行为与损害事实之间引起与被引起的关系。本案中，正是因为甲的殴打行为，直接导致了丁的损伤，因此，丁的损失与甲的殴打行为有直接因果关系。

4. 甲存在着过错。过错即侵权人实施侵权行为时的主观心理状态。本案中，甲明知自己的殴打行为会造成丁受伤，并希望或放任这种结果的发生，应认定其为故意，具有过错。

因此，甲对丁构成了侵权，根据《侵权责任法》第 3 条的规定："被侵权人有权请求侵权人承担侵权责任。"丁有权请求甲承担侵权责任。

所以，丁对甲侵权上的请求权发生。

二、被请求权的消灭

本案请求权发生后，并无消灭之情形，故请求权没有消灭。

三、被请求人的抗辩

在本案中，被请求人的抗辩权体现在被请求人可以根据《侵权责任法》第 26 条的规定："被侵权人对损害的发生也有过错的，可以减轻侵权人的责任。"《民法通则》第 131 条的规定："受害人对于损害的发生也有过错的，可以减轻侵害人的民事责任。"以及《最高人民法院关于审理人身损害赔偿案件适用法律若干问题的解释》第 2 条的规定："受害人对于同一损害的发生或者扩大有故意、过失的，依照民法通则第 131 条的规定，可以减轻或免除赔偿责任。但侵权人因故意或重大过失致人损害，受害人只有一般过失的，不减轻赔偿义务人的赔偿责任。适用民法通则第 106 条第 3 款规定确定赔偿义务人的赔偿责任时，受害人有重大过失的，可以减轻赔偿义务人的赔偿责任。"提起抗辩。

本案中，甲在夜宵店老板的劝说下已经停止与丁的争吵并且回到自己的座位，但是丁仍然不停地以语言挑衅甲等人，才使得甲等人殴打了他，丁在这次事件中应当被认为是具有过错的，因此，丁本人应当承担一定的责任。

关于过错的认定，本案中涉及过失相抵规则。

过失相抵是指受害人对于损害的发生或者损害结果的扩大具有过错时，依照法律的规定，可以减轻或者免除加害人损害赔偿责任的制度。对于损害的发生或者扩大，受害人也有过失，法官可以减轻或者免除相应赔偿金额的这一规定，学说上称为过失相抵。正如曾世雄教授所言："过失相抵，并非谓赔偿权利人之过失与赔偿义务人之过失互相抵消……而过失不能相抵者，正如违法性不可相抵者然……过失相抵系基于公平原则及诚实信用原则而来；赔偿义务人之所以应承担损害赔偿责任，是因为其实施的侵害行为对于损害的发生或扩大具有过失，相应的，在加害人对于损害之发生或扩大也具有过失时，如果让赔偿义务人承担全部损害赔偿的责任，就相当于将自己的过失所引发的损害转嫁给赔偿义务人负担。"[1]　由此看来，过失相抵实际上是在公平基础上的利益衡量。

　　一般认为，在过错责任体系中，如果受害人对于损害结果的发生或扩大也有过错，可以适用过失相抵。但在无过错责任下能否适用过失相抵却是一个很有争议的问题。持否定说观点的学者认为，既然是无过错责任，那么在确定加害人的责任时，过错是不需要考虑的因素，但在过失相抵这一特定概念中，只有在当事人双方都有过错的情况下，赔偿额才能相互抵消。因此，在无过错责任的体系下，不应该有过失相抵的适用。持肯定说观点的学者则认为，在无过错责任下，责任的成立不以加害人的主观过错为要件，这并不意味着加害人就一定没有过错，法律也没有禁止在受害人对损害的发生有过错时，在合理的范围内可以适用过失相抵制度，因此，不能在任何情况下都完全不考虑受害人与有过失的行为对损害结果的作用。

　　笔者赞成肯定说的观点。即只要符合过失相抵的成立要件，就可以适用过失相抵制度。如果在无过错责任中不考虑受害人自身的过错，那么就会在某种意义上放纵受害人故意使自己受伤的行为，就会违背公平原则的法理精神，无过错责任中的"无过错"指的是侵权行为的成立不以加害人的过错为要件，但在责任范围的确定上，并未要求加害人承担在受害人的行为也具有过错时所有的不利后果，因此，过失相抵与无过错责任并不是两个相互冲突的制度。

　　对于如何认定被侵权人的过错，主流观点采取客观说。即过错不是由人的主观心理态度决定的，而是由人的客观行为判定的，如果一个人的行为没有达到一个正常人在相同情况下应该达到的标准，那么这个人就是有过错。王泽鉴先生认为：单就方法论而言，民法上过失的认定标准应当有别于刑法，因为民法尤其是侵权行为法的目的在于合理分配损害，所以，过失的认定应当采取客观说。[2]

　　而过错，包括故意、重大过失与一般过失。关于重大过失，理论上认为，

〔1〕　参见曾世雄：《损害赔偿法原理》，中国政法大学出版社 2001 年版，第 259 页。

〔2〕　参见王泽鉴：《侵权行为法（第一册）》，中国政法大学出版社 2010 年版，第 276 页。

是指在正常情况下，责任人在法律行为能力范围内能够预见而没有预见，或已经预见但轻信事故不会发生而未采取措施所造成的事故及损失。一般过失理论上是指此时行为人无法预计自己的行为将产生何种后果。而重大过失则是行为人能够预计自己的行为可能产生的后果，只是抱有一种侥幸心理，继续自己的行为。

而在本案中，一般人在与他人起冲突的时候，会选择退让或者和平解决，而不是恶言相向、加剧矛盾的升级。本案中，由于丁的言辞比较粗暴，使得甲等人对其拳打脚踢，丁在用难听的话语辱骂他人的时候，就应该预见到他的话可能会引起对方动手，但又认为对方不敢动手，所以这里丁应当属于已经预见但轻信事故不会发生而未采取措施的重大过失，故可适用过失相抵原则，适当减轻甲的责任。

所以，被请求人的抗辩成立，但仅能以债权人的过错要求减轻其责任。

四、小结

综上所述，丁对甲侵权上的请求权成立。

丁对乙的请求权
——《侵权责任法》第8条和第9条第1款的请求权

《侵权责任法》第8条规定："二人以上共同实施侵权行为，造成他人损害的，应当承担连带责任。"该条规定明确了，二人以上共同实施侵害他人权益的行为的，必须对被侵权人承担连带责任，被侵权人可以要求侵权人之一或者共同承担赔偿责任。

依据《侵权责任法》第9条第1款之规定："教唆、帮助他人实施侵权行为的，应当与行为人承担连带责任。"该条规定明确了，在侵权行为中实施了教唆、帮助等行为的，即使没有直接侵害被侵权人的权益，仍应当与行为人一起承担责任。

据此，基于教唆的共同侵权请求权的成立需满足：①教唆者与实行行为人存在共同的过错，即故意；②教唆者有教唆行为；③行为人基于教唆行为而实施行为，即其违法性要件；④被侵权人所受损害与教唆行为有因果关系。

一、请求权的发生

乙并没有直接参与殴打丁，那么他为什么也需要对丁承担责任呢？根据《侵权责任法》第9条的规定，教唆、帮助他人实施侵权行为的，应当与行为人承担连带责任。关于教唆，法律并无明文规定，但是民法学说认为，教唆是以劝说、利诱、授意、怂恿以及其他方法，将自己的侵害他人合法权益的意图灌输给本来没有侵权意图或者虽有侵权意图但正在犹豫不决、侵权意图不坚定的人，使其决意实施自己所劝说、授意的侵权行为。

本案中，甲和丁本来只是起了言语冲突，甲并没有动手打人的意思，而且甲在夜宵店老板的劝说下也已经坐回自己的座位继续用餐，但是丁不停地用言语挑衅，使得乙忍无可忍，于是生气的乙便对甲和丙说打死由他负责，才使得甲和丙产生了打人的信念，并且也实施了打人的行为，因此，可以认定乙的行为构成了教唆。

在本案中，教唆行为与被教唆者的加害行为构成共同侵权，需要满足以下要件：①教唆者实施了教唆行为，被教唆者按教唆内容实施了加害行为，二者之间具有因果关系。乙教唆甲等殴打丁，甲也因此殴打了丁，因此可以认为本要件符合。②教唆者与被教唆者主观上存在共同过错。乙和甲均明知殴打行为会造成丁的人身损害，仍然放任或希望该结果的发生，因此二人主观上应是共同故意。本要件也符合。③教唆者和被教唆者都是完全民事行为能力人。本案中，甲和乙均是成年人，也未提到他们有精神病或者智力缺陷，因此二人均是完全民事行为能力人。

以上要件均符合，可认定甲和乙对丁构成共同侵权。根据《侵权责任法》第8条的规定："二人以上共同实施侵权行为，造成他人损害的，应当承担连带责任。"所以，丁得请求甲和乙承担连带责任。

所以，丁对乙侵权上的请求权发生。

二、请求权的消灭

本案请求权发生后，并无消灭之情形，故请求权没有消灭。

三、被请求人的抗辩

在本案中，乙同样可以根据《人身损害赔偿解释》第2条之规定："受害人对同一损害的发生或扩大有故意、过失的，依照民法通则第131条的规定，可以减轻或免除赔偿义务人的赔偿责任。但侵权人因故意或重大过失致人损害，受害人只有一般过失的，不减轻赔偿义务人的赔偿责任。适用民法通则第106条第3款规定确定赔偿义务人的赔偿责任时，受害人有重大过失的，可以减轻赔偿义务人的赔偿责任。"《侵权责任法》第26条的规定："被侵权人对损害的发生也有过错的，可以减轻侵权人的责任。"以及《民法通则》第131条的规定："受害人对于损害的发生也有过错的，可以减轻侵害人的民事责任。"提起抗辩。

乙的抗辩成立，具体论述同甲的抗辩权，此处不再赘述。

四、小结

综上所述，乙对丁侵权上的请求权成立，但得根据过失相抵原则适当减轻责任。

丁对丙的请求权
——《侵权责任法》第 9 条第 2 款的请求权

《侵权责任法》第 9 条第 2 款规定："教唆、帮助无民事行为能力人、限制民事行为能力人实施侵权行为的，应当承担侵权责任；该无民事行为能力人、限制民事行为能力人的监护人未尽到监护责任的，应当承担相应的责任。"该条规定明确了共同侵权中，教唆无民事行为能力人、限制民事行为能力人实施侵权行为的责任承担原则。除了前述分析的教唆侵权一般构成要件之外，该项请求权还需满足被教唆者是无民事行为能力人或者限制民事行为能力人这一构成要件。

一、请求权的发生

本案中，虽然丙也参与了对丁的殴打，但他的行为是由于乙的教唆而导致的，因此应由乙承担侵权责任。丙的监护人未尽到监护责任的，应当承担相应的责任。这里就产生三个疑问：①如何认定监护人是否有尽到监护责任？②监护人承担的相应的责任是一种什么性质的责任？③监护人应当如何承担监护责任？

1. 如何认定监护人是否有尽到监护责任。《最高人民法院关于贯彻执行〈中华人民共和国民法通则〉若干问题的意见（试行）》（以下简称《民通意见》）第 10 条规定："监护人的监护职责包括……对被监护人进行管理和教育……"监护人是否有尽到监护责任，需要结合案件发生的具体环境、细节等各种因素进行分析。一般认为，被监护人实施侵权行为本身就是监护人未尽监护责任的表见证明，因为如果监护人对被监护人履行了教育和管理的职责，就不会发生被监护人实施侵权行为的结果，而且要监护人举证自己已尽到监护责任的难度也很大。

2. 监护人承担的责任的性质。目前主要有三种学说：

（1）单向连带责任说[1] 杨立新教授认为，无民事行为能力人、限制民事行为能力人的监护人没有尽到监护责任时，应当承担"单向的连带责任"，即与监护人过错程度和原因力相当的次要的责任。"单向"是指教唆、帮助人承担了全部的赔偿责任后，可以向监护人追偿应由监护人应当承担的部分，但监护人承担相应责任后则不得向教唆帮助人追偿。

----

〔1〕 参见杨立新："教唆人、帮助人责任和监护人责任"，载《法学论坛》2012 年第 3 期。

（2）按份责任说。[1] 最高人民法院侵权责任法研究小组则认为："'相应的责任'应为一种按份责任，按份责任的认定标准为监护人的过错，认定监护人的过错时，可采纳比较过错原则、比较原因力原则和衡平考量原则。法院在认定时，可先认定教唆人、帮助人承担全部责任，在有证据证明监护人'未尽到监护责任'时，再认定监护人承担一定的责任。"

（3）连带责任否定说。[2] "全国人大法工委民法室"认为：如果监护人未尽到教育和照顾被监护人的职责，疏于履行监护责任，应当对被监护人给他人造成的损害承担侵权责任。这一观点除排除监护人负连带责任外，对其责任大小、清偿顺序以及追偿等问题均语焉不详。由于"相应的"一词限制了监护人的责任范围，所以，能够得出的必然结论只是多个责任人并非就全部责任对被侵权人承担连带责任。至于这种责任是按份责任还是补充责任，以及责任人之间的追偿关系等问题，仍留有大量的解释空间。

笔者同意杨立新教授的观点。首先，共同侵权人承担的责任是连带责任，这是《侵权责任法》第8条确定的规则。这个规则是一般性规则，是不能改变的。教唆人、帮助人参加的侵权行为一定是共同侵权行为，共同侵权行为的法律后果一定是连带责任。其次，如果认为这种侵权行为的法律后果不是连带责任，而令教唆人、帮助人与监护人承担按份责任，对保护受害人特别不利，不符合共同侵权责任制度的旨趣，有违侵权责任法立法设置共同侵权行为和连带责任的基本精神。最后，相应的责任，应当与行为人的过错程度和行为的原因力相适应，其实就是有份额的责任。当教唆人和帮助人要承担侵权责任，监护人要承担相应的责任，且为连带责任的时候，如果被侵权人向监护人请求承担全部赔偿责任过于严厉。

二、请求权的消灭

本案请求权发生后，并无消灭之情形，故请求权没有消灭。

三、被请求人的抗辩

丙也可适用过失相抵原则作为抗辩理由，此处不再赘述。那么本案中，甲和丙之间的法律关系是什么呢？因为根据《侵权责任法》第28条的规定："损害是因第三人造成的，第三人应当承担侵权责任。"如果相对于甲来说，丙算是第三人的话，那么由于丙也参与了殴打丁，甲是否可以第三人过错作为抗辩理由呢？同理，对于丙亦然！

---

〔1〕　参见奚晓明主编：《〈中华人民共和国侵权责任法〉条文理解和适用》，人民法院出版社2010年版，第17页。

〔2〕　参见王胜明主编：《〈中华人民共和国侵权责任法〉条文解释与立法背景》，人民法院出版社2010年版，第26页。

首先要明确的是，第三人过错法律特征之一是第三人与当事人没有过错联系，即不构成共同侵权行为。而共同侵权的构成要件：①行为人为二人以上。本案中，甲和丙都参与了殴打丁，因此对于致使丁受伤的行为人为 2 人。该要件满足。②行为的关联性，即每个人都实施了加害行为。本案中，甲和丙都殴打了丁，本要件也满足。③共同的过错。本案中，甲和丙都明知自己的行为会造成丁的人身损害仍希望或放任结果的发生，应该是具有共同的故意，而过错既包括故意也包括过失，所以，应当认为甲和丁具有共同的过错，该要件也满足。所以，甲和丙应该是构成共同侵权，不能将对方的过错作为抗辩理由，只是两人之间由于原因力的不同而承担责任的方式不同罢了。

所以，被请求人以过失相抵原则主张抗辩成立，而以第三人过错主张抗辩则不能成立。

四、小结

综上所述，根据"单向责任连带说"，丙的监护人应对丁承担相应的责任。但是丁只能向甲和乙主张连带责任，而不能直接向丙的监护人主张赔偿责任。

[结论]

1. 甲和乙应对丁承担连带责任，但是，由于丙承担的是比较特殊的单向连带责任，因此，丁可以请求甲和乙之一或者共同承担人身权损害赔偿。请求其赔偿丁承担的医疗、误工等费用共 3371 元。

2. 甲和乙在承担了全部份额后，可以向丙的监护人追偿其应承担的相应部分。对于本案中应由丙承担的那部分赔偿责任，如果丙有财产的，应当先从他的财产中支付赔偿费用，不足部分则由丙的监护人赔偿。

第五章

准共同侵权责任[1]

[案情简介]

2008 年 10 月 10 日下午,甘肃省定西市漳县第二中学学生孙某、李某、关某和张某(皆为未成年人)在学校校门口不远处的河堤边玩"推人下河"游戏——谁把谁推下河堤算赢。刚开始,李某、关某和张某一起推孙某,结果张某和孙某被推下河堤,张某和孙某上来后,他们四人又向东走约 3 米继续玩"推人下河"游戏。在他们互推中,刘某(14 岁)也加入其中,混乱中,孙某被推下河堤,摔伤胳膊。当日孙某被送往漳县县医院住院治疗,诊断为:①右肱骨外骨骨折;②右桡神经挫伤。住院治疗 30 天,共花费医疗费 38 900 元。孙某伤情经定西市某司法医学鉴定所鉴定,构成八级伤残。2009 年 2 月 23 日,原告孙某提起诉讼,要求被告李某、关某、张某和刘某的监护人赔偿医疗费等费用 45 636 元。审理中,被告未向本院提供充分证据,证实谁将孙某推下河堤。而被告关某提出了相关的证据,能够证明其所实施的行为与孙某的损害没有因果联系。而孙某因与李某系表兄弟关系而免除了李某该承担的那部分赔偿责任。[2]

[基于请求权基础的案件分析]

本案请求权基础可以从以下几方面进行分析:①孙某对李某等人的请求权;②张某等人对孙某的请求权。经过简单的筛选,很容易能够依次排除对类似契约关系上请求权、合同上请求权、无因管理上的请求权、绝对权关系上的请求权、不当得利请求权以及其他请求权。故而,在此,只需探讨侵权行为上的请求权。

---

〔1〕 撰稿人:李耀。

〔2〕 改编自韩雪扬:"关于共同危险行为的案例分析——'以李某等人侵权案'为例",兰州大学 2011 年硕士学位论文。

孙某对李某等人的请求权

——《侵权责任法》第 10 条的请求权

《侵权责任法》第 10 条规定："二人以上实施危及他人人身、财产安全的行为，其中一人或者数人的行为造成他人损害，能够确定具体侵权人的，由侵权人承担责任；不能确定具体侵权人的，行为人承担连带责任。"该条规定二人以上共同侵权的，由各侵权人承担责任，若侵权人不确定的，则各侵权人承担连带责任。据此，适用该条，需满足：①加害主体为多个；②共同行为人的行为都具有共同的危险性质；③实际加害行为人不明；④整个共同危险行为与损害结果之间具有因果关系。

一、请求权的发生

本案中，孙某因李某等人的共同危险行为而导致损害，根据《侵权责任法》第 2 条第 2 款的规定，孙某被侵害的民事权益是健康权。本案中，孙某被推下河堤不属于特殊侵权案件，而属于共同危险行为。

1. 满足加害主体的复数性。本案的加害人有两人以上，即李某、刘某、张某等人。

2. 李某、刘某、张某等人推孙某掉下河堤的行为，具有共同的危险性，符合违法性要件。同时，他们的行为客观上都有危及孙某人身的现实可能性，即有可能会导致孙某造成人身伤害。

3. 实际加害行为人不明。孙某是被李某等人在互推的混乱中被推下河堤的，当时并不知真正推孙某掉下河堤的是谁。

4. 共同危险行为与损害结果之间具有因果关系。本案中，孙某受损害的事实与张某等人的危险行为有直接因果关系，正是因为张某等人的行为，孙某才受此伤害。

5. 本案不符合共同加害行为的条件。对于共同加害行为与共同危险行为的区分，在德国，将共同加害行为与共同危险行为区别开的要件就是意思联络。共同加害行为中，各个加害人之间具有意思联络，而共同危险行为人则不存在意思联络。迄今为止的德国民法通说与判例都认为，意思联络乃是共同加害行为的基本构成要件。[1] 如果数个加害人"知道且意欲协力导致损害结果的发生"，那么该数人之间就存在意思联络。意思联络表明，多数加害人在共同实施侵害他人权益的行为中，不仅有共同追求的目标，相互意识到彼此的存在，且客观上也为达至此目的而付出了共同的努力——各自承担了有一定数量的、相

---

〔1〕 Rebmann, Saecker, Warner, *Muenchener Kommentar zum Buerlierlic*; hen Gesetzbuc; h, Muenchen: C. H. Beck, 2004. 830.

互之间有一定联系的行为部分，当具有意思联络的数人加害于他人时，即便无法查明具体造成损害之人或各加害人的加害部分，同样构成共同加害行为。因为意思联络足以使因果关系这一构成要件得以满足。换言之，共同的意志产生了共同的原因。如果数个实施危及他人人身、财产安全之行为的人不存在意思联络，他们是分别实施、相互独立实施行为时，其中一人或数人的行为实际造成了损害，却无法查明何人所为，这时就构成了共同危险行为。

所以，孙某对李某等人侵权上的请求权发生。

二、被请求权的消灭

本案请求权发生后，并无消灭之情形，故请求权没有消灭。

三、被请求人的抗辩

1. 免责。在本案中，李某等人根据《人身损害赔偿解释》第 4 条第 1 款的规定："二人以上共同实施危及他人人身安全的行为并造成损害后果，不能确定实际侵害行为人的，应当依照民法通则第 130 条规定承担连带责任。"共同危险行为人能够证明损害后果不是由其行为造成而提起抗辩。本案中，李某等人由于并不能提出证据来证明损害后果不是由其行为造成的，所以，被抗辩人李某等人的抗辩不成立。

而被告关某提出了相关的证据，能够证明其所实施的行为与孙某的损害没有因果联系。所以，关某取得了对孙某的损害赔偿请求权的抗辩权，不必对孙某的损害承担赔偿责任，而李某等其他共同侵权人（被请求人）没有证据证明其行为与孙某的损害没有关联性，因此，李某等人对孙某的请求权并无抗辩权，根据《中华人民共和国侵权责任法》第 2 条和第 10 条的规定，其仍需对孙某的损害承担赔偿责任。

所以，被请求人关某的抗辩成立。

2. 受害人的过错。《侵权责任法》第 26 条规定："被侵权人对损害的发生也有过错的，可以减轻侵权人的责任。"该条规定，当受害人对损害结果的发现具有过错（如重大过失）的，应减轻侵权人的赔偿责任。

《民法通则》第 131 条规定："受害人对于损害的发生也有过错的，可以减轻侵害人的民事责任。"该条规定类似于《侵权责任法》第 26 条。

《人身损害赔偿解释》第 2 条第 1 款规定："受害人对于同一损害的发生或扩大有故意、过失的，依照民法通则第 131 条的规定，可以减轻或免除赔偿责任。但侵权人因故意或重大过失致人损害，受害人只有一般过失的，不减轻赔偿义务人的赔偿责任。适用民法通则第 106 条第 3 款规定确定赔偿义务人的赔偿责任时，受害人有重大过失的，可以减轻赔偿义务人的赔偿责任。"该条规定，受害人对损害具有重大过失的，侵权人可减轻或免除其赔偿责任。

《民法通则》第106条第3款规定："没有过错，但法律规定应当承担民事责任的，应当承担民事责任。"该条规定的是无过错责任的赔偿责任。

共同危险行为适用于承担过错责任的场合。在此场合下，过失相抵均可适用，此时的过错包括故意、重大过失与一般过失。关于过错，分为三种学说，分别是主观过错说、客观过错说和主客观结合说。①主观过错说。该学说代表性的观点认为，过错是"不同于人们在渴望避免有害结果时常常感到的那种心理状态，"[1] 或认为"过错的特征，是违法行为人对于自己的违法行为及其后果的一种心理态度。即认为过错是一种应受谴责或可归责的不良心理状态"[2]。②客观过错说。其代表性的观点有义务违反说和行为偏离说，[3] 前者认为"过错是对实现存在义务的违反"，[4] 后者认为"过错是指任何与善良公民行为相偏离的行为"，[5] 即认为过错与主观心理状态无关，过错指的是一种行为，具体而言，是指不符合某种行为的标准。总的而言，该学说将过错理解为违反社会准则的行为意志状态，认为过错实际上就是某种民事义务的违反行为，是客观的而非主观的状态。③主客观结合说。该说认为过错是一种主观和客观因素相结合的概念，是支配行为人从事在法律上和道德上应受非难的行为的主观状态。[6] 也就是说，行为人实施的过错行为是其主观上应受非难的错误行为选择的结果，行为人的内在意志过程与受此种意志指导而实施的外部行为之间具有不可分割的联系。

根据本案案情，宜采用的是主客观结合说，即认为，过错不仅是行为人的一种主观心理状态，而且是通过该心理状态所支配的应该受到非难的行为的行为表现出来的。笔者不采用主观过错说的理由是：①民法上损害赔偿旨在对受害人进行补偿，而不注重对行为人的主观状态的可责性；②若采用主观说，则要求法官对行为人的内心主观意思作个案认定，这会增加法官的负担。笔者不采用客观过错说的理由是：因为该学说偏向于行为人"违反社会准则"来确认过错，完全不考虑这种行为是否受行为人的主观意志所支配。此种学说在割断主观心理状态与主体行为之间的因果联系上，与主观过错说是相同的。笔者用

---

〔1〕 意大利学者德·居皮斯语。

〔2〕 参见胡雪梅：《"过错"的死亡——中英侵权法宏观比较研究思考》，中国政法大学出版社2003年版，第60页。

〔3〕 参见蔡颖雯："论侵权过错的概念"，载《烟台大学学报（哲学社会科学版）》2008年第3期。

〔4〕 法国学者普兰尼奥尔的主张，转引自王利明主编：《中国民法案例与学理研究：侵权行为篇、亲属继承篇》，法律出版社2003年版，第63页。

〔5〕 法国学者安德列·蒂克的主张，转引自王利明主编：《中国民法案例与学理研究：侵权行为篇、亲属继承篇》，法律出版社2003年版，第63页。

〔6〕 参见王利明：《侵权行为不归责原则研究》，中国政法大学出版社1991年版，第213页。

主客观结合说是因为与主观说和客观说相比较而言，主客观结合的过错说克服了考察标准单一的缺陷，将主观和客观统一起来，认为过错不仅是行为人的一种主观心理状态，而且是通过该心理状态所支配的应该受到非难的行为人的行为表现出来的，[1] 在内容上也更为完整。

在本案中，孙某和李某等数个中学生虽然皆属于未成年人，但他们智力精神状态令他们具有正确判断进行"推人下河"此种危险游戏所可能产生的后果，但他们在知道危险结果的前提下仍进行危险行为，此种不良心理是应受谴责或归责的。

关于重大过失与一般过失的区别，没有具体法律依据，只有理论上的区分。关于重大过失，理论上认为是指在正常情况下，责任人在法律行为能力范围内能够预见而没有预见，或已经预见但轻信事故不会发生而未采取措施所造成的事故及损失。一般过失，理论上认为此时行为人无法预计自己的行为将产生何种后果。而重大过失则是行为人能够预计自己的行为可能产生的后果，只是抱有一种侥幸心理，继续自己的行为。

在本案中，原告也是实施共同危险行为的参与者，其行为本身也明显具有人身危险性，正是由于其在实施共同危险行为时，在混乱中而被推下河堤而受到伤害的，故其主观上存在一定过错。同时，此过错属于重大过失。因为孙某已经是中学生，其智力精神状态使其能正确判断推人下河堤所可能产生的后果，而且，在孙某被推下河堤造成损害之前，孙某也曾经和张某被推下河堤，但孙某上来后又继续参与"推人下河"的游戏，正是其抱有一种侥幸心理，认为把人推下河堤应该像上次那样，不会造成伤害，从而继续自己的危险行为。在这种心理之下所做出的行为，令自己身体遭到了损害。故孙某对自己的损害也存在着重大过失。

孙某对于自己的损害具有重大过失，是否会构成对其他侵权人的免责（即孙某自担损害后果的风险）？符合以下情况的，行为人应自担风险：①已知导致损害的危险却依然介入；②有避开风险的合理选择。但符合以下条件的，不构成免责：①危险巨大超过受害人合理预见范围；②危险通过合理努力可减轻或消除，但因加害人懈怠而未能减轻或消除。

笔者认为，在本案中，孙某不构成自担风险。因为孙某是明知有导致损害的危险存在仍然介入，虽然这种危险存在是可以通过合理努力而减轻或消除，但孙某并没有做出避开风险的合理选择，即没有做出相应的使自己免于受到损害危险的措施，而是自信地、懈怠地放任自己的行为，最终导致损害的发生。可见，孙某的损害，与自己的重大过失是密不可分的。

---

[1]　参见江平、费安玲主编：《中国侵权责任法教程》，知识产权出版社 2010 年版，第 233 页。

根据《侵权责任法》第 26 条、《民法通则》第 131 条和《最高人民法院关于审理人身损害赔偿案件适用法律若干问题的解释》第 2 条第 1 款的规定，本案应适用过失相抵原则来减轻责任，即受害人孙某也应对共同危险行为的损害后果承担相应的部分责任，从而减轻李某等人的赔偿责任。

所以，被请求人李某等人的抗辩成立。

3. 被免除赔偿责任。在本案中，李某的抗辩权体现在，李某可以根据《民法通则》第 4 条"民事活动应当遵循自愿、公平、等价有偿、诚实信用的原则"行使抗辩权。

这条规定是对意思自治原则的确认。所谓意思自治，是指法律确认民事主体可自由地基于意志去进行民事活动的基本准则，其强调私人相互间的法律关系应取决于个人的自由意思，从而给民事主体提供了一种法律保护的自由，民事主体在不违反法律的前提下，有权利去处分自己的权利。

在本案中，李某对孙某承担的损害赔偿责任属于民事责任，在不违反法律的强行性规定的前提下，孙某当然有权利处分其对李某损害赔偿请求权，即免除李某的损害赔偿责任。可见，孙某免除李某应承担的那部分法律责任符合民法意思自治原则的精神，并且该行为没有加重其他共同危险行为人的法律责任。故李某不必对孙某的损害承担赔偿责任。

所以，被请求人李某的抗辩成立。

四、小结

1. 关某提出了相关的证据，能够证明其所实施的行为与孙某的损害没有因果联系，故其不必对孙某的损害承担赔偿责任。

2. 李某因被孙某免除赔偿责任，故也不必对孙某的损害承担赔偿责任。

3. 受害人孙某对自己的损害具有重大过失的过错，故可减轻张某和刘某的赔偿责任。

[结论]

1. 关某、李某对孙某的损害不承担赔偿责任。

2. 孙某可向张某和刘某请求承担侵权损害赔偿责任，但张某和刘某可主张减轻责任。

第六章

连带责任

案例一[1]

[案情简介]

甲为上海市闵行区龙柏一村 63 号楼 401 室的业主。63 号楼为一幢 6 层住宅楼，1～3 层楼的所有权人为乙公司。该公司于 2010 年 9 月将 1～3 楼租给丙公司。丙公司承租 1～3 楼房屋之后，经装修于 2011 年 4 月开始经营卡拉 OK、KTV 包房业务。装修过程中，丙公司拆除了龙柏一村 63 号 1～3 层的部分承重墙。由于房屋的承重结构的改动，造成 63 号 4 楼的结构变形。对此，4 楼的业主甲多次向乙公司及相关职能部门反映，但均无结果。

后上海房屋质量检测站对受损房屋进行鉴定，鉴定结论为，拆除部分承重墙体（包括自承重墙体）或在墙体开设（扩大）洞口，严重影响房屋整体结构安全和抗震能力，构成重大隐患。[2]

根据本案具体案情，试以请求权基础规范为基础，分析本案中的请求权。

[基于请求权基础的案件分析]

本案请求权基础可以从以下几方面进行分析：①甲对乙、丙的请求权；②乙对丙的请求权；③丙对乙的请求权。对于甲对乙、丙，主要是基于房屋相邻关系受到侵害的侵权法上的侵权行为请求权；对于乙对丙和丙对乙，则可能是基于业已存在的租赁合同主张契约上的请求权以及由于追偿关系产生的侵权行为请求权。

甲对乙、丙的请求权

——《侵权责任法》第 8 条的请求权

《侵权责任法》第 8 条规定："二人以上共同实施侵权行为，造成他人损害

---

[1]　撰稿人：郑智丹。

[2]　参见张凤翔：《连带责任的司法实践》，上海人民出版社 2006 年版，第 182 页。

的，应当承担连带责任。"该条规定明确了，共同侵权行为由共同侵权人承担连带责任。

一、请求权的发生

根据上述请求权基础规范，甲请求乙、丙承担共同侵权的连带责任。

乙、丙的行为构成共同侵权行为，结合请求权基础规范与学理上的分析，共同侵权行为，是指数人基于共同过错，依法应当承担连带责任的侵权行为。其构成要件包括：

1. 主体的多元性。即有两人或两人以上的加害人存在，可以是自然人，也可以是法人。本案中存在两个加害人，即乙、丙。

首先，乙为本案的加害人之一。乙公司作为龙柏一村63号1~3楼的所有权人，其与龙柏一村63号4楼的所有权人甲为相邻业主，双方之间构成相邻关系。乙作为房屋所有权人，有保障相邻业主人身、财产安全，监督承租人合理使用承租的物业，及时制止各种违章行为的法定义务。在丙违章拆除承重墙时，乙本应采取积极、适当的措施防止危害结果的发生。但因乙消极的不作为，致使承重墙被拆除，相邻业主的权益受到侵害。而且，按照常理，承租人在装修房屋并拆除承重墙前，一般需要得到出租人的同意，因此可以推定丙的拆墙行为得到过乙的同意和默许。乙的行为具有违法性，即违背了法律规定的相邻关系义务，侵害了甲的房屋所有权以及装修过程中不得违章拆除承重墙的义务。[1]

丙为本案的另一加害人。丙公司在装修房屋时拆除了龙柏一村63号1~3楼的部分承重墙，而承重墙被拆除，必然会引起房屋的承重结构的变动，并直接造成甲所在房屋结构变形。因此，丙也是本案的加害人。

2. 意思联络或者行为关联。一般说来，各国民法典并不直接规定数个加害人就加害行为有意思上的联络或者行为上的关联。所谓意思上的联络，是指数个行为人对加害行为存在"必要的共谋"，如事先策划、分工等。这种主张共同侵权需要意思上的联络的学说称为"主观说"。"主观说"作为一种较早的共同侵权行为理论，反映了早期立法者和司法部门严守过错责任原则和限制连带责任（与中世纪的株连责任相反）的指导思想。

在晚近的各国（地区）判例中，法官们开始确认，即使多数加害人之间没有意思上的联络，其共同行为造成损害的，也为共同侵权行为，应当承担连带责任。这是共同侵权行为的"客观说"或"行为关联说"。

"主观说"害怕扩大共同侵权及连带责任之适用而加重加害人的负担；"客观说"则试图寻求对受害人更有力的保护与救济。二者均有可取之处以及相应

---

[1] 参见张凤翔：《连带责任的司法实践》，上海人民出版社2006年版，第185页。

的法理，但是各执一端难免失之偏颇。笔者认为，采取"折中说"更为妥当。"折中说"的具体要求是：构成共同侵权，数个加害人均需要有过错，或者为故意或者为过失，但是无需共同的故意或者意思上的联络；各加害人的过错的具体内容是相同的或者相似的。

最高人民法院的司法解释基本上采纳了"折中说"，《人身损害赔偿解释》第3条规定："二人以上共同故意或者共同过失致人损害，或者虽无共同故意、共同过失，但其侵害行为直接结合发生同一损害后果的，构成共同侵权，应当依照民法通则第130条规定承担连带责任。二人以上没有共同故意或者共同过失，但其分别实施的数个行为间接结合发生同一损害后果的，应当根据过失的大小或者原因力比例各自承担相应的赔偿责任。"所谓"直接结合"，是指数人的行为具有直接关联性，构成一个整体成为引起损害发生的原因。"间接结合"则指数人的行为不构成引起损害发生的统一原因，各行为对损害后果之发生分别产生作用。[1]

因此，在处理共同侵权行为案件中，不能简单、机械地理解各个侵权行为人之间有无意思联络行为。而且，共同的故意或共同的过失也不能仅仅理解为一定是有作为的共同故意或过失，还应包括不作为的共同故意或过失，甚至是作为与不作为相结合的共同故意或过失。就本案而言，实际上就应推定属于作为与不作为结合的共同故意。[2]

3. 结果的统一性。所谓结果的同一性，是指共同行为所造成的后果是同一的，如果各个行为人是针对不同的受害人实施了侵权行为，或者即使针对同一受害人，但是不同的权利分别遭受侵害，损害后果在事实上和法律上能够分开，则有可能构成分别的侵权行为或并发的侵权行为，而非共同侵权行为。本案中，丙公司以故意、直接的行为实施了侵权行为，而负有法定义务的乙公司以不作为的方式，放任丙公司实施侵权行为。可见，乙、丙二者之间以作为与不作为相结合的形式，共同实施了侵权行为，最终导致承重墙被拆除，并造成了损害结果的发生，使相邻业主甲的财产权益受到损害。

此外，乙和丙应当承担共同侵权行为的连带责任。连带责任的主要特点包括以下几点：

1. 法定性。按照私法自治原则，当事人可以通过约定成立连带责任之债。但在侵权责任法中，连带责任一般基于法律规定产生。在侵权责任法没有明文规定的情况下，不得要求行为人之间承担连带责任。因为连带责任是加重的责

---

〔1〕　参见张新宝：《侵权责任法原理》，中国人民大学出版社2005年版，第81页。

〔2〕　参见张凤翔：《连带责任的司法实践》，上海人民出版社2006年版，第187页。

任，除非法律有特别规定，不宜要求他人承担加重的责任。连带责任是指行为人对受害人要共同承担责任。这就是说，此种责任不同于按份责任和分别责任，它是指每一个行为人都要对受害人遭受的全部损害负责。各行为人都负连带责任，意味着他们都有义务向受害人负全部赔偿责任，至于各加害人在实施共同侵权行为的过程中，各人对损害结果所起的作用、过错的程度是否相同，并不影响他们对受害人应负的连带责任。同时，共同侵权人内部的责任分担，也并不影响他们在外部对受害人所负的责任。

2. 连带性。在连带责任中，每一个行为人都有义务对受害人承担全部的责任，受害人有权请求部分或全部连带责任人承担全部或部分的责任。由于任何一个共同侵权人均有义务对受害人负全部赔偿责任，因此，受害人有权在共同侵权人中选择责任主体。所以，共同侵权行为责任一旦成立，受害人即可同时或先后请求共同侵权人中的任何一人或数人为全部或部分赔偿，被请求的行为人是否有不履行义务的行为或是否有履行能力等均不影响受害人的选择。

3. 强行性。因共同侵权行为而产生的连带责任是法定责任，不因加害人内部的约定而改变。加害人之间基于共同协议免除某个或某些行为人的责任，对受害人不产生效力，也不影响连带责任的适用。加害人之间通过约定，将其责任改变为按份责任，也不能对受害人发生效力。连带责任作为法定的责任，有利于保护受害人的利益，它不仅使受害人的损害赔偿请求简便易行，举证负担较轻，而且使请求权的实现有充分的保障。受害人不必因为共同侵权人中的一人或数人难以明确，或因为行为人的过错程度及其行为对损害所起的作用难以确定，或因为共同侵权人中的一人或数人没有足够的财产赔偿，而妨碍其应获得的全部赔偿数额。所以，现代各国民法大多规定共同侵权人应负连带责任[1]。

所以，甲对乙、丙侵权上的请求权发生。

二、请求权的消灭

本案请求权发生后，并无消灭之情形，故请求权没有消灭。

三、被请求人的抗辩

在本案中，乙公司根据《侵权责任法》第 28 条的规定："损害是第三人造成的，第三人应当承担侵权责任。"提起抗辩。

乙公司的抗辩不成立。因为：乙公司的行为属于侵权行为。①乙公司的行为具有违法性。根据我国《民法通则》第 83 条的规定："不动产的相邻各方，应当按照有利生产、方便生活、团结互助、公平合理的精神，正确处理截水、排水、通行、通风、采光等方面的相邻关系，给相邻方造成妨碍或者损失的，

---

〔1〕 参见王利明：《侵权责任法研究（上）》，中国人民大学出版社 2010 年版，第 582～583 页。

应当停止侵害、排除妨碍，赔偿损失。"乙公司作为龙柏一村 63 号 1~3 楼的所有权人，其与龙柏一村 63 号 4 楼的所有权人甲为相邻业主，双方之间构成相邻关系。乙公司作为房屋所有权人，有保障相邻业主人身、财产安全，监督承租人合理使用承租的物业，及时制止各种违章行为的法定义务。在丙公司违章拆除承重墙时，乙公司应采取积极、适当的措施防止危害结果的发生。但因乙公司消极的不作为，致使承重墙被拆除，相邻业主的权益受到侵害。鉴于乙公司是负有法定义务的责任人，其消极不作为的行为，具有违法性。②乙公司在主观上具有过错。丙公司拆除承重墙时，相邻业主已经告知乙公司，希望乙公司及时制止。乙公司在明知承重墙被拆除会危及相邻业主人身、财产安全的情况下，采取不作为的方式，放任危害结果的发生，其主观上具有过错。③乙公司的不作为与损害结果具有因果关系。由于承重墙被拆除，导致相邻业主的财产损失，同时，拆除部分承重墙体（包括自承重墙）或在墙体开设（扩大）洞口，严重影响房屋整体结构安全和抗震能力，构成重大隐患。上述危害结果已为房屋质检部门的鉴定结论所确认。相邻业主的权益受损与承重墙被拆除之间存在因果关系。

此外，丙公司无合法的抗辩理由。

所以，被请求人的抗辩不成立。

四、小结

综上所述，甲对乙、丙侵权上的请求权成立。

乙对丙的请求权
——《侵权责任法》第 14 条第 2 款之请求权

《侵权责任法》第 14 条第 2 款规定："支付超出自己赔偿数额的连带责任人，有权向其他连带责任人追偿。"该条规定是关于连带责任人内部责任分担的规定，追偿权在连带责任的内部关系中处于重要的地位，能保障连带责任人内部合理分担风险。行使追偿权的前提是连带责任人支付超出自己的赔偿数额，没有超出自己的赔偿数额，不能行使追偿权。

一、请求权的发生

根据上述请求权基础规范，乙向丙行使追偿权。

我国法律已确认了共同侵权人之间应当分担责任的原则，因而共同侵权人中的一人或数人承担了全部赔偿责任以后，有权向其他应负责任而未负责任的侵权人追偿。根据我国《侵权责任法》第 14 条的规定，追偿权行使的条件是：

1. 追偿人必须是连带责任人。因为只有在连带责任之中，才可能发生支付超出自己赔偿数额的情况，并进一步导致追偿权的发生。而在按份责任中，责任人所实际承担责任与其应当承担的责任份额相当，责任人不会承担超过其责任份额的赔偿责任，也就不会引起追偿权问题。本案中，乙和丙是连带责任人，若乙支付了超出自己的赔偿数额，则会导致追偿权的发生。

2. 连带责任人必须支付超出自己责任份额的赔偿。原则上，任何一个追偿权人只要承担了超出自己应当承担的份额部分的责任，就有权向其他侵权人追偿。即使其没有承担全部的赔偿责任，尽管受害人仍然有权要求每个共同侵权人继续承担责任，但在各个共同侵权人之间仍然享有求偿权。在特殊情况下，即便某个共同侵权人承担的责任低于其应当承担份额部分，但仍然有可能产生求偿权。这主要是因为受害人免除了某个共同侵权人的责任，从而使得侵权人应当承担的责任减轻。本案中，若乙支付超出自己责任份额的赔偿，就有权向作为其他侵权人的丙追偿。

3. 连带责任人必须实际承担了超出自己责任份额的责任。某一个或者某几个共同侵权人在承担了全部或承担了超出自己应承担的份额的责任之后，有权向其他共同侵权人追偿。但关于共同侵权人在何种情况下，才能行使追偿权，有三种不同的观点：第一种观点认为，必须每一个共同侵权人承担了全部赔偿责任之后，才能向其他人行使求偿权。第二种观点认为，必须每一个共同侵权人承担了超出自己应当分担的份额之后，才能向其他共同侵权人行使求偿权。第三种观点认为，追偿权的行使不一定以责任人承担连带责任为前提，任何共同侵权人，只要承担了赔偿责任，都有可能产生向其他人求偿的权利。甚至每一个共同侵权人承担了低于自己的份额的赔偿责任，也可能向侵权人求偿。笔者同意第二种观点，只有在承担了超出自己应当分担的份额的情况下，才能向其他责任人行使追偿权。[1]

结合本案具体案情，若乙承担了超出自己应当分担的份额，其能向丙行使追偿权。所以，在乙承担了超出自己应当分担的份额时，该项请求权发生。

二、被请求权的消灭

本案请求权发生后，并无消灭之情形，故请求权没有消灭。

三、被请求人的抗辩

本案中，被请求人无合法的抗辩事由。

四、小结

综上所述，在乙承担了超出自己应当分担的份额时，其对丙在《侵权责任法》第 14 条第 2 款上的请求权发生。

---

〔1〕 参见王利明：《侵权责任法研究（上）》，中国人民大学出版社 2010 年版，第 587 页。

丙对乙的请求权
——《侵权责任法》第14条第2款之请求权

《侵权责任法》第14条第2款规定："支付超出自己赔偿数额的连带责任人，有权向其他连带责任人追偿。"该条规定是关于连带责任人内部责任分担的规定，追偿权在连带责任的内部关系中处于重要的地位，能保障连带责任人内部合理分担风险。行使追偿权的前提是连带责任人支付超出自己的赔偿数额，没有超出自己的赔偿数额，不能行使追偿权。

一、请求权的发生

根据上述请求权基础规范，丙向乙行使追偿权。分析过程同乙对丙的请求权，此处不再赘述。

二、小结

综上所述，在丙承担了超出自己应当分担的份额时，其对乙在《侵权责任法》第14条第2款上的请求权发生。

[结论]

1. 乙、丙应当承担共同侵权的连带责任。

2. 若乙承担了超出自己应当分担的份额，其能向丙行使追偿权。同理，若丙承担了超出自己应当分担的份额，其能向乙行使追偿权。

案例二[1]

[案情简介]

2012年9月9日，代某在建工集团承建的海拉尔货场铁路职工住宅小区工程5楼安装搅拌机时，电工将电源开关按动，致使代某被机器卡住拉升起来。由于电工一时慌乱，再次开动机器，致使代某再次受伤。经海拉尔医院诊断，代某"右下肢血管神经损伤，右腓骨骨折，左踝关节完全性脱位，双下肢及右手开发伤"。代某在该院治疗一天后，于2012年9月11日转至哈尔滨医科大学第一附属医院治疗，经该院诊断为"右股骨远端骨折术后，左腓骨远端骨折术后，右腓骨远端骨折术后，右手第二掌骨折近端骨折术后，小腿缺血坏死"，于是经手术右小腿截肢。后又发现膝关节后方组织有脓性分泌物和大量坏死的肌肉组织，行清创膝下截肢VSD覆盖术。经司法鉴定，代某截肢与海拉尔医院的医疗行为之间存在因果关系，医方应承担主要责任；代某右大腿截肢构成四级

---

[1] 撰稿人：傅远泓。

伤残。代某医疗费共计 242 012. 23 元，其中建工集团支付医疗费 195 000 元，代某支付医疗费 47 012. 23 元、交通费 2208 元。[1]

[基于请求权基础的案件分析]

本案代某作为受害人，以其为核心，致使代某受伤害的电工、雇用电工以及代某的建工集团和因手术治疗导致代某截肢的海拉尔医院，极有可能成为代某主张的请求权对象。对此，根据代某受伤害的性质，经过简单的筛选，很容易能够依次排除类似契约关系上请求权、无因管理上的请求权、绝对权关系上的请求权、不当得利请求权以及其他请求权。在此基础上，主要对合同上请求权、侵权行为损害赔偿请求权进行基础规范的检索。

应当注意的是，在我国现行《侵权责任法》的规定中，涉及数人侵权的第 11 条和第 12 条主要规范的是侵权责任承担方式以及内部责任分摊的问题，故而不宜作为独立的请求权基础[2]。故而，在运用请求权规范分析这一方法论探讨案例时，须按照一般观念，应当先寻求和探讨相关责任成立的规范。本案中，代某的损害是由数个行为人的行为导致的，故而在探讨侵权行为损害的同时，可以遵循先逐个探讨各方侵权成立与否，再综合分析数人侵权责任承担的路径。

代某对雇用电工的建工集团的请求权

一、《侵权责任法》第 34 条的请求权

依据《侵权责任法》第 34 条的规定，用人单位的工作人员因执行工作任务造成他人损害的，由用人单位承担侵权责任。由此可以得出，该项请求权的构成要件如下：①工作人员的行为系为用人单位执行工作任务的行为；②用工单位及工作人员的存在违法行为；③工作人员的行为造成他人损害；④工作人员的行为与损害事实存在因果关系。

（一）请求权的成立

本案是否成立，应当符合以上构成要件。在此，需要进行如下分析：

1. 受雇的电工是否属于《侵权责任法》第 34 条的用人单位的工作人员呢？在侵权责任法起草时，对于本条用人单位与工作人员的理解，有着不同的意见。有的建议采用"使用人"和"被使用人"；有的建议采用"用人者"和"劳动者"；有的建议采用"雇主"和"雇员"；有的建议采取司法解释的做法，将责任主体分为"法人"和"雇主"两类，法人执行职务造成他人损害的，适用法

---

　〔1〕　案情改编自（2014）哈民一民终字第 212 号判决。

　〔2〕　程啸："论无意思联络的数人侵权——以《侵权责任法》第 11、12 条为中心"，载《暨南学报（哲学社会科学版）》2011 年第 5 期。

人的责任；个体工商户、农村承包经营户、个人合伙以及个人用工的情形中，适用雇主责任。因为对于个人之间形成劳务关系的问题，《侵权责任法》第35条已专门作出了规定，从体系解释的角度，《侵权责任法》第34条应当调整个人劳务关系以外的责任。因而，将责任主体称为"用人单位"，可以包括企业、事业单位、国家机关、社会团体等，也包括个体经济组织等，在逻辑上可以涵盖除劳务关系之外的所有关系，还是比较恰当的。《侵权责任法》第34条所称的"工作人员"，从目的解释的角度，将之解释为既包括用人单位的正式员工，也包括临时在单位工作的员工，符合侵权法的立法精神与目的，全国人大法工委也采取此种观点。[1]

因此，本案中，电工受雇于建工集团，建工集团符合《侵权责任法》第34条规定的"用人单位"，电工属于建工集团的工作人员。

2. 电工的行为是否符合构成要件的行为违法性要件？《侵权责任法》第34条中的用人单位及工作人员存在违法行为，按照一般解释与日常生活的一般经验，主要包括法定代表人、负责人、工作人员在内的具体行为人在执行工作任务中，违反法定义务、违反保护他人的法律和故意违背善良风俗产生的损害。本案中，电工在执行安装机器的工作任务时，因其疏忽注意，造成代某存在"右下肢血管神经损伤，右腓骨骨折，左踝关节完全性脱位，双下肢及右手开发伤"的损害事实，违反了保护他人的法定义务，符合该构成要件。

3. 对于工作人员的行为与损害事实是否存在因果关系，在本案中，因为电工的安装使用机器，客观直接地导致了代某受伤的损害事实，存在明确的因果关系，在此不赘述。

综上所述，本案符合《侵权责任法》第34条规定的构成要件，因而代某向雇佣电工的建工集团主张的《侵权责任法》第34条之请求权成立。

（二）被请求权的消灭

本案请求权发生后，并无消灭之情形，故请求权没有消灭。

（三）被请求人的抗辩

以该条请求权为基础，作为用工单位的建工集团成为当然的责任主体，在其工作人员电工疏忽造成的代某"右下肢血管神经损伤，右腓骨骨折，左踝关节完全性脱位，双下肢及右手开发伤"的损害中，是否存在基于电工疏忽注意的抗辩呢？对此，讨论的核心在于用人单位及工作人员的责任承担。

依据《侵权责任法》第34条第1款后半段的规定，由用人单位承担侵权责

---

〔1〕　全国人大常委会法制工作委员会编：《中华人民共和国侵权责任法释义》，法律出版社2010年版。

任。按照文义解释，此项请求权借鉴的是英美法国家的无过错责任，是由用人单位承担替代责任，工作人员不承担侵权责任。然而，关于工作人员是否应当承担连带侵权责任，用人单位对工作人员是否享有追偿权的问题，我国立法对此没有作出规定。

对此，一些国家和地区法律中作出过规定，比如，日本《民法》规定，雇用他人者，对受雇人因执行其职务而加于第三人的损害，负赔偿责任。不妨碍雇用人对受雇人行使求偿权。台湾地区"民法"规定，对于为侵权行为的受雇人，雇用人有求偿权。[1] 但是，目前对追偿权规定的国家和地区不多，从规定追偿权的规定看，也较为原则。据了解，从目前发展趋势看，不少国家越来越限制雇主行使追偿权或者不允许雇主进行追偿，认为雇主可以通过企业保险等方式来解决赔偿费用的问题。

我国司法实践和杨立新教授对此予以肯定，依据《人身损害赔偿司法解释》第9条的规定，雇员在从事雇佣活动中致人损害的，雇主应当承担赔偿责任；雇员因故意或者重大过失致人损害的，应当与雇主承担连带赔偿责任。雇主承担连带赔偿责任的，可以向雇员追偿。由此，可以看出，在司法实践中，认为雇员（工作人员）需要承担侵权责任，或者说至少在其过错范围内，承认雇主（用人单位）追偿权。杨立新教授认为，将用人单位责任归结为过错推定责任，雇主（用人单位）只要能够证明对雇员（工作人员）的选任及其事业的监督已尽相当注意时，或即使尽相当注意损害仍会产生，可以向其追偿。[2]

对此，全国人大法工委的《中华人民共和国侵权责任法释义》中阐明，现实中的情况错综复杂，很难以一个统一的标准来确定追偿权的条件。目前我国职工工资水平还不太高，和用人单位相比，工作人员在劳动关系中属于弱者，在经济上处于劣势地位。如果对追偿权作出明确规定，有的用人单位可能利用该条规定，将本应承担的责任转嫁给工作人员。另外，考虑到追偿权的问题比较复杂，追偿条件规定过严，对广大劳动者不利；追偿条件规定过宽，也不利于工作人员谨慎工作，减少事故的发生。不同行业、不同工种和不同劳动安全条件，其追偿条件应有所不同。因此，本法对于追偿权的问题没有作出规定。但是，本法未作规定，不影响用人单位依照法律规定，或者根据双方的约定来行使追偿权。

笔者认为，无论从新法优于旧法、立法法规优于司法解释的体系解释角度，还是从尊重立法者的本意与目的和文义解释的角度，在工作人员没有违反特别

---

[1] 王泽鉴：《侵权行为》，北京大学出版社2009年版，第444页。

[2] 杨立新：《侵权责任法》，法律出版社2012年版，第108页。

法规定和双方平等的约定的前提下，宜将之认定为无过错责任，由用人单位承担替代责任，工作人员不承担责任。

本案中，电工的行为只是一般过失，没有违反刑事、劳动等方面法律的特别规定，且没有违反双方的特别约定，故应当由用人单位建工集团承担完全的替代的侵权责任，电工不承担侵权责任。

（四）小结

代某得依《侵权责任法》第34条的规定，仅得向建工集团主张损害赔偿责任，不得向电工主张连带赔偿。

二、《侵权责任法》第22条的请求权

代某基于《侵权责任法》第22条的规定，对建工集团请求承担精神损害赔偿，笔者拟将之与海拉尔的侵权行为一并探讨，故而在此不述，详见下文。

代某对海拉尔医院的请求权

一、《合同法》第107条的请求权

该条规定，当事人一方不履行合同义务或者履行的合同义务不符合约定的，应当承担继续履行、采取补救措施或者赔偿损失等违约责任。据此，该条请求权构成条件如下：①存在有效的合同关系；②一方当事人不履行合同义务或者履行的合同义务不符合约定。

（一）请求权的发生

1. 代某因受伤，去海拉尔医院治疗，成立医疗服务合同，二者存在有效的合同关系。海拉尔医院负有合理为代某诊断和善良注意的义务。而海拉尔医院因为疏于注意，未尽到合理诊断的义务，导致代某小腿缺血坏死并因此截肢的损害后果，海拉尔医院对此存在过错，可以据此解释为履行的合同义务不符合约定，因而，作为合同当事人的患者代某，得依据《合同法》第107条向海拉尔医院主张违约责任。

2. 关于请求权范围，依据《合同法》第113条之规定，可以请求相当于因违约所造成的损失，包括合同履行后可以获得的利益，但不得超过违反合同一方订立合同时预见到或者应当预见到的因违反合同可能造成的损失。因而，按照当然解释和目的解释，应当包括医疗费、护理费、交通费、伙食补助费、误工费、残疾生活辅助具费和残疾赔偿金。至于精神损害赔偿，《合同法》对此没有规定，因《合同法》适用的是严格的无过错责任原则，不宜扩大适用精神损害赔偿。

（二）被请求权的消灭

本案请求权发生后，并无消灭之情形，故请求权没有消灭。

（三）被请求人的抗辩

在本案中，不存在被请求人抗辩的情形。

（四）小结

代某得依《合同法》第107条的规定，请求海拉尔医院承担违约责任，包括医疗费、护理费、交通费、伙食补助费、误工费、残疾生活辅助具费和残疾赔偿金。但不得请求精神损害赔偿。

二、《侵权责任法》第54条的请求权

依据《侵权责任法》第54条的规定，患者在诊疗活动中受到损害，医疗机构及其医务人员有过错的，由医疗机构承担赔偿责任。分析其构成要件如下：①医疗机构及医务人员的诊疗活动存在违法行为（这一行为的违法性主要是指医疗机构没有尽到必要注意，违反了对患者的生命权、健康权、身体权不得侵害的法定义务）；②患者受到损害的事实；③诊疗行为和患者损害后果存在因果关系；④医疗机构及医务人员存在过失。

（一）请求权的发生

1. 本案中，海拉尔医院为代某诊断与治疗其受到的伤害，属于诊疗活动。由于海拉尔医院的诊疗活动没有尽到必要注意义务，导致代某本不严重的腿伤更严重，违反了对患者代某身体权保护的法定义务（违法性）。海拉尔医院按照一般经验和当时的医疗水平和诊断技术，应当诊断出代某的真实病状，并进行正确及时的治疗，但是因为其疏忽大意（过失），造成右小腿坏死，最终导致右小腿截肢的加重后果（损害事实），二者存在因果关系。故而，海拉尔医院的行为构成《侵权责任法》第54条的侵权行为。

2. 请求权的范围。依据《侵权责任法》第15条第2款的规定，侵害他人造成人身损害的，应当赔偿医疗费、护理费、交通费等为治疗和康复支出的合理费用，以及因误工减少的收入。造成残疾的，还应当赔偿残疾生活辅助具费和残疾赔偿金。造成死亡的，还应当赔偿丧葬费和死亡赔偿金。由此，适用该款的条件主要有三：①构成《侵权责任法》上的侵权行为；②产生人身损害；③该侵权行为与人身损害有因果关系。

本案中，代某所受的损害为人身损害，且该损害是由建工集团和海拉尔医院所致，包括医疗费、护理费、交通费、伙食补助费、误工费、残疾生活辅助具费和残疾赔偿金。分别根据《人身损害赔偿司法解释》第19～26条的规定，结合当地生活、工资水平，对该项损害计算，累计为437 480.19元。故而，代某可主张请求赔偿437 480.19元。

（二）被请求权的消灭

本案请求权发生后，并无消灭之情形，故请求权没有消灭。

（三）被请求人的抗辩

在本案中，不存在被请求人抗辩的情形。

（四）小结

代某得依《侵权责任法》第 54 条的规定，请求海拉尔医院承担侵权损害赔偿责任。

三、《侵权责任法》第 22 条的请求权

依据《侵权责任法》第 22 条的规定，侵害他人人身权益，造成他人严重精神损害的，被侵权人可以请求精神损害赔偿。由此，可以认定该条的构成要件是：①存在《侵权责任法》的侵权行为；②侵害的客体是人身权益；③侵害的人身权益导致严重精神痛苦。

（一）请求权的发生

本案中，法定的侵权行为显然存在，故前两个要件明显符合，不再赘述。该项请求权发生的核心在于是否符合侵害的人身权益导致严重的精神痛苦。而"严重精神损害"的认定，直接关系到精神损害赔偿请求权成立，我国现行立法和司法解释没有对此作出明确规定。

关于"严重精神损害"的解释，我国目前有两种观点：①采用排他的解释方法，认为"偶尔的痛苦或不高兴不能认为是严重精神损害"，以王胜明教授的《中华人民共和国侵权责任法释义》、人大法工委员会编写的《〈中华人民共和国侵权责任法〉条文说明、立法理由及相关规定》为代表；②精神损害是否达到严重程度，应视人格权益性质不同而有区别。对于物质性人格权益是否达到严重程度，主要取决于身体、健康被损害的程度，原则上，只有达到伤残等级标准，才能提起精神损害赔偿。对于精神性人格权益被侵害的情形，在确定是否达到严重标准时，应综合考虑侵害人的主观状态、侵害手段、场合、行为方式和被侵害人的精神状态等具体情节加以判断。由此可见，司法实践和学理界对此有不统一的看法。

比较法上，强调只有造成权利人严重精神损害，才能适用精神损害赔偿，对于一般程度或极其轻微的精神损害，不予以赔偿。《瑞士债务法》第 49 条规定，人格关系侵害者，以其侵害情节及加害者过错重大者为限，得请求抚慰金。1967 年，德国司法实践在"损害赔偿规定修正补充草案"中决定修正《德国民法》第 847 条第 1 项为"人格权受侵害者，关于非财产上损害，得请求以相当的金钱，赔偿其所受的损害；但依第 249 条规定之回复原状为可能而且充分，或对受害人已以金钱以外为补偿者，不适用之；轻微的侵害，不予斟酌。赔偿

的金额应依其情况，特别应依侵害及过失的程度决定之"。[1] 美国爱达荷州上诉法院在 Davis v. Gage 一案的判决中指出，严重的精神痛苦是指已经被"身体上的伤害"证明，或者有证据表明"原告的日常行为已经因此受到妨碍……或者是他、她的精神上遭受难以承受的打击"。对这样的"严重精神损害"的判断和认定，要从侵害人的主观状态、侵害手段、场合、行为方式等案件具体情况出发，主要依靠法官的素质、良知和道德等进行认定。

因而，在综合我国司法实践以及比较法上的借鉴，认定"严重精神损害"，可以作以下几方面的考量：

1. 造成当事人死亡、残疾、患严重的心理疾病或精神病，认定受害人遭受了严重精神损害。

2. 造成了受害人精神损害，致使受害人内心的痛苦外化为外观表现，如精神分裂、精神抑郁等，也应认为造成严重精神损害。采用德国这种认定规则，即只有受害人遭受的精神损害有外观表现，才能请求精神损害赔偿。

3. 受害人遭受的严重精神损害尚未达到以上两种情形，但是客观上确实给受害人带来了精神损害，并且已经影响到受害人的正常学习、工作和生活，尽管这种情形难以把握，亦应认为造成了严重精神损害。

有鉴于此，本案中，代某因此侵权行为，导致右小腿截肢，认定为四级伤残，应当认定为其受有精神及肉体上的痛苦，且达到严重程度。因而，代某可以依据《侵权责任法》第 22 条之规定，请求精神损害赔偿。至于具体数额，由法官依据《最高人民法院关于确定民事侵权精神损害赔偿责任若干问题的解释》第 10 条之规定，综合考虑过错、手段场合、经济能力、经济发展水平等因素，酌情确定。

因此，基于《侵权责任法》第 6 条的请求权可以成立。

（二）被请求权的消灭

本案请求权发生后，并无消灭之情形，故请求权没有消灭。

（三）被请求人的抗辩

在本案中，不存在被请求人抗辩的情形。

（四）小结

代某得依《侵权责任法》第 22 条的规定，请求海拉尔医院承担精神损害赔偿责任，具体数额由法院酌情裁量。

代某对建工集团以及海拉尔医院的请求权

如前所述，代某对建工集团和海拉尔医院的请求权皆成立，故而在多数人

---

[1]   王泽鉴：《民法学说与判例研究（第一册）》，北京大学出版社 2009 年版，第 34 ~ 38 页。

侵权的情形下，需要探讨《侵权责任法》中关于多数人侵权的规范，如第8条、第11条、第12条，以此确定最终责任承担方式以及内部责任分摊。

一、《侵权责任法》第8条的请求权

《侵权责任法》第8条规定，二人以上共同实施侵权行为，造成他人损害的，应当承担连带责任。据此，该条的构成要件分析如下：①行为人为两人以上；②侵权行为是由二人以上共同实施的；③行为人存在共同故意或过失；④造成他人损害的后果（不要求同一损害）。

（一）请求权的发生

该项请求权的发生，需要满足前述构成要件，本案的争议可能在于，建工集团与海拉尔医院是否存在共同的意思联络，或者是否可以理解为该条所称的"共同实施"，对此，作如下分析：

关于"共同实施"，立法对此没有明确规定，我国理论和司法实践的争议。依据《人身损害赔偿司法解释》第3条之规定，二人以上共同故意或者共同过失致人损害，或者虽无共同故意或者共同过失，但其侵害行为直接结合发生同一损害后果的，构成共同侵权，应当依据《民法通则》第130条承担连带责任。由此可以看出，司法实践中，"共同实施"的"共同"包括共同故意、共同过失与故意行为与过失行为相结合，既包括主观的共同关联性（对违法行为有通谋或共识）与客观的共同关联性（虽无意思联络，但却导致同一损害后果）。但是，该解释是在《侵权责任法》出台之前，按照新法优于旧法、上位法优于下位法的原则，且该条笼统地将数人侵权的所有类型规定为共同侵权，因此，从体系解释的角度，照此理解为共同实施，会导致现行《侵权责任法》有失偏颇。

学理存在主观共同说和主客观共同说。主客观共同说认为，"共同"包含共同故意、共同过失以及故意行为与过失行为相结合，前述《人身损害赔偿司法解释》即是该说的体现。主观共同说认为，"共同实施"的"共同"仅指主观上的共同，包括共同故意或者共同过失，只有基于共同过错造成他人损害，才可作为《侵权责任法》第8条规定的共同侵权行为处理。该条规定的"共同实施"，应当与《侵权责任法》第11、12条"分别实施"相区分，对此，应当以区分意思联络为必要，只是客观结合在一起的行为的偶然结合，不宜认定为共同实施，该说成为理论的通说。

既然现行《侵权责任法》将"共同实施"与"分别实施"相区分，那么，《侵权责任法》第8条规定的数个行为人承担连带责任的基础应当是一个主观上可以共同归责的原因，至于共同侵权行为产生的损害后果是否存在同一损害或者可分割损害，在所不问。为了使《侵权责任法》能协调所有数人侵权冲突的类型，而不致产生适用上的混乱与冲突，使《侵权责任法》第8条规定的"共同实施"的侵权行为与《侵权责任法》第11条、第12条规定的"分别实施"导致的"同一损害"的数人侵权行为在数人侵权逻辑体系上达到周延,应当按照主观共同说,将与客观结合在一起的行为排除在"共同实施"涵义之外,而将《侵权责任法》第8条解释为规范因共同故意或者过失导致的数人侵权行为。

本案中,代某受的伤害系由建工集团的电工与海拉尔医院共同导致的,二者的行为皆成立侵权行为,都存在损害赔偿的义务。本案中,建工集团与海拉尔医院二者的行为不存在意思联络,也没有基于共同的过失或故意。故而,不宜将之认定为共同侵权行为,适用《侵权责任法》第8条,将二者承担连带责任。

建工集团未尽疏忽注意的义务,海拉尔医院未尽到合理诊疗的义务,二者并不存在共同的意思联络,在原因力可分的前提下,尽管保护了代某的权益,但让过错责任较低的建工集团承担连带责任,未免有失公平,不符合自己责任的原则,因而,宜解释为不满足共同实施和共同过错的要件。

综上,代某依据《侵权责任法》第8条的请求权不成立。

（二）被请求权的消灭

本案请求权发生后,并无消灭之情形,故请求权没有消灭。

（三）被请求人的抗辩

在本案中,不存在被请求人抗辩的情形。

（四）小结

代某依《侵权责任法》第8条的规定,请求建工集团和海拉尔医院承担连带侵权损害赔偿责任不成立。

二、《侵权责任法》第12条的请求权

依据《侵权责任法》第12条的规定,二人以上分别实施侵权行为造成同一损害,能够确定责任大小的,各自承担相应的责任。据此,分析该条的构成要件如下:①行为人为两人以上;②行为人分别实施侵权行为;③各侵权行为造成同一损害;④各行为是造成损害的共同原因;⑤各行为责任大小可分,且确定。

（一）请求权的发生

本案中,依据前述分析,建工集团未尽注意义务,海拉尔医院未尽到合理诊疗的义务,二者在没有共同过错的情况下,分别成立不同类型的侵权行为。代某现在右腿截肢的损害后果,是由建工集团和海拉尔医院共同造成的,该损害尽管存在时间上的延续性,但是损害结果不可分,应当认定为同一损害;尽管损害不可分,但造成该损害的原因力可以划分,依据鉴定报告可知,建工集团对这一损害后果存在较小的原因力,海拉尔医院的疏忽则是该损害的主要原因，因而双方的责任大小也可分。

因而，满足《侵权责任法》第12条的各个构成要件，该项请求权成立。

（二）被请求权的消灭

本案请求权发生后，并无消灭之情形，故请求权没有消灭。

（三）被请求人的抗辩

在本案中，不存在被请求人抗辩的情形。

（四）小结

代某得依据《侵权责任法》第12条的规定，对建工集团可依据《侵权责任法》第34条，对海拉尔医院依据《侵权责任法》第54条，主张承担按份责任。

[结论]

1. 代某可请求海拉尔医院承担合同法上的违约责任，但由于构成与侵权责任的竞合，仅得择一请求。

2. 代某得请求建工集团及海拉尔医院承担相应的侵权责任，责任形式为按份责任。

3. 代某得请求建工集团及海拉尔医院承担精神损害抚慰金，具体数额由法院酌情确定。

第七章

不真正连带责任[1]

[案情简介]

2013 年 5 月 1 日，甲从乙商店购买由丙公司生产的净白洁面乳一瓶，使用约 10 天后，面部产生不适感，局部出现斑点。后甲到医院治疗，经诊断为"化妆品皮炎"，并花费医疗费共计 2050 元。

事后查明，乙商店在进货时已经建立并执行进货检查验收制度，验明该产品的产品检验合格证，并且乙商店长期向丙公司购进该净白洁面乳，购入该批次净白洁面乳时，也按照往常的合理检验手段对该批次商品进行检测，并未发现有异常。

经检验查明，丙公司在该批次洁面乳中添加了国家明令禁止添加的过量的有害物质，且在产品成分中未予以标明。

根据本案具体案情，试以请求权基础规范为基础，分析本案中的请求权。

[基于请求权基础的案件分析]

本案请求权基础可以从以下几方面进行分析：①甲对乙的请求权；②甲对丙的请求权；③乙对丙的请求权。

甲对乙的请求权

一、《合同法》第 107 条的请求权

《合同法》第 107 条规定："当事人一方不履行合同义务或者履行合同义务不符合约定的，应当承担继续履行、采取补救措施或者赔偿损失等违约责任。"该条规定是违约责任的一般规定，同时确立了我国违约责任的一般归责原则为严格责任原则。

（一）请求权的发生

根据上述请求权基础规范，买受人甲请求出卖人乙承担违约责任。

---

[1]　撰稿人：郑智丹。

当事人承担违约责任，必须具备违约责任的构成要件。违约责任的构成要件，是判断当事人行为应否承担违约责任的标准。一般而言，违约责任的构成要件是：

1. 违反义务的行为。当事人一方不履行合同义务或者履行合同义务不符合约定。本案中，乙作为出卖人，其交付的标的物不符合质量要求，即乙有违约行为。

2. 受害人受有损害。债务人违约行为给债权人造成的损害除经济上的损害外，还有可能造成非财产损害，如人身伤害和精神损害等，前者为财产损害，后者为非财产损害。非财产损害是否构成赔偿的范围，是一个有争议的问题，但我国多数学者均主张违约责任的损害赔偿范围不包括非财产损害。

《合同法》第113条第1款规定："当事人一方不履行合同义务或者履行合同义务不符合规定，给对方造成损失的，损失赔偿数额应当相当于因违约所造成的损失，包括合同履行后可以获得的利益，但不得超过违反合同一方订立合同时预见到或者应当预见到的因违反合同可能造成的损失。"可得利益损失是一种财产利益的损失，不包括人身伤害和精神损害。本案中，乙商店有保证商品质量的义务，违反此种义务，甲因此遭受了财产损失。

3. 违约行为与损害之间有因果关系。本案中，乙商店有保证商品质量的义务；且根据法律规定，经营者应当保证其提供的商品或服务符合保障人身、财产安全的要求。乙商店作为经营者，其提供的缺陷产品与甲遭受人身损害之间存在着因果关系。

所以，甲对乙合同上的请求权发生。

（二）请求权的消灭

本案请求权发生后，并无消灭之情形，故请求权没有消灭。

（三）被请求人的抗辩

乙根据《侵权责任法》第28条的规定："损害是第三人造成的，第三人应当承担侵权责任。"提起抗辩。

乙的抗辩不成立。理由如下：

《合同法》第121条规定："当事人一方因第三人的原因造成违约的，应当向对方承担违约责任。当事人一方和第三人之间的纠纷，依照法律规定或者按照约定解决。"该法条坚守了合同责任的相对性规则，依据该规则，在因第三人的行为造成债务不能履行的情况下，仍由债务人向债权人承担违约责任。债务人承担违约责任以后，有权向第三人追偿。这就是所谓的"债务人为第三人的行为向债权人负责"的规则。

同时，根据《合同法》第122条的规定："因当事人一方的违约行为，侵害对方人身、财产权益的，受损害方有权选择依照本法要求其承担违约责任或者依照其他法律要求其承担侵权责任。"受害人是产品的购买者时，受害人与另一方当事人之间存在合同关系，受害可以基于合同关系而主张违约责任；同时，也可以基于侵权而主张侵权责任。但是，由于合同的相对性的存在，基于合同关系主张违约责任时，如果产品的生产者和销售者不是同一主体，违约责任只能向销售者主张，而不能向生产者主张。

所以，被请求人的抗辩不成立。

（四）小结

综上所述，甲对乙合同上的请求权成立。

二、《侵权责任法》第 43 条第 1 款的请求权

《侵权责任法》第 43 条第 1 款规定："因产品存在缺陷造成损害的，被侵权人可以向产品的生产者请求赔偿，也可以向产品的销售者请求赔偿。"该条款规定是关于被侵权人要求损害赔偿的途径，被侵权人可以向生产者和销售者中的任何一方提出赔偿请求。

（一）请求权的发生

当事人承担产品责任，必须具备产品责任的构成要件。产品责任的构成要件为：

1. 产品。我国《产品质量法》第 2 条第 2 款规定："本法所称产品是指经过加工、制作，用于销售的产品。"本案中，甲所购买的净白洁面乳属于经过加工、制作，用于销售的产品。

2. 缺陷。我国《产品质量法》第 46 条规定："本法所称缺陷，是指产品存在危及人身、他人财产安全的不合理的危险；产品有保障人体健康和人身、财产安全的国家标准、行业标准的，是指不符合该标准。"根据这一规定，同时参考国外有关立法，我们可以对"缺陷"的具体含义进行进一步分析：①缺陷是一种不合理的危险，合理的危险不是缺陷；②这种危险危及人身和他人的财产安全，其他危险不认为是缺陷的内容；③判断危险之合理与否或者判断某一产品是否存在缺陷的标准分为一般标准和法定标准。

一般标准是人们有权期望的安全性，即一个诚信、善意之人在正常情况下对一件产品所应当具备的安全性的期待。除一般标准外，国家和行业对某些产品制定了保障人体健康、人身和财产安全的专门标准，这种标准为"法定标准"。本案中的净白洁面乳添加了国家明令禁止添加的过量的有害物质，且在产品成分中未予以标明，存在危及人身、他人财产安全的不合理的危险，由此可得知净白洁面乳这个产品存在缺陷。

3. 损害。损害是指使用缺陷产品所导致的死亡、人身伤害和财产损失以及其他重大损失。本案中，甲从乙商店购买由丙公司生产的净白洁面乳一瓶，使用约 10 天后，面部产生不适感，局部出现斑点。后甲到医院治疗，经诊断为"化妆品皮炎"，并花费医疗费共计 2050 元。甲由于使用缺陷产品导致了人身伤害。

4. 因果关系。在产品责任中，因果关系是指产品之缺陷作为物的内在危险，该内在危险之实现与受害人遭受的损害之间的相互关系，前者为原因，后者为结果。因果关系是产品责任中侵权行为的构成要件之一。本案中，甲从乙商店购买净白洁面乳一瓶，使用约 10 天后，面部产生不适感，局部出现斑点。后甲到医院治疗，经诊断为"化妆品皮炎"，并花费医疗费共计 2050 元。甲由于使用从乙商店购买的净白洁面乳，而导致甲遭受损害，二者具有因果关系。[1]

所以，甲对乙的侵权上的请求权发生。

（二）请求权的消灭

本案请求权发生后，并无消灭之情形，故请求权没有消灭。

（三）被请求人的抗辩

乙根据《侵权责任法》第 28 条之规定："损害是第三人造成的，第三人应当承担侵权责任。"提起抗辩。

乙的抗辩不成立。因为我国《侵权责任法》第 43 条规定："因产品存在缺陷造成损害的，被侵权人可以向产品的生产者请求赔偿，也可以向产品的销售者请求赔偿。产品缺陷由生产者造成的，销售者赔偿后，有权向生产者追偿。因销售者的过错使产品存在缺陷的，生产者赔偿后，有权向销售者追偿。"由此可知，生产者与销售者承担的是不真正连带责任。主张因第三人的原因免责时，依法律规定，被请求人与第三人承担不真正连带责任时，被请求人不能以第三人造成损害为由主张不承担或减轻责任。[2] 只要因使用、消费缺陷产品而受到损害的受害人向该产品的销售者主张赔偿，销售者不得以无过错主张免责。即使是无过错的销售者，也应首先直接承担责任。[3]

而且，我国《侵权责任法》第 43 条是关于被侵权人要求损害赔偿的途径和先行赔偿人追偿权的规定。本条从方便被侵权人维护自己合法权益的角度出发，规定了被侵权人可以向生产者和销售者中的任何一方提出赔偿请求。所以，本案中，甲可以向作为生产者的丙提出赔偿请求，也可以向作为销售者的乙提出赔偿请求，乙不能因丙的原因主张免责。

---

〔1〕 参见张新宝：《侵权责任法原理》，中国人民大学出版社 2005 年版，第 393～401 页。
〔2〕 参见高香芝：《侵权责任法法理及案例分析》，北京理工大学出版社 2012 年版，第 93 页。
〔3〕 参见张新宝：《侵权责任法原理》，中国人民大学出版社 2005 年版，第 404 页。

所以，被请求人的抗辩不成立。

（四）小结

综上所述，甲对乙侵权上的请求权成立。

甲对丙的请求权
——《侵权责任法》第41条的请求权

《侵权责任法》第41条规定："因产品存在缺陷造成他人损害的，生产者应当承担侵权责任。"该条规定是关于产品生产者因生产的产品存在缺陷造成他人人身或者财产损害而应承担侵权责任的规定。

一、请求权的发生

根据上述请求权基础规范，甲请求丙承担产品责任。

当事人承担产品责任，必须具备产品责任的构成要件。产品责任的构成要件为：①产品；②缺陷；③损害；④因果关系。分析过程同上述甲对乙侵权上的请求权，故此处不再赘述。

所以，甲对丙的侵权上的请求权发生。

二、请求权的消灭

本案请求权发生后，并无消灭之情形，故请求权没有消灭。

三、被请求人的抗辩

丙根据《侵权责任法》第42条第1款的规定："因销售者的过错使产品存在缺陷，造成他人损害的，销售者应当承担责任。"提起抗辩。

本条是关于销售者因过错致使产品缺陷造成他人损害的侵权责任的规定。关于过错的判断标准，法律对此并没有明文解释。主流观点是对被侵权人的过错采取客观说，即过错不是由人的主观心理态度决定的，而是由人的客观行为判定，如果一个人的行为没有达到一个正常人在相同情况下应该达到的标准，那么这个人就是有过错的。王泽鉴先生认为：但就方法论而言，民法上过失的认定标准应当有别于刑法，因为民法尤其是侵权行为法的目的在于合理分配损害，所以，过失的认定应当采取客观说。结合本案具体案情，宜采用客观说。乙商店在进货时已经建立并执行进货检查验收制度，验明该产品的产品检验合格证，并且，乙商店长期向丙公司购进该净白洁面乳，购入该批次净白洁面乳时，也按照往常的合理检验手段对该批次商品进行检测，并未发现有异常。结合本案，不能证明乙商店存在过错。

而且，更重要的是，该产品存在缺陷不是销售者乙商店导致的，而是作为生产者的丙公司造成的。经检验查明，丙公司在该批次洁面乳中添加了国家明令禁止添加的过量的有害物质，且在产品成分中未予以标明。

所以，丙对乙的抗辩不成立。

四、小结

综上所述，甲对丙侵权上的请求权成立。

乙对丙的请求权

一、《合同法》第107条的请求权

《合同法》第107条规定："当事人一方不履行合同义务或者履行合同义务不符合约定的，应当承担继续履行、采取补救措施或者赔偿损失等违约责任。"该条规定是违约责任的一般规定，同时确立了我国违约责任的一般归责原则为严格责任原则。

（一）请求权的发生

根据上述请求权基础规范，买受人乙请求出卖人甲承担违约责任。

当事人承担违约责任，必须具备违约责任的构成要件。违约责任的构成要件，是判断当事人行为是否应承担责任的标准。一般而言，违约责任的构成要件是：

1. 违反义务的行为。本案中，丙作为出卖人，其交付的标的物不符合质量要求，即丙有违约行为。

2. 受害人受有损害。本案中，丙公司有保障买卖合同标的符合质量要求的义务，违反此种义务，丙是有责任向乙赔偿财产损失的。

3. 违约行为与损害之间有因果关系。本案中，乙商店与丙公司之间存在着买卖合同，而由于丙公司的违约行为导致该批次洁面乳存在质量问题，以及因甲的索赔所造成的乙商店的财产损失，它们之间存在着因果关系。

4. 过错。本案中，乙商店与丙公司之间存在着买卖合同，其归责原则应当为严格责任原则，故过错不应当成为此违约责任的构成要件。

所以，乙对丙的合同上的请求权发生。

（二）请求权的消灭

本案请求权发生后，并无消灭之情形，故请求权没有消灭。

（三）被请求人的抗辩

本案中，被请求人无合法的抗辩事由。

（四）小结

综上所述，乙对丙合同上的请求权成立。

二、《民法通则》第93条的无因管理请求权

《民法通则》第93条规定："没有法定的或者约定的义务，为避免他人利益受损失进行管理或者服务的，有权要求受益人偿付由此而支付的必要费用。"该条是关于无因管理的规定。

（一）请求权的发生

根据上述请求权基础规范，无因管理的构成要件包括：

1. 管理他人事务。本案中，乙作为销售者，与消费者甲之间存在着紧密的联系，其承担责任不能被认定为管理他人事务。

2. 为他人利益而管理。本案中，乙承担责任，其主观上并没有为他人利益管理的意思。

3. 无法律上的义务。本案中，因为根据法律规定，乙有义务承担违约责任或侵权责任。所以，乙对丙的无因管理请求权不发生。

（二）请求权的消灭

本案请求权发生后，并无消灭之情形，故请求权没有消灭。

（三）被请求人的抗辩

本案中，被请求人无合法的抗辩事由。

（四）小结

综上所述，乙对丙的无因管理请求权不成立。

三、《民法通则》第 92 条的不当得利请求权

《民法通则》第 92 条规定："没有合法根据，取得不当利益，造成他人损失的，应当将取得的不当利益返还受损失的人。"该条规定是关于不当得利的规定。

（一）请求权的发生

根据上述请求权基础规范，不当得利的构成要件包括：

1. 一方受利益。一方受有利益，是指一方当事人因一定的事实结果而使其得到一定的财产利益。受有财产利益也就是财产总量的增加，包括财产的积极增加和消极增加。财产的消极增加，是指财产本应减少而没有减少。本案中，甲请求乙承担违约责任或侵权责任，导致了实际应承担责任的丙的财产消极增加，即本应承担的债务而没有承担。

2. 他方受损失。损失是指因一定的实施结果使财产利益的总额减少，既包括积极损失，也包括消极损失。积极损失，是指现有财产利益的减少。本案中，由于乙承担了违约责任或侵权责任，其遭受了积极损失。

3. 一方受利益与他方受损失之间有因果关系。受利益与受损失之间有因果关系，是指他方的损失是因一方受益造成的，一方受益是他方受损的原因，受益与受损二者之间有变动的关联性。如果没有其不当得利的取得，他人就不会造成损失，就应当认定受益与受损间有因果关系。本案中，如果没有丙消极利益的取得，即如果由丙承担责任的话，就不会造成乙的损失。

4. 没有合法依据。没有合法依据，是不当得利构成的实质性条件。当事人取得利益时虽有合法依据，但其后该根据丧失的，该利益的取得也为没有合法根据。本案中，生产者作为终局责任人，其消极财产的取得没有合法依据。

所以，该项请求权发生。

（二）请求权的消灭

本案请求权发生后，并无消灭之情形，故请求权没有消灭。

（三）被请求人的抗辩

本案中，被请求人无合法的抗辩事由。

（四）小结

综上所述，乙对丙的不当得利请求权成立。

四、《侵权责任法》第43条的请求权

《侵权责任法》第43条规定："因产品存在缺陷造成损害的，被侵权人可以向产品的生产者请求赔偿，也可以向产品的销售者请求赔偿。产品缺陷由生产者造成的，销售者赔偿后，有权向生产者追偿。因销售者的过错使产品存在缺陷的，生产者赔偿后，有权向销售者追偿。"该条规定是关于被侵权人要求损害赔偿的途径和先行赔偿人追偿权的规定。

（一）请求权的发生

根据上述条文规定，这里的生产者和销售者承担的是不真正连带责任。不真正连带责任，是指数个责任人基于不同的原因而依法对同一被侵权人承担全部赔偿责任，某一责任人在承担责任之后，有权向终局责任人要求全部追偿。

由于不真正连带责任与连带责任一样，都是数人对受害人承担的债务或责任，因此二者具有相似性。一方面，不真正连带责任和连带责任一样，受害人都有权选择多个责任人中的某一个责任人。另一方面，一旦受害人作出选择，责任人就应当承担全部责任。但两者的区别主要表现在：

1. 法律规定不同。除当事人有约定外，连带责任都是法律明确规定的责任，因为连带责任属于加重责任，要求法律明确规定可以避免过分限制人们的行为自由。而不真正连带责任并不是由法律明确规定的责任，法律基本上不会出现"不真正连带"之类的表述，它是学者从法律规定中解释出来的一类责任。

2. 产生的原因不同。不真正连带责任是法律规定的，基于不同的原因而产生的，可以独立形成的责任，各项责任均是基于不同的发生原因而分别存在的。

3. 是否可以全部追偿不同。在连带责任中，每个责任人都要承担一定的责任，所以，其不可能向其他人全部追偿。而在不真正连带责任中，在某个责任人承担了全部责任之后，可以依法向其他责任人全部追偿。

4. 是否存在终局责任人不同。在连带责任中，各个连带责任人都是终局责任人，其本来就应当对损害负担终局的责任，只不过，因为存在数个终局的责

任人，所以，数人之间要进行内部的责任分担。而在不真正连带责任中，存在终局的责任人。所谓终局的责任人，是指对数个责任的发生应最终负责的人，换言之，权利人可以选择任何一个不真正连带责任人请求赔偿，不真正连带责任人赔偿后，得向终局责任人追偿。[1]

根据《侵权责任法》第 43 条的规定，在产品责任中，承担不真正连带责任的生产者和销售者之间存在追偿权，该追偿权的有效成立需具备两个要件：①生产者或销售者已经向被侵权人承担损害赔偿责任，即其已经垫付赔偿费用。本案中，乙对丙享有的追偿权的前提之一是，作为销售者的乙已经垫付赔偿费用。②被追偿一方符合承担产品侵权责任的条件。本案中，乙对丙享有追偿权的另一个前提条件是，丙作为生产者符合承担产品责任的条件。根据上述分析，丙作为生产者，其符合产品侵权责任的构成要件。所以，丙符合承担产品侵权责任的情形下，乙承担直接责任后可以向丙行使追偿权。

所以，乙对丙的请求权发生。

（二）请求权的消灭

本案请求权发生后，并无消灭之情形，故请求权没有消灭。

（三）被请求人的抗辩

丙根据《侵权责任法》第 42 条第 1 款的规定："因销售者的过错使产品存在缺陷，造成他人损害的，销售者应当承担责任。"提起抗辩。

本条是关于销售者因过错致使产品缺陷造成他人损害的侵权责任的规定。关于过错的判断标准，结合本案的具体情况，宜采用客观说。结合本案，不能证明乙商店存在过错。分析过程同上述丙对甲的抗辩，此处不再赘述。

所以，丙对乙的抗辩不成立。

（四）小结

综上所述，乙对丙《侵权责任法》第 43 条上的请求权成立。

[结论]

1. 甲可以自由选择由乙承担违约责任或侵权责任。

2. 甲可以选择由丙承担侵权责任。

3. 若乙对甲承担责任后，乙可向丙行使追偿权。

4. 甲可以自由选择由乙或者由丙承担侵权责任。

---

〔1〕　参见王利明：《侵权责任法研究（上）》，中国人民大学出版社 2010 年版，第 583～584 页。

第八章

补充责任[1]

[案情简介]

2013 年 4 月 20 日上午 9 时许，原告甲在被告乙银行排队等候存款时，被丙将其手中用黄色塑料袋装着的 32 000 元现金抢走。案发当时，乙银行并没有保安值班，而且事后也未能向公安提供有效的监控录像。随后，丙被抓捕归案。2013 年 5 月 3 日，甲对银行乙和丙提起诉讼，要求二者赔偿 32 000 元的损失。[2]

根据本案具体案情，试以请求权基础规范为基础，分析本案中的请求权。

[基于请求权基础的案件分析]

本案请求权基础可以从以下几方面进行分析：①甲对丙的请求权；②甲对乙的请求权；③乙对丙的请求权。

甲对丙的请求权
——《侵权责任法》第 2 条的请求权

《侵权责任法》第 2 条规定："侵害民事权益，应该承担相应的侵权责任。"该条规定明确了被侵权人有权对侵权人提起诉讼，要求其承担侵权责任。

一、请求权的发生

根据上述请求权基础规范，甲请求丙承担侵权责任。

本案中，丙抢走了甲的 32 000 元现金，侵犯了甲的财产权，因此，甲是被侵权人。甲对丙实施的违法行为致使甲的 32 000 元现金被抢，财产权受到侵害，因此，丙是侵权人。其构成要件包括：①存在违法的事实。丙对甲实施了抢夺的违法行为。②存在损害的结果。甲的 32 000 元现金被丙抢走，财产权受侵犯。③因果关系。正因为丙的抢夺行为，甲的 32 000 元现金的财产权才会受损，二者的因果关系显而易见。④过错。丙主动实施抢夺的违法行为，其主观过错也

---

〔1〕 撰稿人：吴家俊。
〔2〕 改编自程啸：《侵权责任法》，法律出版社 2011 年版，第 344 页。

是显然的。

　　所以，甲对丙的侵权上的请求权发生。

二、请求权的消灭

本案请求权发生后，并无消灭之情形，故请求权没有消灭。

三、被请求人的抗辩

在本案中，该被请求人无合法的抗辩事由。

四、小结

综上所述，甲对丙的侵权上的请求权成立。

甲对乙的请求权
——《侵权责任法》第 37 条的请求权

　　《侵权责任法》第 37 条规定："宾馆、商场、银行、车站、娱乐场所等公共场所的管理人或者群众性活动的组织者，未尽到安全保障义务，造成他人损害的，应当承担侵权责任。因第三人的行为造成他人损害的，由第三人承担侵权责任；管理人或者组织者未尽到安全保障义务的，承担相应的补充责任。"该条规定明确了安全保障义务人的侵权责任。

一、请求权的发生

根据上述请求权基础规范，甲请求乙承担侵权责任。

　　甲的 32 000 元现金在银行内被抢走，财产权受到侵害，是本案的被侵权人。根据《侵权责任法》第 37 条的规定，作为公共场所管理人的乙未能尽到相应的安全保障义务，致使甲财产权受到侵犯，应该承担相应的补充责任。其构成要件包括：①被侵权人的损害是由第三人的行为所致。由于乙作为公共场所的管理人承担的是未尽安保义务的补充责任，因此，其不能是直接的侵权人，即甲的损害必须是由于丙的抢夺行为直接导致的。②管理人未尽到安全保障义务。安全保障义务的内容包括硬件方面的义务和软件方面的义务。硬件方面的义务包括物的方面之安全保障和人的方面之安全保障。软件方面的安全保障义务包括消除内部的不安全因素，创造安全的活动环境；对于外部不安全因素的防范，制止来自第三方的侵害；不安全因素的提示、说明、劝告和协助义务[1] 具体到本案，银行乙作为公共场所的管理人，应当尽到保障消费者人身以及财产安全的义务。但是，乙在案发当时没有安排保安值班，事后也没有提供有效的监控录像来协助调查。属于《侵权责任法》第 37 条所规定的违反安全保障义务。

　　所以，甲对乙侵权上的请求权发生。

---

〔1〕 参见张新宝、唐青林："经营者对服务场所的安全保障义务"，载《法学研究》2003 年第 3 期。

二、请求权的消灭

本案请求权发生后，并无消灭之情形，故请求权没有消灭。

三、被请求人的抗辩

在本案中，乙根据《侵权责任法》第28条规定："损害是因第三人造成的，第三人应该承担侵权责任。"提起抗辩。

乙的抗辩不成立。因为：首先，《侵权责任法》第28条属于一般性的规定，只适用于一般的侵权案件。其次，由于本案属于安全保障义务人的侵权责任，属于特殊侵权案件。《侵权责任法》第37条的规定作为特殊规定，其效力应该优先于《侵权责任法》第28条，换言之，乙作为公共场所的管理人，没有尽到安保义务，不能以损害是由第三人行为所致作为抗辩的事由。因此，乙对甲的抗辩权不成立。

所以，被请求人的抗辩不成立。

四、小结

综上所述，甲对乙侵权上的请求权发生。

乙对丙的请求权

——《人身损害赔偿解释》第6条第2款的追偿权

《人身损害赔偿解释》第6条第2款第3句规定："安全保障义务人承担责任后，可以向第三人追偿。"该条规定表明，安全保障义务人对第三人享有追偿权。

一、请求权的发生

乙作为补充责任人，其承担责任以后能否向侵权行为人丙追偿？由于该问题，侵权责任法没有作出明确规定，因此在学术界中是存有争议的。

如果管理人或组织者是因未尽安全保障义务直接致人损害，因无其他侵权人，故不存在安全保障义务人向他人追偿的问题（除非是用人者责任的情形）。但在第三人造成他人损害，管理人或组织者未尽到安全保障义务时，管理人或组织者在承担了相应的补充责任后，就会发生一个能否对第三人进行追偿的问题。对此，《人身损害赔偿解释》第6条第2款第3句规定："安全保障义务人承担责任后，可以向第三人追偿。"《侵权责任法》没有明确规定安全保障义务人的追偿权。有人认为，这是立法者采取了回避的态度。

立法者并非回避了这个问题，《侵权责任法》实际上是否定了安全保障义务人对第三人的追偿权。首先，既然第三人实施侵权行为造成他人损害时，安全保障义务人只是承担相应的补充责任。因此，一旦安全保障义务人承担了该责任，实际上就意味着从事侵权行为的第三人下落不明，不能确定或没有赔偿能力。此时，即便赋予安全保障义务人以追偿权，也没有任何意义。其次，安全保障义务人并非无条件地承担"相应的补充责任"。根据《侵权责任法》第37条第2款第2句的规定，只有在未尽到安全保障义务时，其才承担该责任。既然安全保障义务人没有尽到安全保障义务，就说明他有过错，他是在为自己而非第三人的过错承担责任，当然也不应享有追偿权。[1]

结合本案，由于乙作为安全保障义务人没有尽到法定义务，导致甲的财产权益间接受损。加之，根据《侵权责任法》第37条的规定，管理人或者组织者未尽到安全保障义务的，承担相应的补充责任，并没有规定补充责任人享有追偿权，

所以，乙对丙的追偿权不发生。

二、请求权的消灭

在本案中，因为请求权没有发生，故不存在请求权消灭的情形。

三、被请求人的抗辩

在本案中，因为请求权没有发生，故不存在被请求人抗辩的情形。

四、小结

综上所述，乙对丙的追偿权不成立。

[结论]

1. 甲对丙享有请求权。

2. 甲对乙享有请求权，乙对甲的抗辩权不成立。

3. 乙对丙的请求权不成立。

---

〔1〕　参见程啸：《侵权责任法》，法律出版社2011年版，第401页。

第九章

精神损害赔偿[1]

［案情简介］

2005 年 10 月 31 日，甲夫妇因搬迁新居，将其位于某市某镇某村的一套住房委托某市某房产中介所出售，双方签订了委托合同。在该房出售过程中，乙因与中介所在协商过程中发生矛盾，便于 11 月 28 日下午用红漆在甲房门、门边墙壁上打叉并写上"此房不吉利，买去必死人，全家死光光"的大字，还将门锁灌进胶水。此事引起了周围住户的议论。甲得知后去找乙理论，要求乙清除字迹，修复门锁，乙予以拒绝。甲于同年 12 月 2 日申请某市公证处到现场拍摄保全证据后，请家政公司将字迹清除，修理更换了门锁。12 月 4 日，乙再次用红漆在原告房屋正门上涂写了相同内容的文字，刚好被甲的父亲丙撞见，丙心头一怒与乙发生了激烈的争吵，丙在争吵过程中突然病发，送医后不治身亡。丙的配偶和其子女都请求向侵权人乙赔偿他们的精神损害。[2]

根据本案具体案情，试以请求权基础规范为基础，分析本案中的请求权。

［基于请求权基础的案件分析］

本案请求权基础可以从以下几方面进行分析：①甲对乙的请求权；②丙的近亲属对乙的请求权。

甲对乙的请求权

一、《侵权责任法》第 6 条的请求权

《侵权责任法》第 6 条规定："行为人因过错侵害他人民事权益，应当承担侵权责任。"该条规定明确了一般侵权行为责任的归责原则。

（一）请求权的发生

根据上述请求权基础规范，甲请求乙承担一般侵权行为责任，请求乙赔偿

---

〔1〕　撰稿人：郑伟鸿。

〔2〕　改编自江苏省镇江市中级人民法院（2006）镇民一终字第 339 号。

房屋维护的费用。

当事人承担该一般侵权责任，必须具备该责任的构成要件。其构成要件为：

1. 加害行为：乙两次用红漆在他人居所墙壁上涂写具有诅咒、诽谤、污辱、贬损内容的标语。

2. 损害结果：屋主甲为恢复房屋原状而付出的费用

3. 因果关系：针对一因一果关系，相当因果关系说为通说，其判断标准为条件关系与相当性的结合，即无此行为，虽不必生此种损害，有此行为，通常即足生此种损害者，是为有因果关系[1]。很明显如果没有乙的加害行为，一定就不会导致甲的损失，故因果关系成立。

4. 过错：乙因泄愤两次故意用红漆涂写他人房屋墙壁。

所以，甲对乙侵权上财产损害赔偿的请求权发生。

（二）请求权的消灭

本案请求权发生后，并无消灭之情形，故请求权没有消灭。

（三）被请求人的抗辩

在本案中，乙根据《侵权责任法》第28条之规定："损害是第三人造成的，第三人应当承担侵权责任"提起抗辩；根据《侵权责任法》第27条之规定"损害是因受害人故意造成的，行为人不承担责任"对保全证据费用提起抗辩。

针对乙的第一项抗辩不成立。因为：乙的行为虽然与中介所发生矛盾有关系，应采取协商或诉讼等妥善方式解决，但被告却用红漆在原告房屋门上二次涂写侮辱诅咒内容的文字。乙的行为与中介所无关。

针对乙的第二项抗辩也不成立。因为《中华人民共和国公证法》第11条规定："根据自然人、法人或者其他组织的申请，公证机构办理下列公证事项：……⑨保全证据；……"本案甲在乙侵犯其合法权益后去找乙论理，要求乙清除文字、修复门锁，这是正当的。在遭到乙拒绝的情况下，申请某市公证处派员到场保全证据，符合法律规定，所产生的公证费用属于合理的、必要的费用，该费用的支出是由于乙的侵权行为所产生，不属于甲自行扩大的损失，理应由乙赔偿。

所以，被请求人的抗辩不成立。

（四）小结

综上所述，甲对乙在侵权上的财产损害赔偿请求权成立。

二、《侵权责任法》第22条的请求权

精神损害赔偿，也称"非财产损害赔偿"，是指因侵害他人的人身权益造成

---

〔1〕 参见魏振瀛主编：《民法》，北京大学出版社、高等教育出版社2010年版，第657页。

严重精神损害时，侵权人应当向被侵权人支付精神损害抚慰金。[1]

《侵权责任法》第 22 条规定："侵害他人人身权益，造成他人严重精神损害的，被侵权人可以请求精神损害赔偿。"该条规定阐明了适用精神损害赔偿的情形。

（一）请求权的发生

根据前述有关法律规定和司法解释，分析本案情况：①甲确有名誉被损害的事实。房产不同于一般财物，它与所有权人具有很强的人格关联意义，而且从标语内容来看，诅咒所指向的主要是居住者。甲是该房屋的所有权人，在其中居住多年，与周围邻居熟悉，乙两次公开用红漆在原告房门上书写违反社会公德和公序良俗，明显具有侮辱、贬损、诅咒内容的文字，引起了周围住户对甲本人的议论和猜测。乙的行为不仅对甲的财产造成了损害，同时也严重侵害了甲的人格利益，使其人格尊严受到了严重影响，造成了很大的心理压力和精神痛苦，甲名誉被损害的事实清楚。②乙行为违法，被告与案外人发生矛盾，不通过合法途径解决，却采用损害原告财产和名誉的不法手段泄愤，侵犯了甲的合法权益。③乙的侵权行为与甲遭受的财产和精神损害之间因果关系明确。④乙主观上有过错，乙明知该房屋为原告所有，正在委托出售，却故意在其房门上用红漆涂写，企图达到破坏交易以泄私愤的目的，主观故意明确。

所以，甲对乙侵权上精神损害赔偿的请求权发生。

（二）请求权的消灭

本案请求权发生后，并无消灭之情形，故请求权没有消灭。

（三）被请求人的抗辩

在本案中，乙根据《侵权责任法》第 15 条的规定（承担侵权责任的方式主要有：①停止侵害；②排除妨碍；③消除危险；④返还财产；⑤恢复原状；⑥赔偿损失；⑦赔礼道歉；⑧消除影响、恢复名誉。以上承担侵权责任的方式，可以单独适用，也可以合并适用）提起抗辩。乙辩称，其行为是针对房屋而不是针对原告本人，不愿意以赔偿损失方式承担侵权责任。

乙的抗辩不成立。因为根据《最高人民法院关于确定民事侵权精神损害赔偿责任若干问题的解释》第 8 条第 2 款的规定："因侵权致人精神损害，造成严重后果的，人民法院除判令侵权人承担停止侵害、恢复名誉、消除影响、赔礼道歉等民事责任外，可以根据受害人一方的请求判令其赔偿相应的精神损害抚慰金。"乙的行为严重侵害了甲的人格利益，使其人格尊严受到了严重影响，造成了很大的心理压力和精神痛苦。

---

〔1〕 参见程啸：《侵权责任法》，法律出版社 2011 年版，第 570 页。

所以，被请求人的抗辩不成立。

（四）小结

综上所述，甲对乙侵害名誉权、赔偿其精神损失的请求权成立。

丙的近亲属对乙的请求权
——《侵权责任法》第 18 条的请求权

《侵权责任法》第 18 条规定："被侵权人死亡的，其近亲属有权请求侵权人承担侵权责任。被侵权人为单位，该单位分立、合并的，承继权利的单位有权请求侵权人承担侵权责任。被侵权人死亡的，支付被侵权人医疗费、丧葬费等合理费用的人有权请求侵权人赔偿费用，但侵权人已支付该费用的除外。"该条规定阐明了请求权主体。该条规定阐明了被侵权人的人身损害赔偿的请求权主体。

一、请求权的发生

根据上述请求权规范基础，丙的近亲属请求乙承担丙的人身损害赔偿和其近亲属的精神损害赔偿。

乙承担丙的人身损害赔偿责任，必须具备一般侵权行为责任的构成要件：

1. 加害行为：乙与丙发生了激烈的争吵。

2. 损害结果：丙病发且不治身亡。

3. 因果关系：针对一因一果关系，"相当因果关系说"为通说，其判断标准为条件关系与相当性的结合，即无此行为，虽不必生此种损害，有此行为，通常即足生此种损害者，是为有因果关系。相当因果关系说的重点在于注重行为人的不法行为介入社会的既存状态，并对现存的危险程度有所增加或者改变。如果没有乙的加害行为，丙不一定会发病。但是有了此加害行为，成为病发的诱因，通常会导致丙的死亡。因此，因果关系成立。

4. 过错：过错是指行为人应受责难的主观状态。很明显，乙当时为了泄愤而大写红字，乙的主观状态必定是有过错的。而且，乙、丙之间发生的是激烈的争吵，也就是说，乙并非无任何过错。因此，乙对丙的死亡具有过错。

在乙承担了人身损害赔偿的基础上，请求乙承担该精神损害赔偿时，必须具备构成要件。其构成要件为：[1]

1. 侵害的是人身权益。人身权益既包括人身权利，也包括人身利益。前者如生命权、身体权、健康权、姓名权、名誉权、荣誉权、肖像权、隐私权、人身自由权、人格尊严权、婚姻自主权、监护权等；后者如死者的姓名、肖像、

---

〔1〕 参见程啸：《侵权责任法》，法律出版社 2011 年版，第 574 页。

名誉、荣誉、隐私等人格利益。

2. 遭受了严重精神损害。限于以下两种情形之一：①死亡或残疾，基于对生命的尊重和保障人身安全的需要，该损害后果本身就是严重的精神损害。②其他情形下的证明责任。侵权人虽然侵害了他人的人身权益，但并未造成死亡或残疾的后果，被侵权人必须证明严重精神损害的存在。

在本案中，由于丙的死亡，对于其近亲属带来了严重的精神损害，其近亲属有权向侵权人提起精神损害赔偿。

所以，丙的近亲属对乙的请求权成立。

二、请求权的消灭

本案请求权发生后，并无消灭之情形，故请求权没有消灭。

三、被请求人的抗辩

本案不存在抗辩及抗辩权。

四、小结

综上所述，丙近亲属的请求权成立，同时，乙的抗辩权成立，可以根据受害人的过错程度减轻侵权人的责任。

〔结论〕

1. 乙对甲承担财产损失赔偿和侵犯名誉权的精神损害赔偿。

2. 乙对丙承担人身损害赔偿。

3. 乙对丙的近亲属承担一定的精神损害赔偿。

第十章

转承责任[1]

[案情简介]

2014 年 4 月 20 日早上，原告董某在被告上海松江购物中心处购物期间，被在工作的王某所推货车撞倒受伤。原告诉称，2014 年 4 月 20 日上午，原告在被告店内的冷冻冰柜挑选食品时，被超市内的理货员的货箱撞倒受伤。被告辩称，原告的受伤系由案外人上海全申公司的促销员王某造成的。2014 年 8 月 21 日，经原告申请，审理该案的法院委托复旦大学上海医学院司法鉴定中心对原告的伤残等级和营养、护理期限进行鉴定。2014 年 9 月 25 日，该鉴定中心出具了复医（2014）伤鉴字第 2348 号《司法鉴定意见书》，意见为：董某外伤致右股骨粗隆间骨折内固定手术后，目前右下肢功能障碍属 XXX 伤残，董某伤后可予以休息 240 日，营养 90 日，护理 120 日。原告为非农业家庭户。[2]

根据本案具体案情，试以请求权基础规范为基础，分析本案中的请求权。

[基于请求权基础的案件分析]

本案中，原告董某在与被告缔约过程中受到被告的工作人员致害，此处原告得根据《侵权责任法》及《合同法》相关规范向被告提出损害赔偿之请求，而被告属于有安全保障义务的商场，原告在其营业场所受到伤害，同时可以根据《侵权责任法》向被告请求违反安全保障义务致其身体受到伤害的请求权。通过来回穿梭于案件事实与法律规范之间，依照契约、无权代理等类似契约关系、物权关系、无因管理、不当得利及侵权行为的次序检查请求权基础，可以排除物权关系、无因管理、不当得利请求权的适用，本案中可以适用的请求权有契约关系上的请求权、侵权行为损害赔偿请求权。因此，在对该案进行分析时，可从多个方面进行分析：①原告董某对被告购物中心的请求权（包括：缔约过失责任、职务侵权责任和安全保障义务人的侵权责任）；②原告董某对王某

---

[1] 撰稿人：官招阳。

[2] 引自中国裁判文书（2014）松民一（民）初字第 9736 号判决书。

的请求权与被告购物中心对王某的请求权。

原告董某对被告购物中心的请求权

一、董某对购物中心《合同法》第 42 条上的请求权

《合同法》第 42 条规定："当事人在订立合同过程中有下列情形之一，给对方造成损失的，应当承担损害赔偿责任：①假借订立合同，恶意进行磋商；②故意隐瞒与订立合同有关的重要事实或者提供虚假情况；③有其他违背诚实信用原则的行为。"

据此，可以分析出缔约过失责任的构成要件为：①缔约一方违反了先合同义务；②相对人受有损失；③违反先合同义务与该损失之间有因果关系；④违反先合同义务有过错。

（一）请求权的发生

根据《合同法》第 42 条的立法精神，本条规定的先合同义务有：假借订立合同，进行恶意磋商；故意隐瞒与订立合同有关的重要事实或者提供虚假情况；其他违背诚实信用原则的行为。此外，还有不履行报批义务时成立缔约过失责任（法释［2009］5 号第 8 段前段，《合同法》第 42 条第 3 项）。

上述规定法律及司法解释已列举四种具体情形，且采用"其他"来作兜底条款，但并未提及"合同缔约过程中，缔约一方人身受到伤害"是否属于"违背诚实信用原则的行为"，若属于，是否得依《合同法》第 42 条请求缔约对方承担缔约过失责任，抑或是依《侵权责任法》之规定请求承担侵权责任。

德国判例学说理论中，对于缔约之际未尽保护义务致他方身体健康遭受损害的，得依《德国民法》第 278 条请求承担缔约过失责任（德国判例学说认为被害人得依 culpa in contrahendo 请求损害赔偿者，其主要原因，乃在于避免雇佣人依《德国民法典》第 831 条之规定，证明其在受雇人的选任监督已尽相当注意而免责。创设该制度的目的在于克服侵权行为法之缺点）。其他国家的司法实践中，类似案件依侵权行为法处理。笔者认为：《合同法》第 42 条第 3 项中的"其他违背诚实信用原则的行为"应包括"缔约之际未尽保护义务致他方身体健康遭受损害"的情形。受害方得依《合同法》第 42 条第 3 项请求承担缔约过失责任。理由简述如下：①缔约过程中，双方当事人有保障对方身体健康免遭侵害的先合同义务，如一方违反该义务，另一方得依该请求权基础请求承担缔约过失责任，但该义务的违反同时也构成侵权，受害方得依侵权责任法请求加害方承担侵权责任；②该规则的适用，是对侵权责任法中免责条款的抗衡，是对侵权责任法缺陷的补充。

原告董某"挑选食品"的过程属于原告与被告缔约的过程，在该过程中，

被告购物中心依法负有保障原告身体健康免遭损害的法定义务，即被告负有保障原告免遭人为或物件致害的义务，本案中，王某的致害行为亦构成被告对其法定义务的违反，从而造成了原告"外伤致右股骨粗隆间骨折"的损害后果。在主观方面，被告购物中心因未履行先合同义务，存在过错；在因果关系方面，被告购物中心违反先合同义务的行为与原告身体健康受到伤害之间存在因果关系。原告董某得依《合同法》第42条第3项之规定主张缔约过失责任请求权。

（二）关于抗辩、抗辩权

本案不存在诉讼中的抗辩及抗辩权。

（三）关于请求权的消灭

本案在诉讼时效期间内，请求权未消灭。

（四）结论

原告董某得依《合同法》第42条第3项之规定，向被告购物中心主张缔约过失责任。

二、原告董某对被告购物中心《侵权责任法》第34条第1款上的请求权

《侵权责任法》第34条第1款：用人单位的工作人员因执行工作任务造成他人损害的，由用人单位承担侵权责任。

据此，该项请求权的构成要件如下：①用人单位的工作人员；②执行工作任务；③工作人员构成侵权。

（一）请求权的发生

本案中，首先应当认定原告与被告之间是否存在"雇佣"关系。对于"雇佣关系"的认定，有广义和狭义之分。狭义上的雇佣关系仅指劳务关系；而广义上的雇佣关系则包括标准和非标准劳动关系、劳务关系和人事关系。国际劳工局在2003年国际劳工大会第91届会议报告五《雇佣关系的范围》中指出："……雇佣关系是一个总的概念，指的是一个人（称之为雇员，经常被称为工人）和另一个人（称之为雇主）之间所建立的法律关系：雇员为了换取报酬通过订立雇佣合同而根据一定的条件向雇主提供劳动或者服务。"

我国台湾地区在司法实践中采用客观主义的判断标准：1956年台上字第1599号判决："第188条所称之受雇人，系以事实上之雇佣关系为标准，与受雇人间已是否成立书面契约，在所不问。"1968年台上字第1663号判决："第188条第1项所谓受雇人，并非仅限于雇佣契约所称之受雇人，凡客观上被他人使用为之服劳务而受其监督者均系受雇人。"

笔者认为，在判断是否存在"雇佣"关系时，应着重考虑客观方面的因素，客观上被他人（雇佣人）使用，从事一定劳务，受其监督，服从其指示的，即应当认定为被使用人（雇员）与使用人（雇主）之间存在"雇佣"关系，亦即可据此认定该被使用人（雇员）是该使用使人（雇主）的"工作人员"。

对于"执行工作任务"的理解，应当以雇员行为的外观行为为标准，而不论雇主及雇员的主观意思如何。

本案中，王某的客观行为足以认定，王某与被告购物中心之间存在"雇佣"关系。王某在被告营业场所及营业时间内推货车的行为，属于执行工作任务的行为。该行为对原告董某是否构成侵权，需结合一般侵权的构成要件来判断，即判断是否满足"侵权行为、过错、损害后果、因果关系"四要件：

1. 侵权行为要件：被告购物中心的员工王某在被告的营业场所执行工作任务，即推货车的行为，该行为客观上侵害了原告董某的合法权益，《侵权责任法》第2条第2款规定："本法所称民事权益，包括生命权、健康权、姓名权、名誉权、荣誉权、肖像权、隐私权、婚姻自主权、监护权、所有权、用益物权、担保物权、著作权、专利权、商标专用权、发现权、股权、继承权等人身、财产权益。"原告董某的健康权依法在该条规定之列，因此该行为满足客观行为要件。

2. 过错要件：用人单位转承责任的责任构成可以分为两个层次，"用人单位"与"员工"之间的关系以及"员工"与"受害者"之间的关系。对于前者，用人单位对员工实施的侵权行为承担无过错责任，即只要员工在执行工作任务时侵害了他人的民事权益，该侵权行为符合侵权责任构成要件的，用人单位就应当承担无过错责任，但该无过错责任建立在员工的侵权行为满足了侵权责任构成要件之上。由此，若要求用人单位承担替代责任，须首先认定员工的行为属于侵权行为。结合本案，员工王某的行为是否构成侵权，要单独分析，即分析是否满足一般侵权的构成要件。在客观方面，员工王某推货车的行为侵害了原告董某的健康权；在主观方面，王某作为商场的工作人员，应当认识到商场营业期间有较大的人流量，但其在执行工作任务时并未恰当履行其注意义务，并因此造成了董某的健康权遭受损害。在"员工"与"受害者"这一层关系上，侵权行为足以成立，因此，在"用人单位"与"员工"这一层关系上，用人单位应当承担转承责任。

3. 结果要件：原告董某的健康权因被告购物中心员工王某的行为造成了损害。

4. 因果关系：被告员工王某不当执行工作任务的行为与原告遭受人身损害之间存在因果关系。

故而，根据《侵权责任法》第34条之规定，被告购物中心需要对王某的侵权行为承担替代责任。

（二）关于抗辩、抗辩权

本案中，被告购物中心以王某不是其员工为由主张抗辩，认为王某是上海全申公司的推销员，王某与其不存在雇佣关系。结合本案的案情，王某在客观上表现为执行工作任务，该行为足以认定其与被告之间存在雇佣关系，故而被告的主张不成立。

（三）关于请求权的消灭

本案在诉讼时效期间内，请求权未消灭。

（四）结论

原告董某得依《侵权责任法》第34条第1款之规定，向被告购物中心主张侵权责任。

三、原告董某对被告购物中心《侵权责任法》第37条上的请求权

《侵权责任法》第37条规定："宾馆、商场、银行、车站、娱乐场所等公共场所的管理人或者群众性活动的组织者，未尽到安全保障义务，造成他人损害的，应当承担侵权责任。因第三人的行为造成他人损害的，由第三人承担侵权责任；管理人或者组织者未尽到安全保障义务的，承担相应的补充责任。"

根据该条规定，可知安全保障义务人的侵权责任构成要件如下：①行为人未尽安全保障义务；②负有安全保障义务的相对人受到损害；③损害事实与违反安全保障义务行为之间存在因果关系；④违反安全保障义务行为的行为人具有过错。

（一）请求权的发生

首先分析适用《侵权责任法》第37条第1款还是适用第2款，即首先需要判断"王某是否属于第37条第2款中的第三人"。通过上文分析，王某与购物中心之间存在雇佣关系，在此就涉及"与安全保障义务人特殊关系的人员致人损害是否适用第37条第2款"的问题，对该问题，笔者同意张新宝教授的观点，《侵权责任法》第37条第2款中的"第三人"仅指法律上完全独立于安全保障义务人的自然人或法人，不包括安全保障义务人的雇员、被监护人。[1] 王某是被告购物中心的雇员，因此排除适用第2款，应当适用第1款。

本案中，被告购物中心的工作人员因过错侵犯了原告董某的身体健康权，该侵权行为产生的法律效果是被告购物中心对其应负担的安全保障义务的违反。

在过错方面，被告购物中心应当保障原告董某在缔约过程中身体健康权免遭损害，但其工作人员对董某身体健康受到损害存在过错，亦即被告存在过错。

在因果关系方面，被告违反安全保障义务的行为与董某身体健康受到损害之间存在因果关系。因此，原告具备《侵权责任法》第37条第1款上的请求权。

---

〔1〕　参见张新宝：《侵权责任法》，中国人民大学出版社2013年版，第153～162页。

（二）关于抗辩、抗辩权

本案不存在诉讼中的抗辩及抗辩权。

（三）关于请求权的消灭

本案在诉讼时效期间内，请求权未消灭。

（四）结论

原告董某得依《侵权责任法》第 37 条第 1 款之规定，向被告购物中心主张侵权责任。

原告董某对王某的请求权与被告购物中心对王某的请求权

《人身损害赔偿司法解释》第 9 条第 1 款规定："雇员在从事雇佣活动中致人损害的，雇主应当承担赔偿责任；雇员因故意或者重大过失致人损害的，应当与雇主承担连带赔偿责任。雇主承担连带赔偿责任的，可以向雇员追偿。"

用人单位是否对员工享有追偿权，《侵权责任法》未对此作出规定，笔者通过体系解释和目的解释的法律解释方法，对我国关于追偿权的处理办法作出如下分析：关于追偿权的问题，《人身损害赔偿司法解释》第 9 条第 1 款规定了用人单位的追偿权，而《侵权责任法》并未作出规定，法律委员会认为，哪些雇佣关系可以认可追偿权，哪些雇佣关系不宜认可追偿权，情况比较复杂；即使适宜认可追偿权，其追偿条件如何设置，哪些以"故意"为条件，哪些以"重大过失"为条件，哪些有"一般过失"即可追偿，难以具体规定，故法律委员会决定，《侵权责任法》不就追偿权作一般规定，而将应否认可追偿权及追偿权行使条件，委托人民法院于裁判实践中根据具体情况处理。[1] 用人单位依照法律规定，或者根据双方的约定来行使追偿权，如果用人单位或工作人员对于能否追偿或者追偿多少有争议的，可以向人民法院提起诉讼，由人民法院根据具体情况公平解决。

此外，虽然《侵权责任法》对用人单位是否享有追偿权以及员工与用人单位之间是否承担连带责任的问题未予明确，但在司法实践中仍存在认定用人单位享有追偿权的判例，如上海市第一中级人民法院（2011）沪一中民一（民）终字第 1623 号案。该案中，法院认为：某物业公司与周某之间存在雇佣关系，周某的行为显然有过激之处，对乐某的受伤存在重大过失，理应承担相应的赔偿责任，某物业公司作为周某的雇主，对于周某在从事雇佣活动期间致人损害，应承担连带赔偿责任。至于某物业公司与周某内部责任份额的确定，可依据雇

---

[1]　全国人民代表大会法律委员会：《中华人民共和国侵权责任法（草案）审议结果的报告》，2009 年 12 月 22 日第十一届全国人民代表大会常务委员会第十二次会议。

主与雇员的过错程度和原因力划分。

笔者认为，《人身损害赔偿司法解释》第 9 条第 1 款的规定具有相当的合理性，在具体的裁判实践当中，法院应当根据具体情况认可用人单位的追偿权，而不可全盘否定用人单位的追偿权。《侵权责任法》对追偿权没有作出规定，也并非否定用人单位享有追偿权。一方面，《国家赔偿法》第 16 条第 1 款、第 31条第 1 款以及《律师法》第 54 条、《公证法》第 43 条都规定了用人者的追偿权；此外，在《侵权责任法》的制定过程中，也有些官员提出，在法律没有特殊规定的时候，应当适用《人身损害赔偿司法解释》第 9 条第 1 款的规定。

回归本案，王某的行为难以认定为重大过失——显然欠缺普通人之注意者（学理解释），故而原告董某无《人身损害赔偿司法解释》第 9 条第 1 款第 1 句后半段的请求权，被告购物中心亦无第 9 条第 1 款第 2 句上的请求权。

因此，原告董某对王某的请求权与被告购物中心对王某的请求权都不发生。

［结论］

1. 董某享有对购物中心《合同法》第 42 条上的请求权。

2. 董某享有对购物中心《侵权责任法》第 34 条第 1 款上的请求权。

3. 董某享有对购物中心《侵权责任法》第 37 条第 1 款上的请求权。

第十一章

限制民事行为能力人侵权责任[1]

[案情简介]

2012 年 9 月 4 日，敦某（12 岁，A 中学学生）携带 100 元的零用钱，于当日中午学校午餐时间在其小学旁边的小卖铺购买了一把浅蓝色的削铅笔的小刀，并将它置于自己的上衣口袋里。待敦某回到学校寝室后，此时寝室里只有舍友王某（12 岁，A 中学学生）一人，王某遂向敦某要钱购买零食，并将其按压在床上。遭到敦某拒绝后，王某将敦某拖到寝室的一角，用言语威胁，敦某依然拒绝，王某遂强行对敦某进行搜身，敦某来回躲闪，王某看搜身不成功就一边骂一边对着敦某的手臂拧了一下，然后强行对其再次搜身，敦某情急之下从口袋里掏出刚刚购买的削铅笔小刀朝王某划去，不料导致王某手臂受伤。在两人发生争执的过程中，值班老师恰巧经过听到屋内有争吵，并猜测王某又在和其他同学打闹，但想到王某在校期间，曾多次逼迫其他同学交出钱物，学校对其进行过批评教育，也联系过家长帮助教育，依然无用，所以老师径直离开。王某受伤后就近到医院救治，为此花去医疗费、交通费等费用共计 1000 元。敦某事发后主动向班主任老师反映情况，并交出小刀。王某的班主任随后联系了双方家长并告知此事。[2]

根据本案具体案情，试以请求权基础规范为基础，分析本案中的请求权。

[基于请求权基础的案件分析]

分析本案的请求权基础时，必须首先解决敦某及其监护人法律地位的问题，即王某仅可依据《侵权责任法》向敦某请求承担侵权责任，还是仅可向其监护人请求承担侵权责任，抑或是同时向敦某及其监护人请求承担侵权责任。

关于监护人替代责任，最显著的特点是行为人与责任人的分离，因此，受害人请求加害人一方承担责任时，必须将责任人，即侵权行为实施者的监护人，

---

[1]　撰稿人：段旭。
[2]　改编自湖北省宜昌市夷陵区人民法院（2010）夷民初字第 1101 号。

作为被告，但是否要将行为人与责任人作为共同被告，实体法与程序法是有冲突的。通过对实体法《侵权责任法》第 32 条进行平义解释，可以得出结论：受害人仅得向加害人的监护人请求承担侵权责任；如果加害人有自己独立的财产，则加害人为共同的责任主体，但加害人与其监护人之间的责任并非连带责任，而是一种补充责任。通过对程序法《民事诉讼法》第 57 条的平义解释，[1] 又可以得出结论：监护人仅作为法定代理人参加诉讼。

在理论中，有学者提出，监护人与被监护人应当列为共同被告，同时由监护人作为被监护人的法定诉讼代理人参与诉讼。[2] 在实践中，同样也是将监护人与监护人作为共同被告。[3] 笔者认为，被监护人列为共同被告是更为合理的。被监护人作为侵权行为实施人，应当将其列为被告，原因如下：①使得整个监护人替代责任的法律关系更为完善；②《侵权责任法》第 32 条第 2 款规定，有财产的被监护人应当先就自己的财产承担责任，因此应当列为共同被告；③若被监护人因实施侵权行为致死，如果监护人不作为共同被告，而仅作为法定代理人，此时法定代理人所代理的主体已经死亡，请求权的行使显然存在困难。

此外，根据《侵权责任法》第 39 条之规定[4]，王某所在的学校因未尽到管理职责，也应当承担责任。

因此，本案请求权基础可从以下几方面进行分析：①王某对敦某、敦某的监护人的请求权；②王某对学校的请求权。

王某对敦某、敦某的监护人的请求权
——《侵权责任法》第 32 条的请求权

《侵权责任法》第 32 条规定："无民事行为能力人、限制民事行为能力人造成他人损害的，由监护人承担侵权责任。监护人尽到监护责任的，可以减轻其侵权责任。有财产的无民事行为能力人、限制民事行为能力人造成他人损害的，从本人财产中支付赔偿费用。不足部分，由监护人赔偿。"

上述规范规定了监护人的替代责任，即无民事行为能力人和限制行为能力人侵害他人权利时，由监护人代为承担责任。《侵权责任法》第 32 条第 2 款删除了《民法通则》第 133 条第 2 款中的"适当"一词，在被监护人的财产无法

---

〔1〕 改编自湖北省宜昌市夷陵区人民法院（2010）夷民初字第 1101 号。

〔2〕 参见奚晓明主编：《〈中华人民共和国侵权责任法〉条文理解与适用》，人民法院出版社 2010 年版，第 238 页。

〔3〕 中国裁判文书网（2015）鄂樊城民二初字第 00071 号判决书。

〔4〕 《中华人民共和国侵权责任法》第 39 条："限制民事行为能力人在学校或者其他教育机构学习、生活期间受到人身损害，学校或者其他教育机构未尽到教育、管理职责的，应当承担责任。"

完全支付赔偿费用时，由监护人承担全部责任而非"适当赔偿"。

按照《侵权责任法》第 32 条第 2 款的规定，被监护人有财产的，应当先以本人财产承担侵权责任，不足部分，再由监护人承担替代责任。可见，监护人承担的是无过错责任，[1] 但该责任是建立在被监护人构成侵权的基础之上的，因此，应当先分析被监护人是否构成侵权。

一、请求权的发生

本案中，敦某用削铅笔的小刀将王某的手臂划伤，侵害王某的健康权，依据《侵权责任法》第 32 条之规定，王某有权请求敦某的监护人承担侵权责任。

《侵权责任法》第 32 条规定的监护人责任的构成要件：

1. 违法行为：上文提到，监护人责任是替代责任，其最显著的特点是行为人与责任人的分离，因此，若要构成监护人的侵权责任，必须满足行为人是无民事行为能力人或限制民事行为能力人，且其实施了侵权行为。本案中，敦某年龄为 12 岁，属于《民法通则》第 12 条确定的限制民事行为能力人，敦某在受到王某的威胁时，采取暴力程度相对较高的手段予以反击，应当认定为违法行为，因此前提条件已经满足。

2. 损害事实：王某因为敦某的行为致使手臂受伤到医院包扎，且花去了一定的医药费，该要件也满足。

3. 因果关系：即违法行为与损害事实之间的引起与被引起的关系。敦某用削铅笔的小刀伤害王某，引起王某的手臂受伤的损害事实，二者之间具有直接的因果关系。

4. 过错：是侵权责任构成要件中的行为人在实施侵权行为时的主观心理状态，包括故意和过失。本案中，敦某携带小刀并无伤害王某之故意，面对王某的逼迫，不得已拿出小刀比划，对危害结果的发生属于疏忽大意的过失，该要件也满足。

所以，王某对敦某及敦某监护人在《侵权责任法》第 32 条上的请求权成立。

二、请求权的消灭

本案请求权发生后，并无消灭之情形，故请求权没有消灭。

三、被请求人的抗辩

本案中，是否存在"正当防卫"的抗辩事由，需要进一步分析：

1. 正当防卫。《民法通则》第 128 条规定："因正当防卫造成损害的，不承

---

〔1〕　参见王利明主持：《中国民法典学者建议稿及立法理由·侵权行为编》，法律出版社 2005 年版，第 165 页；参见程啸：《侵权责任法》，法律出版社 2011 年版，第 281 页。

担民事责任。正当防卫超过必要的限度，造成不应有的损害的，应当承担适当的民事责任。"

《侵权责任法》第 30 条规定："因正当防卫造成损害的，不承担责任。正当防卫超过必要的限度，造成不应有的损害的，正当防卫人应当承担适当的责任。"

在本案中，敦某根据上述法律规范提出抗辩，即敦某根据正当防卫提起抗辩。

敦某的抗辩不成立。因为：对于正当防卫，《民法通则》和《侵权责任法》中都没有明确规定正当防卫的概念和构成要件。那么怎样才成立"正当防卫"呢？根据法律解释中的体系解释可知，应该将被解释的法律条文放在整部法律乃至整个法律体系中作解释。既然民法中未对"正当防卫"给予界定，那么可适用我国《刑法》中的相关概念。我国《刑法》第 20 条第 1 款对"正当防卫"是这样规定的："为了使国家、公共利益、本人或者他人的人身、财产和其他权利免受正在进行的不法侵害，而采取的制止不法侵害的行为，对不法侵害人造成损害的，属于正当防卫，不负刑事责任。"

正当防卫是保护性措施，是一种合法行为。构成正当防卫必须具备以下要件：①必须有侵害事实且侵害具有不法性：王某多次以言语威胁和强行搜身的形式试图获取钱财，已经具有伤害敦某的故意，对敦某的人身财产具有现实危险，由此可知王某的不法侵害行为发生在先。②须以合法防卫为目的：敦某在进行防卫时，认识到了不法侵害的现实存在，而且敦某为了保住自己的合法财物不受损失，其防卫目的正当。③防卫必须针对加害人本人：敦某的行为是对王某侵害行为的防卫反击。④防卫不能超过必要限度。我国法律法规中对怎样才是"超过必要限度"未给予明确定义，张新宝认为，防卫的限度条件就是防卫的方式和强度的适当性，两者密不可分，一种比较温和的防卫方式一般所能达到的强度有限，相反，一种比较激烈的防卫方式则能达到很高的强度。防卫所使用的力量的强度须与侵害强度相适应[1] 杨立新认为，判断是否超过必要限度通常应当考虑两方面：一是不法侵害的手段和强度。凡是侵害行为本身强度不大，只需要缓和的手段就足以制止或排除其侵害而采取较强烈的手段的，即为超出必要限度。二是所防卫权益的性质。所防卫的权益应当与防卫反击行为的强度相适应。使用严重损害侵害者的反击方法来保卫较小的财产利益，或者用较重的反击行为来保护较小的财产利益，都是不相适用的。[2] 由此可得出，

---

〔1〕 参见张新宝：《侵权责任法》，中国人民大学出版社 2006 年版，第 80 页。
〔2〕 参见杨立新主编：《侵权责任法案例教程》，知识产权出版社 2012 年版，第 186～187 页。

主要通过行为人防卫时的方式和强度是否与其要保护的法益相适宜来判断防卫的必要限度问题。

本案中，王某索要财物所采取的手段在性质和强度上都不至造成郭某人身遭受严重损害，郭某在采取自我保护措施时，显然已意识到王某的行为危害性较小，但仍然实施足以侵害王某健康权的行为，并且该行为已导致王某遭受人身损害，根据上述分析，笔者认为，王某为保护较小法益而侵害较大法益，超过了防卫的必要限度，因此，敦某的行为成立民法上的防卫过当。

所以，被请求人以正当防卫提出的抗辩不成立。

四、小结

综上所述，王某对敦某、敦某监护人的请求权成立。

王某对学校的请求权
——《侵权责任法》第 39 条的请求权

《侵权责任法》第 39 条规定："限制民事行为能力人在学校或者其他教育机构学习、生活期间受到人身损害，学校或者其他教育机构未尽到教育、管理职责的，应当承担责任。"该条规定是限制民事行为能力人在学校或其他教育机构学习过程中权利受到侵害的归责原则，学校或教育机构在限制民事行为能力人在学习、生活期间受到人身损害时承担的是过错责任。

一、请求权的发生

根据上述请求权基础规范，王某请求学校承担侵权责任。

上述法律规范明确规定，学校或者其他教育机构对限制民事行为能力人负有教育、管理和保护的职责，未尽到该职责的，教育机构对未成年人学生承担过错责任。本案是学生伤害事故，王某要行使对学校的请求权，就要分析学生伤害事故责任的构成要件：

1. 损害事实。损害事实主要表现为学生的人身伤害和死亡以及由此产生的财产性损失，如医疗费、交通费等费用支出，本案中的损害事实表现为王某手臂受伤，花去医疗费等费用 1000 元。

2. 教育机构的违法行为。学校在实施教育和教学活动中，违反或者未能正确履行《教育法》等法律法规关于学校对学生的教育、管理和保护职责的行为，包括学校疏于管理的行为、学校疏于保护的行为以及学校疏于教育的行为。学校的行为包括了负该种责任的教师行为。本案中，值班老师在经过王某寝室时听到里面有争吵声，凭借王某在校期间的表现，其知道王某和其他同学的争吵，从而径直离开。此时，教育机构的违法行为表现为不作为，即该值班老师的不作为。

3. 因果关系。本案中，值班老师疏于管理教育，未尽到教育职责和未及时制止学生侵权的行为与事故发生有因果关系。

4. 过错。确定学校过错的标准，即是否恰当地履行了教育和管理的职责。值班老师听到宿舍内有争吵，应当知道是王某与其他同学打闹，并有进一步发展的可能，仍然选择径直离开，没有尽到老师应有的注意义务，对这种注意义务的违反，可认定学校对此存在过错。[1] 综上，学生伤害事故责任成立，学校应该承担与其过错相应的赔偿责任，王某对学校享有请求支付医疗费、交通费等费用的权利。

所以，王某对学校侵权上的请求权发生。

二、请求权的消灭

本案请求权发生后，并无消灭之情形，故请求权没有消灭。

三、被请求人的抗辩权

在本案中，该被请求人无合法的抗辩事由。

四、小结

综上所述，王某对学校侵权上的请求权成立。

[结论]

1. 王某对敦某及其监护人享有请求权。

2. 王某对学校享有请求权。

3. 王某可以向敦某及其监护人和学校请求支付医疗费、交通费等费用。

4. 王某自身也应承担一部分的责任。

---

〔1〕　参见杨立新主编：《侵权责任法案例教程》，知识产权出版社2012年版，第186～187页。

第十二章

网络侵权责任

案例一[1]

[案情简介]

女白领姜某因丈夫王某有婚外情而跳楼自杀。姜某生前在其个人博客"北飞的候鸟"中撰写心路历程，并显示出了丈夫王某的姓名、工作单位地址等信息以及王某与第三者的合影。姜某死后，其同学张某注册了非营业性网站"北飞的候鸟"并负责网站的管理，张某将王某的真实姓名、工作单位、家庭住址及其有"婚外情"致姜某自杀等信息在"北飞的候鸟"网站中披露出来，姜某的亲戚朋友也在该网站粘贴悼念姜某的文章，引发了众多网民的批评性言论及不满情绪。张某还将该网站与天涯网进行了链接。姜某的博客日记被某网民阅读后转发到天涯社区论坛中，后不断被其他网民转至不同网站上。姜某的死亡、王某的婚外情引起了广大网民持续不断的关注和讨论。许多网民认为王某的"婚外情"行为是促使姜某自杀的原因之一；一些网民在评论的同时，在天涯虚拟社区网站上发起对王某的"人肉搜索"，使王某的姓名、工作单位、家庭住址等详细个人信息逐渐被披露。一些网友在网络上对王某进行谩骂，甚至有网友到王某及其父母住处进行骚扰，在王家门口墙壁上贴满恐吓标语。姜某的姐姐在天涯网发布《大家好，我是姜某的姐姐》，讲述姜某死亡事件的过程，许多网友进行了评论，其中有大量涉及王家及家人道德评价的言辞。王某不堪忍受，将张某、天涯网诉至法院。而天涯网在王某起诉前就将《大家好，我是姜某的姐姐》一帖及相应回复删除。[2]

根据本案具体案情，试以请求权基础规范为基础，分析本案中的请求权。

[基于请求权基础的案件分析]

首先，结合案情，分析该案的侵权行为类型属于网络侵权，对于网络侵权

---

〔1〕 撰稿人：陈昆虬。

〔2〕 改编自北京市朝阳区人民法院（2008）朝民初字第 10930 号。

是否为特殊侵权的形态，学界颇有争议，本文持"网络侵权不是特殊侵权"的观点，网络侵权仅为侵权场所表现为虚拟化特征的侵权行为类型，其在归责原则及免责事由方面均无特殊规定，因此将其认定为一般侵权为宜。根据《侵权责任法》第 36 条第 1 款的规定，网络用户、网络服务提供者利用网络侵害他人民事权益的，应当承担侵权责任。本案中，出现了网络用户，即张某和网友等用户，也有网络服务提供者，即天涯网，因此，在对该案进行分析时，可从多个方面进行分析：①王某对张某的请求权；②王某对天涯网的请求权；③王某对姜某姐姐的请求权；④王某对网友的请求权。

<h3 align="center">王某对张某的请求权</h3>

一、《侵权责任法》第 36 条第 1 款上的请求权

《侵权责任法》第 36 条第 1 款规定："网络用户、网络服务提供者利用网络侵害他人民事权益的，应当承担侵权责任。"该条规定是关于网络侵权的规定。

（一）请求权的发生

根据上述请求权基础规范，王某请求张某立即停止侵害、删除"北飞的候鸟"网站上有关侵权信息，并在"北飞的候鸟"网站上恢复王某的名誉，消除影响，赔礼道歉。

我国《侵权责任法》并未对"网络服务提供者"的类型进行规定。一般认为，网络服务提供者应当包括接入商、信息存储商、空间服务提供商、搜索引擎服务提供商、移动互联网服务提供商。其中的空间服务包含了多个互联网服务类型，包括电子商务平台提供商、电子公告（BBS）平台服务提供商、博客服务提供商等，如淘宝、百度贴吧、博客网等。

本案中，张某注册了网站"北飞的候鸟"并负责网站的管理，在网站中粘贴对姜某的纪念性文章，并允许他人在网站上发表文章，由此得出，张某既是空间服务提供商又是网络内容提供者。其符合了网络侵权的主体要件。王某的真实姓名、工作单位、家庭住址、与其他女性有"婚外情"等信息被张某披露在"北飞的候鸟"网站中，并被大量网友知悉。

我国《侵权责任法》第 2 条第 2 款解释了民事权益的内涵，其中包括隐私权。目前，我国现行法律法规中并无对隐私权的具体定义，相关学者观点如下：张新宝教授认为，隐私权是指公民享有的私人生活安宁与私人信息依法受到保护，不被他人非法侵扰、知悉、搜集、利用和公开等的一种人格权。反推之，采取披露、宣扬等方式，侵入他人隐私领域、侵害私人活动的行为，就是侵害隐私权的行为。王利明教授认为，隐私权的主要内容包括：①个人生活安宁权，即权利主体有权按照自己的意志从事或不从事与社会公共利益无关的活动，不

受他人的干涉、破坏或者支配；②个人生活信息保密权，即权利主体有权禁止他人非法知悉、使用、披露或者公开个人生活信息；③个人通信秘密权，即权利主体对个人信件、电报内容有权加以保密，对自己的电话、传真、电子邮箱的号码及其内容加以保密的权利，有权禁止他人未经许可窃听或查阅；④个人隐私使用权，即权利主体有权依法自己使用或者许可他人使用隐私，并有权决定使用隐私的方式，任何人或组织不得非法干涉。[1] 由此可得，王某的真实姓名、工作单位、家庭住址及婚恋状况等信息均属于与公共利益无关的个人信息，也是王某不愿公开被他人知悉的信息，因此，这些信息属于隐私权保护的范围。

根据《侵权责任法》第6条规定的过错责任原则，侵犯隐私权责任的构成也同侵犯其他权利一样，须具备侵权责任构成的一般要件，即违法行为、损害事实、因果关系、主观过错等四要件。

1. 违法行为。张某未经王某同意将王某属于隐私的个人信息发布于网页，并将网页与天涯网进行链接。

2. 损害事实。王某的个人生活情报被公开，不特定的大量网民知悉王某的个人隐私，其隐私权受到了侵害。有网友到王某及其父母住处进行骚扰，在王家门口墙壁上刷写张贴"无良王家"、"血债血还"等标语。

3. 因果关系。正是由于张某在网页上发布王某的信息，使不特定第三人获得王某的个人信息，侵害了王某的隐私权。也由于张某将网页与天涯网链接，致使侵害范围扩大。因此两者有直接因果关系。

4. 主观过错。即侵权人在实施侵权行为时，对于损害后果的心理状态，分为故意或过失。本案中，张某为了纪念姜某同时为替姜某讨回公道而有意在网上公开王某的个人信息，其明知披露对象会超出特定人的范围，其主观心理应为故意。综上所述，四要素满足，张某构成了对王某隐私权的侵权。

本案中，张某注册了网站"北飞的候鸟"并负责网站的管理，并将王某的个人信息发布在网站上，使不特定第三人获得王某的个人信息，侵害了王某的隐私权，引发了众多网民的批评性言论及不满情绪。张某还将该网站与天涯网进行了链接，进一步扩大其影响范围，造成网友对张某进行"人肉搜索"，搜寻与王菲及其家人有关的任何信息，并逐步演变成对王某进行密集、长时间、指名道姓的谩骂，甚至发生了网民到王某及其父母住所张贴、刷写侮辱性标语等极端行为。根据上述法条规定，张某的行为构成了以书面方式宣扬他人隐私，损害他人名誉，造成一定影响，张某作为网络服务提供者利用网络侵害王某的隐私权、名誉权。

---

〔1〕 参见王利明主编：《民法》，中国人民大学出版社2007年版，第730~731页。

所以，王某对张某立即停止侵害、删除"北飞的候鸟"网站上有关侵权信息，并在"北飞的候鸟"网站上恢复王某的名誉、消除影响、赔礼道歉的请求权发生。

（二）请求权的消灭

本案请求权发生后，并无消灭之情形，故请求权没有消灭。

（三）被请求人的抗辩

在本案中，张某以婚外情的事实不属于私人信息而是公共信息为由提起抗辩。

张某的抗辩不成立。因为：婚外男女关系不被道德容许，但是对于法律来说，它应该是属于隐私权要保护的范围。由上述可知，隐私权保护的是"个人生活安宁"、"个人信息保密"。因张某泄露了王某的婚外情信息及其他个人信息，致使王某的个人生活安宁、个人信息保密权遭受损害是事实。

所以，被请求人的抗辩不成立。

（四）小结

综上所述，王某对张某立即停止侵害、删除"北飞的候鸟"网站上有关侵权信息，并在"北飞的候鸟"网站上恢复王某的名誉、消除影响、赔礼道歉的请求权成立。

二、《侵权责任法》第 22 条上的请求权

本案在精神损害赔偿上的请求权主要涉及如下基础规范：《侵权责任法》第22 条、最高人民法院《关于确定民事侵权精神损害赔偿责任若干问题的解释》第 1 条第 2 款、第 8 条第 2 款。

《侵权责任法》第 22 条规定："侵害他人人身权益，造成他人严重精神损害的，被侵权人可以请求精神损害赔偿。"该条规定是精神损害赔偿的一般性规定。

最高人民法院《关于确定民事侵权精神损害赔偿责任若干问题的解释》第 1 条第 2 款规定："违反社会公共利益、社会公德侵害他人隐私或者其他人格利益，受害人以侵权为由向人民法院起诉请求赔偿精神损害的，人民法院应当依法予以受理。"该条规定了关于精神损害赔偿的受理范围。

最高人民法院《关于确定民事侵权精神损害赔偿责任若干问题的解释》第 8 条第 2 款规定："因侵权致人精神损害，造成严重后果的，人民法院除判令侵权人承担停止侵害、恢复名誉、消除影响、赔礼道歉等民事责任外，可以根据受害人一方的请求判令其赔偿相应的精神损害抚慰金。"该条规定了关于赔偿精神损害的构成要件。

（一）请求权的发生

根据上述请求权规范，王某请求张某赔偿精神损害抚慰金。

本案中，王某因张某侵害隐私权的行为致使其被网友在网络上谩骂，被"人肉搜索"甚至有网友到王某及其父母住处进行骚扰，在王家门口墙壁上贴满恐吓标语。从上述法律规范中可以看出，侵害他人隐私权、名誉权是可以诉请获取精神损害赔偿的，但是需要满足侵权行为"造成严重后果"。在目前法律中，并未对"严重后果"的程度进行定性，即这在法律实践中属于法官的自由裁量权。本案中，王某因张某的侵权行为被网友在网上谩骂甚至其后果延伸到了现实生活中，有网友到王家进行骚扰造成王某巨大的精神压力，严重影响了王某的正常生活，应属于侵权行为"造成严重后果"。因此，王某的精神损害赔偿应得到支持。

另外，关于精神损害的赔偿数额的确定，根据最高人民法院《关于确定民事侵权精神损害赔偿责任若干问题的解释》第 10 条第 1 款的规定："精神损害的赔偿数额根据以下因素确定：①侵权人的过错程度，法律另有规定的除外；②侵害的手段、场合、行为方式等具体情节；③侵权行为所造成的后果；④侵权人的获利情况；⑤侵权人承担责任的经济能力；⑥受诉法院所在地平均生活水平。"

所以，王某对张某的精神损害赔偿请求权发生。

（二）请求权的消灭

本案请求权发生后，并无消灭之情形，故请求权没有消灭。

（三）被请求人的抗辩

在本案中，被请求人无合法的抗辩事由。

（四）小结

综上所述，王某对张某精神损害赔偿请求权成立。

王某对天涯网的请求权

一、《侵权责任法》第 36 条的请求权

《侵权责任法》第 36 条规定："网络用户、网络服务提供者利用网络侵害他人民事权益的，应当承担侵权责任。网络用户利用网络服务实施侵害行为的，被侵权人有权通知网络服务提供者采取删除、屏蔽、断开链接等必要措施。网络服务提供者接到通知后未及时采取必要措施的，对损害的扩大部分与该网络用户承担连带责任。网络服务提供者知道网络用户利用其网络服务侵害他人民事权益，未采取必要措施的，与该网络用户承担连带责任。"该条规定是关于网络侵权责任的规定。

《民法通则》第 101 条规定："公民、法人享有名誉权，公民的人格尊严受法律保护，禁止用侮辱、诽谤等方式损害公民、法人的名誉。"该条规定是关于名誉权的保护。

（一）请求权的发生

根据上述请求权基础规范，王某请求天涯网立即停止侵害、删除侵权信息。

本案中涉及的是天涯网中的电子论坛板块，因此属于电子公告平台，服务提供商属空间服务提供商范围即网络服务提供者。电子公告服务提供商不同于网络信息提供者，不可能对每一条自己传输的信息都明确知道其内容。天涯网络论坛注册人数超过 8500 万，同时在线人数平均 100 万左右，要求其对如此庞大的信息量逐一审查，可能性极小，而且也将严重阻碍信息的传输速度和数量，从而与互联网快速、便捷的特性相违背。因此，要求电子公告服务提供商对网络言论尽到适当注意义务较符合现实情况，也符合平等保护言论自由权和公民名誉权、隐私权的需要。

《侵权责任法》第 2 条第 2 款中规定的民事权益，其内涵包括隐私权。侵犯隐私权为一般侵权，故根据《侵权责任法》第 6 条过错责任原则的规定分析其构成要件。网友对王某进行"人肉搜索"获得王某及其家人不公开的个人信息。根据侵犯隐私权的构成要件，网友的行为明显符合侵犯隐私权的构成要件。

《侵权责任法》第 2 条第 2 款中规定的民事权益的内涵还包括名誉权。名誉权的含义，一般认为，名誉权是指由民事法律规定的公民和法人所享有的获得或维持对其名誉进行客观公正评价的一种人格权。侵犯名誉权的构成要件：①行为人故意实施了侮辱、诽谤的行为。②侮辱、诽谤指向特定人。③侮辱、诽谤的行为为第三人所知悉。④受害人的社会评价因侵害人的行为而降低。本案中，网友在天涯网站上对王某的侮辱性评论、跟帖均是公开的，任何进入天涯社区网站的人均可看到消息。甚至有网友到王某及其父母住处进行骚扰，又因姜某姐姐在天涯网上发表文章讲述姜某死亡过程，许多网友进行了许多评论，其中涉及对王某及其家人道德评价的言辞及许多侮辱性语言，使王某的社会评价降低。根据侵犯名誉权的构成要件分析，网友的行为明显侵犯了王某的名誉权。

对于提供"人肉搜索"服务的网站，应加强管理，让它们在服务条款中严格界定属于威胁、中伤、诽谤、猥亵或其他有悖道德或违犯法律的行为。如果没有直接参与报道、评述，只提供了一个交流服务平台，则其责任在于善意管理，包括特别提醒众多参与者要善意发布针对他人隐私的陈述、评述，否则将限制或取消其参与资格。姜某的姐姐在天涯网上发布了《大家好，我是姜某的姐姐》的文章，许多网友进行了许多评论，其中涉及对王某及其家人道德评价的言辞及许多侮辱性语言。天涯网根据善意管理原则，有义务删除、屏蔽这些侵害王某隐私权、名誉权的信息。

所以，王某对天涯网立即停止侵害、删除侵权信息的请求权发生。

（二）请求权的消灭

本案请求权发生后，天涯网已在王某起诉前将姜某的姐姐发布的《大家好，我是姜某的姐姐》一文删除，因此王某对天涯网关于删除信息的请求权消灭。

（三）被请求人的抗辩

在本案中，因为请求权已经消灭，故被请求人无需抗辩。

（四）小结

综上所述，王某对天涯网立即停止侵害、删除侵权信息的请求权不成立。

二、《侵权责任法》第 36 条第 2 款及第 3 款上的请求权。

本案在恢复名誉、消除影响、赔礼道歉、赔偿精神损害抚慰金上的请求权主要涉及如下基础规范：《侵权责任法》第 36 条第 2、3 款。

《侵权责任法》第 36 条第 2、3 款规定："网络用户利用网络服务实施侵权行为的，被侵权人有权通知网络服务提供者采取删除、屏蔽、断开链接等必要措施。网络服务提供者接到通知后未及时采取必要措施的，对损害的扩大部分与该网络用户承担连带责任。网络服务提供者知道网络用户利用其网络服务侵害他人民事权益，未采取必要措施的，与该网络用户承担连带责任。"该条规定是关于网络侵权责任承担的规定。

（一）请求权的发生

根据上述请求权基础规范，王某请求天涯网恢复名誉，消除影响，赔礼道歉，赔偿精神损害抚慰金。

由上述请求权基础规范可看出，对于网络服务提供者间接侵害他人的民事权益，法律只规定了其"明知"的义务，即《侵权责任法》第 36 条第 2 款中"被侵权人通知后未及时采取必要措施的"以及第 3 款中的"知道"，而且其作为只提供交流服务平台的网站，只负有善意管理的义务。本案中，天涯网依照法律制定了上网规则，并对上网文字进行了相应的监控及过滤，天涯网已履行了善意管理的义务。而且案件并没有显示天涯网"知道"有侵害王某民事权益的言论一事，而且王某并无通知天涯网删除侵害其权益的相关信息。并且，天涯网早已在王某起诉前就将姜某姐姐的文章及相应回复删除，已履行了作为网站管理者的监管义务，符合法律规定，因此不构成侵权。

所以，王某对天涯网的恢复名誉、消除影响、赔礼道歉、赔偿精神损害抚慰金请求权不发生。

（二）请求权的消灭

在本案中，因为请求权没有发生，故请求权没有消灭。

（三）被请求人的抗辩

在本案中，因为请求权没有发生，故被请求人无抗辩权。

（四）小结

综上所述，王某对天涯网恢复名誉、消除影响、赔礼道歉、赔偿精神损害抚慰金的请求权不成立。

王某对姜某姐姐的请求权
——《侵权责任法》第36条第1款上的请求权

本案在侵权上的请求权主要涉及如下基础规范：《侵权责任法》第36条第1款。

《侵权责任法》第36条第1款规定："网络用户、网络服务提供者利用网络侵害他人民事权益的，应当承担侵权责任。"该规定是关于网络侵权的规定。

一、请求权的发生

根据上述请求权规范，王某请求姜某姐姐承担侵权责任。

姜某的姐姐在天涯网发布《大家好，我是姜某的姐姐》，讲述姜某死亡事件的过程，许多网友进行了评论，其中有大量涉及王某及其家人道德评价的言辞。姜某的姐姐所发文章基本内容属实，根据名誉权的构成要件分析，并不构成对王某名誉权的侵害。并且案例中并未提及姜某姐姐的文章涉及王某隐私，故不能构成侵害隐私权。

所以，王某对姜某姐姐侵权上的请求权不发生。

二、请求权的消灭

在本案中，因为请求权没有发生，故请求权没有消灭。

三、被请求人的抗辩

在本案中，因为请求权没有发生，故被请求人无抗辩权。

四、小结

综上所述，王某对姜某姐姐侵权上的请求权不成立。

王某对网友的请求权
——侵权上的请求权

本案在侵权上的请求权主要涉及如下基础规范：《侵权责任法》第36条第1款、《民法通则》第101条、《民法通则》第120条第1款。

《侵权责任法》第36条第1款规定："网络用户、网络服务提供者利用网络侵害他人民事权益的，应当承担侵权责任。"该条规定是关于网络侵权的规定。

《民法通则》第101条规定："公民、法人享有名誉权，公民的人格尊严受法律保护，禁止用侮辱、诽谤等方式损害公民、法人的名誉。"该规定是关于人身权中名誉权的规定。

《民法通则》第 120 条第 1 款规定："公民的姓名权、肖像权、名誉权、荣誉权受到侵害的，有权要求停止侵害，恢复名誉，消除影响，赔礼道歉，并可以要求赔偿损失。"该规定明确了侵害人格权的民事责任。

一、请求权的发生

根据上述请求权基础规范，王某请求网友承担侵权责任。

《侵权责任法》第 2 条第 2 款解释了民事权益的内涵，其中包括名誉权和隐私权。侵犯隐私权为一般侵权，故根据《侵权责任法》第 6 条过错责任原则规定分析其构成要件。网友对王某进行"人肉搜索"获得王某及其家人不公开的个人信息。根据侵犯隐私权的构成要件，网友的行为明显符合侵犯隐私权的构成要件。

另外，根据名誉权的含义及构成要件对本案进行分析。本案中，网友在天涯网站上对王某的侮辱性评论、跟帖均是公开的，甚至有网友到王某及其父母住处进行骚扰，又因姜某姐姐在天涯网上发表文章讲述姜某的死亡过程，许多网友进行了评论，其中涉及对王某及其家人道德评价的言辞及许多侮辱性语言，使王某的社会评价降低。网友的行为明显侵犯了王某的名誉权。

因此，王某对网友侵权上的请求权发生。

二、请求权的消灭

本案请求权发生后，并无消灭之情形，故请求权没有消灭。

三、被请求人的抗辩

在本案中，被请求人无合理、合法的抗辩事由。

四、小结

王某对网友侵权上的请求权成立。

但是，网友对王某的侵权行为是共同侵权或者单独侵权。因为案件中并无对网友行为的具体的描述，所以很难根据本案例分析网友侵权行为的性质。故此不作讨论。再者，实践中，在确定被告时，侵权行为人在网络上留存的信息只有 IP 地址或虚拟名称，在用户注册信息不实的情况下，网络服务提供者难以提供准确信息确定上传者身份，权利人更难以找到侵权行为人。因此，在本案中，王某要寻找到明确的被告，难度相当大。

[结论]

1. 王某对张某享有"立即停止侵害、删除'北飞的候鸟'网站上有关侵权信息，并在'北飞的候鸟'网站上恢复王某的名誉、消除影响、赔礼道歉、赔偿精神损害抚慰金"的请求权。

2. 王某对天涯网不享有请求权。

3. 王某对姜某的姐姐不享有请求权。

4. 王某对侵权网络用户享有要求其停止侵害、恢复名誉、消除影响、赔礼道歉并要求赔偿损失的权利。

案例二[1]

[案情简介]

甲公司系国内原创文学门户网站"起点中文网"（www. qidian. com）的运营商。2007 年 1 月，甲公司与小张就后者以笔名"本物天下霸唱"创作的作品《魁星踢斗》（暂定名）的著作权转让问题签订协议书，约定：在协议有效期内，小张作为甲公司的专属作者，将协议作品著作权除专属于作者自身的权利以外的全部权利转让给甲公司，转让费为人民币 150 万元。甲公司按照协议支付转让费后，获得协议作品的著作权。2007 年 8 月 30 日，双方再次签订补充确认书，确定协议作品《魁星踢斗》名称改为《鬼吹灯Ⅱ》，小张的笔名改为"天下霸唱"。2007 年 7 月，小说《鬼吹灯Ⅱ》系列作品开始公开出版发行，作者署名为"天下霸唱"，封面左上角有"原创文学门户起点中文网 www. cmfu. com"的标记。同时，该小说也在甲公司的起点中文网上提供付费下载及阅读服务，在百度"十大小说风云榜"上长期名列前茅。乙公司是一家经营手机商用商店的互联网企业，经营范围包括为手机用户提供手机游戏、软件、电子书、主题、壁纸、电影、铃声、祝福短信等服务。该公司在其经营的网站（www. 159. com）上以每部 0.5 元的价格向手机用户提供小说《鬼吹灯 2（全集）》的下载服务，小说上传发布者为"丙"，在网站首页的下载榜单位置，该小说排名第 4。小说首页显示"本物天下霸唱著"，并有"本书由机客网（www. 159. com）自网络收集整理制作"的声明。该小说经与甲公司提供的小说电子版及公开出版物比对，内容完全相同。截至 2011 年 8 月 11 日，机客网上"推荐下载"一栏显示"鬼吹灯 2（全集）"的下载次数为 192 238 次。因甲公司认为乙公司在网络上提供的涉案作品的付费下载服务未经其许可，侵犯了其信息网络传播权，要求法院判令乙公司侵止侵权并赔偿经济损失及合理费用 12 万元。在该网站"帮助中心"页面，通过点击"注册成为会员"，然后下载机客手机应用商店协议书，该协议书约定网络用户可在机客网的手机应用商店向用户提供作品，乙公司与网络用户的分配比例为 3∶7。另查明，任何网络用户在该网站通过注册成为会员用户后，均可将其自己的电子文档上传至乙公司网站。

---

[1]　撰稿人：李昂。

[**基于请求权基础的案件分析**]

本案涉及网络侵权以及著作权侵权，甲公司对《鬼吹灯Ⅱ》享有除由小张享有的著作人身权外的著作财产权，具体到本案，涉及的有信息网络传播权和复制权，根据《侵权责任法》第36条及《著作权法》第48条之规定，甲公司享有对乙公司的损害赔偿请求权，此外，因小说上传发布者"丙"的复制与上传行为造成了甲公司的损失，甲公司同样享有对该上传发布者的损害赔偿请求权。乙公司与上传发布者的侵权行为获得的利益不具有法律上的原因，根据《民法通则》第92条之规定，其应当将该不当得利返还给甲公司。

通过对案件事实的分析与法律规定的检索，本案不涉及无因管理的请求权、物权的请求权，所涉及的请求权有契约上的请求权、不当得利的请求权和侵权的请求权。

甲公司对乙公司的请求权

一、《侵权责任法》第36条第3款上的请求权

《侵权责任法》第36条第3款规定："网络服务提供者知道网络用户利用其网络服务侵害他人民事权益，未采取必要措施的，与该网络用户承担连带责任。"

（一）请求权的发生

联系本案案件事实，小张以"本物天下霸唱"的笔名创作了《魁星踢斗》，其后与甲公司签订协议，约定在协议有效期内，小张作为甲公司的专属作者，将协议作品著作权除专属于作者自身的权利以外的全部权利转让给甲公司，转让费为人民币150万元。甲公司按照协议支付转让费后，获得协议作品的著作权。而后补充协议将《魁星踢斗》更名为《鬼吹灯Ⅱ》。据此，可以得知本案中，甲公司享有除专属于著作权人的人身权之外的财产权，他人侵犯其著作权的，甲公司可以请求其承担损害赔偿责任。

1. 行为要件。网络服务提供者是指通过信息网络向公众提供信息或者为获取网络信息等目的提供服务的机构，包括网络上一切提供设施、信息和中介、接入等技术服务的个人用户、网络服务商以及非营利组织，乙公司是一家经营手机商用商店的互联网企业，经营范围包括为手机用户提供手机游戏、软件、电子书、主题、壁纸、电影、铃声、祝福短信等服务。显然，乙公司属于该款规定的网络服务提供者。

首先，我们要对乙公司的行为进行界定，以便确定其归责原则及责任承担，案中的侵权行为是作品提供行为还是网络服务行为呢？《著作权法》第48条第1款第1项、第3项虽然规定了网络侵权行为，但对于侵权行为类型来说，只有

"通过信息网络向公众传播作品"这一种行为，而这显然不能涵盖网络侵权的所有行为类型。《最高人民法院关于审理侵害信息网络传播权民事纠纷案件适用法律若干问题的规定》（以下简称《规定》）以是否直接提供权利人的作品的法律标准取代服务器标准来界定信息网络传播行为，将信息网络传播行为区分为作品的提供行为与其他信息网络传播行为，而其他信息网络传播行为则是以其技术、设施提供网络中间性服务的行为，是一种提供服务，而非直接提供作品等的行为。将信息网络传播行为区分为作品提供行为和网络服务提供行为，对于构建网络环境下著作权保护的责任体系具有基础性意义。因为在这种区分的基础上，产生了直接侵权责任与间接侵权责任的区分，直接侵权责任对应作品提供行为，而间接侵权责任对应网络服务提供行为。也只有网络服务行为才能适用避风港原则。根据《最高人民法院关于审理侵害信息网络传播权民事纠纷案件适用法律若干问题的规定》第3条的规定，如果属于作品提供行为，则只要未经权利人许可即构成侵权。

本案中，原告甲公司主张乙公司提供被控侵权作品的行为不属于提供存储空间的网络服务行为，应构成直接侵权，其理由是：所谓的上传者"丙"的真实身份无法核实，极有可能是乙公司的内部员工所为。在乙公司不能提供其真实身份的情况下，应认定系乙公司直接上传了侵权作品。对此，乙公司通过公证行为已经证实了任何网络用户无需实名验证即可在其网站上传任何作品，在原告没有提供证据的情况下，难以证明乙公司系侵权作品的直接提供者，因此，法院没有支持甲公司的意见，而是将乙公司的行为认定为网络服务提供行为。这种网络服务，具体到本案，就是向网络用户提供了存储空间。

所以，本案中，乙公司属于网络服务提供行为，对于其用户上传侵权作品未采取必要措施。侵权作品曾在网站首页的下载榜单位置排名第四，乙公司对此应当对该作品是否属于原创作品进行审查，若为侵权作品，应当采取必要措施。但乙公司并未尽到其较高的注意义务，未采取必要措施，因此满足该要件。

2. 结果要件与过错要件。上传者未经甲公司的许可，擅自将《鬼吹灯Ⅱ》上传到网络服务提供者乙公司的网站中，乙公司在网络上提供的涉案作品的付费（0.5元/次）下载服务亦未经甲公司许可，侵犯了其信息网络传播权（下载次数共计192 238次）。据此可知，乙公司未尽到注意义务，在主观上存在明显过错，且侵害了甲公司对《鬼吹灯Ⅱ》的信息网络传播权，造成了损害后果。

在其过错要件上，我们应首先讨论注意义务对于判定应知的作用，以此判断其过错程度。

将网络服务提供者的过错具体化为明知或应知两种主观认知状态以后，《规定》所列举的众多参考要素中，多数以网络服务提供者的外部行为作为判断其主观状态的标准。这种通过外部行为界定行为人主观状态的做法，是近现代以来大陆法系主观过失客观化趋势的具体体现，这也就为将本为英美法系中重要概念的注意义务的引入提供了契机。

大陆法系传统上以过失作为一般侵权行为的要件，本无注意义务的概念。注意义务是英美法系侵权法中的重要概念，其起源于中世纪普通法的损害赔偿之诉令状，注意义务（duty of care）之存在是构成过失侵权诉因的首要条件，也就是说，没有注意义务，也就没有过失侵权责任。英美法系历来将过失侵权视为一种注意义务的违反，并不重视其实际的主观状态。由于注意义务适应了过错客观化及过错标准客观化的历史发展趋势，大陆法系也逐渐引入注意义务作为判断侵权行为人过错的重要工具。就其功能来讲，注意义务所发挥的以下两项功能是其存在的主要理由：①规范不作为，传统上，一个消极的不作为，只有在具体案件中变成一个积极的法律义务或约定义务时，才能成为法律责任的基础。而注意义务的设置，就为追究这种不作为的侵权责任提供了依据。而因不作为承担法律责任的前提是注意义务的存在，从而也为不作为之人承担侵权责任限定了条件。②作为政策的控制器，能够有效控制侵权责任的范围。立法者、司法者通过调校衡量注意义务的准星，可以使得侵权责任范围根据社会发展变化而作出调整，更好地贯彻知识产权保护的政策。因此，注意义务的引入，有利于追究网络服务提供者因其消极不作为造成的对他人信息网络传播权的损害的侵权责任。同时，通过设置不同的注意义务标准，有效地为不同情况下的间接侵权行为确定更加精确的应知界限，更好地判定网络服务提供者是否构成应知。

根据《规定》第11条之规定，网络服务提供者从网络用户提供的作品中直接获得经济利益的，要承担较高的注意义务。何谓较高的注意义务？笔者认为，其是就普通的注意义务而言的，其中暗含着一定的审查义务。考虑到互联网产业的健康发展，一般情况下，网络服务提供者对于网络用户上传的作品是否侵权没有主动审查的义务，除非这种侵权行为已经达到像红旗一样高高飘扬的程度。而在网络用户通过侵权作品直接获利的情况下，法律则对网络服务提供者课以较高的注意义务，也就是说，即使侵权行为并不明显，但网络服务提供者如果通过合理的审查可以发现侵权行为时，也认定其已构成应知，应当承担侵权责任。

本案中，对于是否从涉案小说中直接获得经济利益的问题，虽然乙公司辩称针对涉案小说的下载在2011年4月22日前是收取机客币的，但机客币仍具有财产属性，可以带来利益。该日期后是通过网银来收取费用的，收取金额较小，但收取的并非一般性广告费或服务费，应认定直接获得经济利益。而乙公司仅在下载的页面中列有"如果上传的资料侵犯您的权利，请按照《信息网络传播权保护条例》的规定向我们发出通知，我们将依法删除"的声明，显然只能认为属于一般的注意义务，而非较高的注意义务。

在较高程度的注意义务要求之下，再根据《规定》第9条列举的因素，考量网络服务提供者是否达到了该标准。如果未达到此标准，则应认为其对于侵权行为构成应知。结合本案，首先，就作品的类型及知名度来讲，甲公司经营的起点中文网是目前国内最大的文学阅读和写字平台之一，《鬼吹灯Ⅱ》系列小说又是点击率较高的热门小说，因此其作品的知名度较高。而乙公司经营的机客网作为一家文学类的专业网站，其应当熟知同类型的热门网站及网络热门小说。其次，根据甲公司提供的证据，在从机客网上下载下来的小说的开头有"本书由机客网（www.159.com）自网络收集整理制作"的声明，并且机客网在其首页专门设置了榜单，其中，《鬼吹灯Ⅱ》排名第4。

综上，乙公司在应该知道流行度较高的涉案作品的情况下，对作品主动进行了选择、编辑与推荐等。因此，在《规定》列举的7种情形中，乙公司已经存在2种违反其注意义务的情形，因此，其再推说没有注意到其存储的作品涉嫌侵权显然是不合理的。在认定乙公司对于网络用户的侵权行为构成应知的基础上，也就是主观上存在过错，其应当承担侵权责任。

3. 因果关系要件。乙公司的不作为与甲公司的损害之间存在因果关系，因此，符合该要件。

据此，甲公司享有对乙公司的侵权损害赔偿请求权。

（二）请求权的抗辩

本案不存在抗辩及抗辩权。

（三）请求权的消灭

根据避风港原则，网络服务提供者在没有能力事先对他人上传的作品进行审查，而且事前也不知道且不应该知道侵权事实存在的情况下，如果收到著作权人通知后，对侵权内容进行移除，则不承担侵权责任。本案中，乙公司在主观上属于知道，不具备避风港原则的构成要件，此外，诉讼时效也没有经过，因此请求权未消灭。

（四）小结

综上所述，甲公司享有《侵权责任法》第36条第3款上的请求权，可以请求乙公司承担侵权损害赔偿责任。

二、《著作权法》第48条第1项上的请求权

《著作权法》第48条第1项规定："有下列侵权行为的，应当根据情况，承担停止侵害、消除影响、赔礼道歉、赔偿损失等民事责任；同时损害公共利益的，可以由著作权行政管理部门责令停止侵权行为，没收违法所得，没收、销毁侵权复制品，并可处以罚款；情节严重的，著作权行政管理部门还可以没收主要用于制作侵权复制品的材料、工具、设备等；构成犯罪的，依法追究刑事责任：①未经著作权人许可，复制、发行、表演、放映、广播、汇编、通过信息网络向公众传播其作品的，本法另有规定的除外。"

（一）请求权的发生

根据该规定，侵犯著作权中信息网络传播权的构成要件为：

1. 行为要件：行为人实施了侵犯著作权人信息网络传播权的行为。

2. 结果要件：损害著作权人的信息网络传播权。

3. 主观要件：行为人实施侵权行为存在主观过错。

4. 因果关系：行为人的侵权行为与著作权人产生的损害后果之间存在因果关系。

结合案情，乙公司与上传者的侵权行为侵害了甲公司对《鬼吹灯Ⅱ》享有的信息网络传播权，且存在主观上的过错，并致使甲公司遭受了损害。甲公司可依该项规定向其主张侵权损害赔偿。

（二）请求权的抗辩

本案属于侵犯著作权的行为，根据《著作权法》的规定，行为人得以"合理使用"为抗辩，然而具体到本案，该抗辩是否可以成立？

我国《著作权法》第22条规定了12种合理使用的方式：

1. 为个人学习、研究或欣赏，使用他人已经发表的作品。

2. 为介绍、评论某一作品或者说明某一问题，在作品中适当引用他人已经发表的作品。

3. 为报道时事新闻，在报纸、期刊、广播电台、电视等媒体中不可避免地再现或者引用已经发表的作品。

4. 报纸、期刊、广播电台、电视台刊登或者播放其他报纸、期刊、广播电台、电视台等媒体已经发表的关于政治、经济、宗教问题的时事性文章，但作者声明不许刊登、播放的除外。

5. 报纸、期刊、广播电台、电视台刊登或者播放在公众集会上发表的讲话，但作者声明不许刊登、播放的除外。

6. 为学校课堂教学或者科学研究，翻译或者少量复制已经发表的作品，供教学或者科研人员使用，但不得出版发行。

7. 国家机关为执行公务在合理范围内使用已经发表的作品。

8. 图书馆、档案馆、纪念馆、博物馆、美术馆等为陈列或者保存版本的需要，复制本馆收藏的作品。

9. 免费表演已经发表的作品，该表演未向公众收取费用，也未向表演者支付报酬。

10. 对设置或者陈列在室外公共场所的艺术作品进行临摹、绘画、摄影、录像。

11. 将中国公民、法人或者其他组织已经发表的以汉语言文字创作的作品翻译成少数民族语言文字作品在国内出版发行。

12. 将已经发表的作品改成盲文出版。

以上规定适用于对出版者、表演者、录音录像制作者、广播电台、电视台的权利的限制。

据此，判断是否构成"合理使用"，应考虑：①使用的目的和性质，即依其为商业性使用或非营利的教育性目的而区别；②受著作权法保护的作品的性质；③使用的数量及实质在整个受保护作品上所占的比例；④使用对有著作权保护的作品经济市场的价值的影响。

本案中，乙公司与上传者的行为属于商业性质的行为，其将《鬼吹灯Ⅱ》原文完整地上传到网络服务器中供网络用户下载，超出了合理使用的范围，并且该使用行为显然影响了《鬼吹灯Ⅱ》的经济市场的价值。从而认定该行为不属于"合理使用"，该抗辩不能成立。

（三）请求权的消灭

请求权是否消灭，应当根据考察著作权是否已经超过了保护期限，本案中，小张创作《鬼吹灯Ⅱ》，其在 2007 年 1 月将该作品的著作财产权转让该甲公司，因此，该作品的保护期限适用《著作权法》第 21 条第 2 款的规定，法人或者其他组织的作品、著作权（署名权除外）由法人或者其他组织享有的职务作品，其发表权、《著作权法》第 10 条第 1 款第 5 项至第 17 项规定的权利的保护期为 50 年，截止于作品首次发表后第五十年的 12 月 31 日，但作品自创作完成后 50 年内未发表的，本法不再保护。

2007 年 7 月，由甲公司享有著作权（署名权除外）的《鬼吹灯Ⅱ》首次发表，其保护期限并未超过《著作权法》规定的 50 年，因此，该损害赔偿请求权未消灭。

（四）小结

综上所述，甲公司享有《著作权法》第 48 条第 1 项上的请求权。

三、《民法通则》第 92 条上的不当得利请求权

《民法通则》第 92 条规定："没有合法根据，取得不当利益，造成他人损失的，应当将取得的不当利益返还受损失的人。"

（一）请求权的发生

上传者与乙公司的侵权行为致使甲公司的财产权遭受损害，而其因此获得

了财产利益。

1. 一方取得财产利益。上传者与乙公司通过提供侵权作品供网络用户下载（每次 0.5 元）的侵权方式侵害甲公司的著作权，并因此获得了利益，即下载量与价格的乘积（192 238 次 ×0.5 元 =96 119 元），因此满足该要件。

2. 一方受有损失。甲公司与小张签署协议，从而获得《鬼吹灯Ⅱ》的著作财产权，即包含通过信息网络传播的方式获得收益的权利，乙公司与上传者的侵权行为致使其该权利受到损害，根据《著作权法》第 49 条第 1 款的规定，侵犯著作权或者与著作权有关的权利的，侵权人应当按照权利获得的实际损失给予赔偿；实际损失难以计算的，可以按照侵权人的违法所得给予赔偿。赔偿数额还应当包括权利人为制止侵权行为所支付的合理开支。本案中，甲公司的实际损失难以计算，因此，根据该条确定甲公司的损失为乙公司的违法所得，即下载量与价格的乘积（192 238 次 ×0.5 元 =96 119 元）。

3. 取得利益与所受损失间有因果关系。所谓取得利益与所受损失之间有因果关系，是指他方的损失是一方受益造成的，一方受益是他方受损的原因，受益与受损之间有变动的关联性，具体到本案，即甲公司的财产损失是因乙公司与上传者的受益造成的，如果没有其不当利益的取得，甲公司就不会造成损失，据此，可以认定乙公司与上传者的获益与甲公司的受损之间存在因果关系。

4. 没有法律上的根据。没有法律上的根据，又称没有合法根据，在社会交易中，任何利益的取得都必须有合法的根据，或是直接依据法律，或是依据民事法律行为。乙公司与上传者的获益并不存在合法的根据，其获得利益是通过侵犯甲公司著作权的方式获得的，因此属于不当利益。

据此，甲公司可依《民法通则》第 92 条的规定向乙公司主张不当得利请求权。

（二）请求权的抗辩与抗辩权

本案不存在抗辩及抗辩权。

（三）请求权的消灭

诉讼时效未经过，不存在请求权消灭的情形。

（四）小结

综上所述，甲公司享有《民法通则》第 92 条上的不当得利请求权，其可向乙公司主张不当得利请求权。

甲公司对上传者丙的请求权

一、甲公司对上传者在《侵权责任法》第36条第1款上的侵权损害赔偿请求权

（一）请求权的产生

根据该款规定，该请求权的构成要件包括：

1. 行为要件：利用网络实施了侵权行为。根据《侵权责任法》第36条第1款的规定，网络用户实施了侵害他人民事权益的行为即导致责任的产生。甲公司经由作者小张的授权享有《鬼吹灯2》的独家网络传播权，而上传者"丙"未经作者许可，以乙公司经营的网站（www.159.com）作为平台上传该作品的行为，明显构成对甲公司的网络信息传播权的侵权。

2. 结果要件：损害他人民事权益。通过上传《鬼吹灯2》的有偿阅读，侵犯其网络传播权而使自己获益。

3. 过错要件：具有过错。责任主体主观上都是有过错的，甚至可能是存在故意的，如明知或应知是他人享有知识产权的作品而提供非法下载、复制等服务，即为故意侵犯他人知识产权的行为。

4. 因果关系：网络内容提供者的侵权行为与损害结果之间存在因果关系。

据此，甲公司享有对上传者"丙"的侵权损害赔偿请求权。

（二）请求权的抗辩与抗辩权

本案不存在抗辩及抗辩权。

（三）请求权的消灭

请求权未消灭。

（四）小结

综上所述，甲公司享有《侵权责任法》第36条第1款上的请求权，可以请求上传者承担侵权损害赔偿责任。

二、甲公司对上传者丙在《著作权法》第48条第1项的侵权损害赔偿请求权

（同上文甲公司对乙公司在此请求权基础规范上的成立要件，略。）

乙公司对上传者"丙"的请求权
——《侵权责任法》第14条上的请求权

《侵权责任法》第36条第3款规定："网络服务提供者知道网络用户利用其网络服务侵害他人民事权益，未采取必要措施的，与该网络用户承担连带责任。"

《侵权责任法》第 14 条规定："连带责任人根据各自责任大小确定相应的赔偿数额；难以确定责任大小的，平均承担赔偿责任。支付超出自己赔偿数额的连带责任人，有权向其他连带责任人追偿。"

此处因连带责任而发生的内部追偿请求权非本章节重点，不再赘述。

［结论］

1. 甲公司对乙公司的侵权损害赔偿请求权。
2. 甲公司对上传者丙的侵权损害赔偿请求权。
3. 乙公司对上传者"丙"的连带责任内部追偿的请求权。

案例三[1]
［案情简介］

甲是我国拥有 TEENIE WEENIE、Eland 等 14 个商标的独占许可使用权人，乙公司是某网络交易平台的经营者。甲公司利用某网络交易平台提供的搜索功能，通过关键字搜索涉嫌侵权的商品，再对搜索结果进行人工筛查，并通过电子邮件将侵权商品信息的网址发送给乙，同时，甲向乙发送书面通知函及相关的商标权属证明材料，要求乙删除侵权商品信息并提供卖家真实信息。乙收到甲公司的投诉后，对甲公司提交的商标权属证明进行核实，对乙投诉的商品信息逐条进行人工审核，删除其认为构成侵权的商品信息，并告知甲发布侵权商品信息的卖家的身份信息。因甲认定某网络交易平台上侵权商品信息非常多，甲几乎在每个工作日都向乙投诉，每天投诉的商品信息少则数千条，多则达数万条。甲公司投诉涉及 TEENIE WEENIE、Eland 等 14 个商标。乙根据甲的投诉删除商品信息后，有的卖家会向乙提出异议，并提供其销售的商品具有合法来源的初步证据。乙会将卖家的异议转交给甲。甲有时会撤回投诉，撤回投诉的原因，有的确实属于因错误投诉而撤回投诉，有的则是由于其暂时无法判断是否侵权而撤回投诉。

上述投诉中，包含了甲于 2009 年 9 月 29 日至 2009 年 11 月 11 日期间针对丙的 7 次投诉，其中，有 3 次涉及 TEENIE WEENIE 商标，4 次涉及依兰德有限公司的另一个注册商标 SCAT。乙接到甲投诉后即删除了丙发布的商品信息，丙并未就此向甲及乙提出异议，乙也未对丙采取处罚措施。直至 2010 年 9 月，乙才对丙进行扣分等处罚。

甲的委托代理人于 2009 年 11 月 19 日向上海市长宁公证处（以下简称长宁

---

[1] 撰稿人：潘杰英。

公证处）申请证据保全公证。2009 年 11 月 20 日，长宁公证处出具了（2009）沪长证字第 6449 号公证书，该公证书载明以下主要内容：打开 IE 浏览器，在地址栏输入 http：//shop35344840. taobao. com，进入名为"传说中 de 傻傀"的店铺。首页的"最新公告"称：本店所出售的部分是专柜正品，部分是仿原单货，质量可以绝对放心……页面左侧的类目栏，有"PORTS（宝资）"、"LEE"、"TEENIE WEENIE"、"E－LAND"等栏目。选择一件名为"品牌原单 TW 小熊（PNR2）后绣花小熊连帽磨毛卫衣"的服装，该服装的介绍页面显示该服装售价 75 元，库存 72 件，30 天内售出 0 件，并附有该服装的照片。从照片中，可看出，服装绣有一个卡通小熊的图案，服装吊牌印有 Teenie Weenie 文字及心型图案。甲的代理人支付了 80 元（其中 5 元为快递费）购买了一件上述服装。收到该服装的快递包裹后，甲的代理人于 2009 年 12 月 28 日再次向长宁公证处申请证据保全公证，长宁公证处对甲代理人拆开快递包裹和重新封存包裹的全过程进行拍照记录。2010 年 1 月 6 日，长宁公证处出具了（2010）沪长证字第 391 号公证书。后查明，"传说中 de 傻傀"的店铺由丙经营。[1]

　　根据本案具体案情，试以请求权基础规范为基础，分析本案中的请求权。

　　[基于请求权基础的案件分析]

　　本案请求权基础可以从以下几方面进行分析：①甲对丙的请求权；②甲对乙的请求权。

甲对丙的请求权
——《商标法》第 60 条的请求权

　　《商标法》第 60 条第 1 款规定："有本法第 57 条所列侵犯注册商标专用权行为之一，引起纠纷的，由当事人协商解决；不愿协商或者协商不成的，商标注册人或者利害关系人可以向人民法院起诉，也可以请求工商行政管理部门处理。"该条款规定了被侵权人发现其注册商标专用权被侵犯时，对侵权人享有侵权法上的请求权，同时也可以请求工商行政管理部门对侵权人作出行政处罚。

　　该项请求权涉及《商标法》第 57 条，该条规定："有下列行为之一的，均属侵犯注册商标专用权：①未经商标注册人的许可，在同一种商品上使用与其注册商标相同的商标的；②未经商标注册人的许可，在同一种商品上使用与其注册商标近似的商标，或者在类似商品上使用与其注册商标相同或者近似的商标，容易导致混淆的；③销售侵犯注册商标专用权的商品的；④伪造、擅自制

_____

〔1〕　参见 http：//www. court. gov. cn/qwfb/cpws/cpwsjc/201206/t20120628＿177576. htm，衣念（上海）时装贸易有限公司诉浙江淘宝网络有限公司、杜国发侵害商标权纠纷。

造他人注册商标标识或者销售伪造、擅自制造的注册商标标识的；⑤未经商标注册人同意，更换其注册商标并将该更换商标的商品又投入市场的；⑥故意为侵犯他人商标专用权行为提供便利条件，帮助他人实施侵犯商标专用权行为的；⑦给他人的注册商标专用权造成其他损害的。"该条规定以列举式立法规定了商标侵权的 7 种具体侵权行为。较修正前的《商标法》相比，2013 年修正的《商标法》对于"在同一种商品上使用与注册商标近似的商标"、"在类似商品上使用与注册商标相同的商标"以及"在类似商品上使用与注册商标近似的商标"三种商标行为是否构成侵犯商标专有权行为的判断上，增加了"容易导致混淆"作为新的判断标准。

一、请求权的发生

根据上述请求权规范，甲既可以根据《商标法》的规定，也可以根据《反不正当竞争法》的规定对丙提出承担损害赔偿责任。

根据《商标法》第 57 条的规定，未经商标注册人的许可，在同一种商品上使用与其注册商标相同的商标的行为，属于侵犯注册商标专用权。其构成要件为：

1. 未经商标注册人的许可使用其商标。在本案中，甲公司早在侵权行为发生之前，韩国的商标专用权人就已授权甲 TEENIE WEENIE 牌休闲女装的商标独占许可使用权，甲同时在相关行政部门依法备案注册，是合法的商标权人。而丙作为乙公司网络交易平台的店主，并未经过商标专有权人的授权取得 TEENIE WEENIE 牌休闲女装的商标使用权，销售印有 Teenie Weenie 文字的小熊连帽磨毛卫衣的行为，是未经商标注册人的许可使用其商标的行为。

2. 同一种商品上使用与其注册商标相同的商标。甲公司的 TEENIE WEENIE 注册商标的使用范围属于服装类别，而侵权人所销售的侵权商品小熊连帽磨毛卫衣也属于服装类别。故侵权人的行为符合此商标侵权构成要件。

同时，根据《反不正当竞争法》第 5 条的规定，擅自使用知名商品特有的名称、包装、装潢，是不正当竞争行为。在本案中，由上海服装鞋帽商业行业协会出具《证明》，称甲公司的 TEENIE WEENIE 牌休闲女装在 2006 ~ 2008 年销售额所占市场份额在上海市行业同类产品中名列前三位，在全国排名前五位，且于 2009 年被推荐为上海名牌，故 TEENIE WEENIE 商标属于知名商品特有的名称。丙未经商标权人的授权而使用的行为也构成"擅自使用行为"。

所以，甲对丙的侵权上的请求权发生。

二、请求权的消灭

本案请求权发生后，并无消灭之情形，故请求权没有消灭。

三、被请求人的抗辩

在本案中，被请求人根据"其所销售的商品是从其他网站上订购的，其不知这些服装是侵权商品"提起抗辩。

丙的抗辩不成立。因为：本案中，根据《商标法》第 57 条与《反不正当竞争法》第 5 条的规定，丙只能通过证明其使用的 TEENIE WEENIE 商标经商标专有权人的授权，抗辩事由才能成立。由于《商标法》与《反不正当竞争法》及其相关的法律法规中并无商标的权利用尽原则。所以，丙的抗辩事由不成立。

所以，被请求人的抗辩不成立。

四、小结

综上所述，甲具有对丙侵权法上的请求权。

甲对乙的请求权
——《侵权责任法》第 36 条第 2 款的请求权

《侵权责任法》第 36 条第 2 款规定："网络用户利用网络服务实施侵权行为的，被侵权人有权通知网络服务提供者采取删除、屏蔽、断开链接等必要措施。网络服务提供者接到通知后未及时采取必要措施的，对损害的扩大部分与该网络用户承担连带责任。"该条规定明确了网络服务提供者收到被侵权人的被侵权通知后，对被侵权人有协助义务。若网络服务提供者以不作为的方式怠于履行协助义务，则必须对由此所造成的损害与侵权人承担连带责任。对此，学者指出该条款仍是归责条款非免责条款，我国并无美国式的"避风港"条款。[1]

一、请求权的发生

乙的行为构成网络侵权行为，结合请求权基础规范分析，其构成要件包括：

1. 被侵权人的侵权行为。网络服务提供者在此种网络侵权中，并非直接侵权人，其仅仅是起辅助作用的间接侵权人。若不存在侵权人的侵权行为，也就不存在损害结果，网络服务提供者也无需据此承担侵权责任。如前所述，在本案中，丙未经甲的允许，在乙公司网络交易平台的网店上销售印有甲享有的注册商标专用权 TEENIE WEENIE，依法构成侵犯注册商标专用权的行为。

2. 网络用户的通知。虽然《侵权责任法》第 36 条第 2 款并未对所谓"通知"进行详细的规定，但根据司法实践，此处的通知是指有效通知。有学者根据《信息网络传播权保护条例》第 14 条的规定，认为通知应该包含：①被侵权人的个人信息，包括姓名（名称）、联系方式、地址等；②侵权信息的网络地址；③告知被侵犯的合法权益；④通知人合法权益的证明材料。[2] 在本案中，

---

〔1〕 参见徐伟："通知移除制度的重新定性及其体系效应"，载《现代法学》2013 年第 1 期。

〔2〕 参见张新宝、任鸿雁："互联网上的侵权责任：《侵权责任法》第 36 条解读"，载《中国人民大学学报》2014 年第 4 期。

甲通过电子邮件将侵权商品信息的网址发送给乙，同时向乙发送书面通知函及相关的商标权属证明材料，表明甲发送的通知是有效通知。

3. 网络服务提供者存在过错。虽然此条款的归责原则是采用过错原则归责，但是在判断过错与其他侵权稍微不同。首先，我国相关法律法规并未赋予网络服务提供者的主动审查义务。换言之，网络服务提供者无需主动发现侵权信息，然后采取必要措施。其次，此处的过错主要是指网络服务提供者不作为的过错。若网络用户的有效通知成功送达，则网络服务提供者必须据此有所作为。在此种情况下，网络服务提供者依然不作为的，才能认定其存在过错。在本案中，甲于2009年9月29日至2009年11月11日针对丙的侵权行为多次向乙发送有效通知，乙虽然删除了丙侵权信息，但并未根据其协议规则及时对丙进行处罚，致使丙可在侵权信息被删除后，继续发布侵权信息。乙的不作为行为，足以证明其存在主观过错。

4. 扩大的损害结果。《商标法》第63条第1、2款规定："侵犯商标专用权的赔偿数额，按照权利人因被侵权所受到的实际损失确定；实际损失难以确定的，可以按照侵权人因侵权所获得的利益确定；权利人的损失或者侵权人获得的利益难以确定的，参照该商标许可使用费的倍数合理确定。对恶意侵犯商标专用权的，情节严重的，可以在按上述方法确定数额的1倍以上3倍以下确定赔偿。赔偿数额应当包括权利人为制止侵权行为所支付的合理开支。人民法院为确定赔偿数额，在权利人已经尽力举证，而与侵权行为相关的账簿、资料主要由侵权人掌握的情况下，可以责令侵权人提供与侵权行为相关的账簿、资料；侵权人不提供或者提供虚假的账簿、资料的，人民法院可以参考权利人的主张和提供的证据判定赔偿数额。"在本案中，甲并未举证证明丙因侵权的所得利益或甲因被侵权遭到的损失，审理法院综合考虑涉案商标具有较高知名度、网店经营规模较小、获利不多等因素，酌情确定其经济损失赔偿额为3000元。

5. 因果关系。因乙采取的必要措施不够合理，导致侵权行为继续存在，并造成损害结果。乙的过错与损害结果之间存在因果关系。

二、请求权的消灭

本案请求权发生后，并无消灭之情形，故请求权没有消灭。

三、被请求人的抗辩

本案中，根据《商标法》第57条、《侵权责任法》第36条第2款的规定，乙只能主张缺乏侵权行为的构成要件抗辩。在本案中，乙辩称：①甲滥用投诉权利；②乙已采取合理审慎的措施，保护甲的合法权益；③乙并未侵犯甲的注册商标专用权。

乙的抗辩事由不成立。因为：①《侵权责任法》第36条第2款规定，通知移除规则乃是网络服务提供者的义务，同时，网络服务提供者所承担的义务是被动审查义务，权利人主动搜索侵权信息并通知网络服务提供者的行为，仍是合法维权的行为，并非滥用权利行为。②前述分析请求权的发生时，已对此进行了分析，说明乙所采取的措施是不合理的。③涉案侵权商品虽然与甲的注册商标的核定使用的商品不同，但是都是服装类商品，依照一般人的理解，都会将涉案侵权商品的商标误认为是甲的注册商标。

所以，被请求人的抗辩不成立。

四、小结

综上所述，甲对乙侵权上的请求权成立。

[结论]

1. 甲可以选择由丙承担侵权责任并赔偿全部损失。
2. 甲可以选择由乙承担侵权责任并赔偿损害的扩大部分。

第十三章

产品侵权责任

案例一[1]

[案情简介]

2013 年 10 月 1 日 17 时左右，长期在外工作的大李放假回家，进门后发现其母张某和儿子小李躺在客厅地上，双脚伸直并且伴有多处烧焦现象，在距离张某 0.5 米处有一台劲牌电风扇。大李见状立即拨打 120，经到场医生证实，两人均已死亡。后经公安机关工作人员现场勘验，于 10 月 3 日作出刑事科学技术鉴定书：张某和小李因电击作用导致心跳呼吸骤停而死。

事故发生后，大李向县法院提出申请对触电发生原因进行鉴定。法院依法定程序委托本省产品质量监督检验院对事故发生进行分析鉴定，结论如下：①事故涉及的电风扇在供电线路正常时不存在触电危险。②电风扇使用的风牌电源插排的电源线绝缘多处绝缘破损，铜丝裸露，存在严重安全隐患，使用不当会造成人员触电事故。③事故涉及的漏电断路器（DZL18－20 型号）是适用于交流 50Hz、电压为 220V、额定电流至 20A（32）的单向电路中作为人身触电保护作用的，但该漏电断路器存在缺陷，是不合格产品，该试验装置的触电、漏电保护功能已经失效，在人身发生意外触电时，不能有效保护人身安全；如果该漏电断路器没有失效，即使产生鉴定结论的其他情形，也不至于产生本案的后果，故本项为致使事故发生的主要原因。

另知，漏电断路器的生产者、销售者，电风扇的生产者等对鉴定结论无异议或未提出异议的证据证明。大李家使用的漏电断路器是 2010 年 3 月由大李在 A 商店购买，委托 B 安装公司负责组织安装的，安装人员在安装过程中不存在任何过错。漏电断路器无 3C（China Compulsory Certification）认证，但包装上标注的生产厂家、地址等均为真实信息。

根据本案具体案情，试以请求权基础规范为基础，分析本案中的请求权。

---

[1] 撰稿人：段旭。

[基于请求权基础的案件分析]

本案请求权基础可从以下几方面进行分析：①大李对漏电断路器生产者的请求权；②大李对漏电断路器销售者的请求权；③大李对电源插排生产者或销售者的请求权；④大李对安装公司的请求权。

大李对漏电断路器生产者的请求权

一、《合同法》第107条的请求权

依据《合同法》第107条规定："当事人一方不履行合同义务或者履行合同义务不符合约定的，应当承担继续履行、采取补救措施或者赔偿损失等违约责任。"该条规定明确了当事人违约时承担的违约方式。

（一）请求权的发生

根据上述请求权基础规范，大李请求漏电断路器销售者承担违约责任。

本案中，大李与 A 商店之间具有买卖合同关系，要追究当事人的违约责任，就要先分析违约方是否要承担违约责任。违约责任的构成要件[1]：

1. 违约行为。当事人一方不履行合同义务或者履行合同义务不符合约定。违约形态包括不能履行、延迟履行、不完全履行、拒绝履行和债权人迟延。[2] 本案当事人的违约形态为不完全履行，也即债务人虽然履行了债务，但其履行不符合债务的本旨，包括标的物的品种、规格、型号、数量、质量、运输方式等不符合合同约定等。A 商店销售的漏电断路器是不合格产品，不符合买方购买合格产品的要求。

2. 受害人受有损害。违约的损害赔偿主要是财产损失的赔偿，一般情况下，不包括人身伤害的赔偿和精神损害的赔偿责任，且法律往往采取可预见性标准来限定赔偿的范围。可预见性的判断标准通常是以客观标准进行的，即以一个抽象的理性人、常人、善良人等之标准判断，并且只要求预见损害的类型，而无需预见损害的程度。对于抽象的损害，法律推定是属于违约方可得预见范围之内；对于具体的损害，由受害人对具体的情事进行举证，在此基础上，法院再依此抽象的理性人标准进行判断，以确定是否属于当事人应当预见范围之内的损害。[3] 对于违约的损害赔偿主要针对财产损失给予赔偿，其实，在司法实践中，有的赔偿也承认对违约场合非财产损害的赔偿，如由死者家属委托殡仪馆保管的骨灰盒不见等。本案当事人大李因为购买不合格漏电断路器的损失以及

---

〔1〕　参见魏振瀛主编：《民法》，北京大学出版社、高等教育出版社 2010 年版，第 466 页。

〔2〕　参见魏振瀛主编：《民法》，北京大学出版社、高等教育出版社 2010 年版，第 458～460 页。

〔3〕　参见魏振瀛主编：《民法》，北京大学出版社、高等教育出版社 2010 年版，第 470 页。

漏电断路器失效导致家人死亡而支出的误工费、交通费等的财产损失客观存在。

3. 因果关系。作为合同的双方当事人，A 商店交付的漏电断路器是不合格产品，给大李的财产造成损失，违约行为与损害之间具有因果关系。

4. 违约人没有免责事由。《合同法》采用无过错责任原则，但在法律规定有免责条件的情况下，当事人不承担违约责任；在当事人以约定排除或者限制其未来责任的情况下，也可能不承担违约责任或者只承担以一部分违约责任。法律规定的免责条件主要有不可抗力、货物本身的自然性质、货物的合理损耗、债权人的过错等；而免责条款是合同当事人约定的。本案违约人 A 商店不符合免责条件，买卖合同中也未规定相关的免责条款，故违约人没有免责事由存在。综上，A 商店成立违约，应该承担违约责任。

所以，大李对漏电断路器销售者合同上的请求权发生。

（二）请求权的消灭

本案请求权发生后，并无消灭之情形，故请求权没有消灭。

（三）被请求人的抗辩

在本案中，该被请求人无合法的抗辩事由。

（四）小结

综上所述，大李对漏电断路器销售者合同上的请求权成立。

根据《合同法》第122条的规定："因当事人一方的违约行为，侵害对方人身、财产权益的，受损害方有权选择依照本法要求其承担违约责任或者依照其他法律要求其承担侵权责任。"大李对销售者的请求权发生竞合，大李有权决定选择提出何种请求权。

二、《侵权责任法》第41条的请求权

《侵权责任法》第41条规定："因产品存在缺陷造成他人损害的，生产者应当承担侵权责任。"该条规定明确了生产者生产产品致他人损害的应当承担侵权责任。

（一）请求权的发生

根据上述请求权基础规范，大李请求漏电断路器生产者支付丧葬费、死亡赔偿金、误工费、交通费等费用。

本案中，大李之母张某和大李之子小李是被侵权人，漏电断路器的失效是导致事故发生的主要原因，故其生产者为侵权人，此时张某和小李已经死亡，大李作为他们的近亲属具有请求权，故可认定大李为请求权人。何谓生产者？我国的《侵权责任法》和《产品质量法》使用"生产者"这一概念，对生产者的责任主体地位作了原则性规定，但未明确生产者的范围。王利明在主持起草《民法典侵权行为草案》第42条中持这样的态度："向生产者提供有缺陷的原、辅材料，生产者用该材料制造的产品存在缺陷致人损害的，由生产者承担侵权责任。生产者有权向原、辅材料提供者追偿。"张新宝认为，从保护受害人的利益的角度出发，原则上以该产品最终生产者为生产者[1]。杨立新认为，生产者应该包括成品生产者、零部件生产者、原材料生产者和在他人的产品上以自己的名称、商标或者其他具有识别性的标志表明自己为生产者的准生产者[2]。笔者赞同多数学者的观点，应将我国法律中规定的生产者解释为广义的生产者。因此，本案应认定漏电断路器的生产者为本案侵权人。

另依据《侵权责任法》第 7 条之规定，对产品责任的构成要件展开分析。主要包括：

1. 产品存在缺陷。何谓产品？《侵权责任法》中没有关于产品概念的明确规定，而《产品质量法》第 2 条第 2 款规定："本法所称的产品是指经过加工、制作，用于销售的产品。"何为缺陷？《侵权责任法》对产品缺陷没有规定，而《产品质量法》第 46 条对此作出界定："本法所称缺陷，是指产品存在危及人身、他人财产安全的不合理的危险；产品有保障人体健康和人身、财产安全的国家标准、行业标准的，是指不符合该标准。"本案中，大李家安装的漏电断路器是由该生产厂家生产的 DZL18 - 20 型号设备，经委托的省质量监督检验院的鉴定，认定该产品存在缺陷，不符合质量认证标准。

2. 损害事实。缺陷产品的使用人或者第三人因缺陷产品造成的损害事实要客观存在，其中，损害事实包括人身损害（致人死亡或致人伤残）和财产损害。本案中，当事人的母亲张某和儿子小李发生死亡事实。

3. 因果关系。因果关系是指产品缺陷和损害事实之间的引起及被引起的关系。本案中，从触电事故发生的原因看，漏电断路器的试验装置和触电、漏电保护功能已经失效是主要的原因，因为该漏电断路开关是适用于交流 50Hz、电压为 220V、额定电流至 20A（32）的单相电路中作为人身触电保护作用的。如果该漏电断路器没有失效，即使产生鉴定结论的其他情形，也不至于产生本案的后果。故漏电断路器的失效是导致当事人的母亲和儿子死亡的事实发生的主要原因，产品缺陷和损害事实之间具有因果关系。综上，漏电断路器的生产者因为制造不合格产品而导致事故发生，侵害了受害人的生命权，构成民法上的侵权，大李作为请求权人有权请求侵权损害赔偿。

本案因产品质量问题导致张某和小李死亡，大李作为其近亲属为家人处理后事、配合案件调查等耽误了工作，花费了一些必要费用，故根据《侵权责任

---

〔1〕 参见张新宝：《侵权责任法》，中国人民大学出版社 2006 年版，第 286 页。

〔2〕 参见杨立新：《侵权责任法案例教程》，知识产权出版社 2012 年版，第 192 ~ 193 页。

法》第 16 条以及《最高人民法院关于审理人身损害赔偿案件适用法律若干问题的解释》第 17 条第 3 款的规定，大李作为请求权人有权请求侵权人支付丧葬费、死亡赔偿金、误工费、交通费等费用。

所以，大李的请求权发生。

（二）请求权的消灭

本案请求权发生后，并无消灭之情形，故请求权没有消灭。

（三）被请求人的抗辩

1. 免责事由。在本案中，漏电断路器生产者根据《产品质量法》第 41 条第 2 款的规定："生产者能够证明有下列情形之一的，不承担赔偿责任：①未将产品投入流通的；②产品投入流通时，引起损害的缺陷尚不存在的；③将产品投入流通时的科学技术水平尚不能发现缺陷的存在的。"提起抗辩。

漏电断路器生产者的抗辩不成立。因为：其未证明本厂生产的 DZL18 - 20 型号产品符合以上三个免责事由之一，对于该款产品被认定为不符合质量认证标准也并无异议。

所以，被请求人的抗辩不成立。

2. 受害人的过错。在本案中，被请求人的抗辩权体现在被请求人可以根据《侵权责任法》第 26 条之规定（"被侵权人对损害的发生也有过错的，可以减轻侵权人的责任"）提起抗辩。

本案中，受害人电风扇使用的电源插排的电源线多处绝缘破损，铜丝裸露。尽管这是致使触电事故发生的原因之一（次要原因），但受害人不注意合理使用电器设备，面对多处裸露的铜丝，应当认识到危险的存在，仍然持放任态度或者至少是过于自信的过失或疏忽大意的过失。因此，受害者存在过错。既然存在过错，就应自负一定的损害责任。所以，漏电断路器的生产者对请求权人的该请求有抗辩权，但该抗辩权并不是生产者免除所有责任的理由，而是减轻责任的理由。

所以，被请求人抗辩成立，但该抗辩权只针对减轻责任。

（四）小结

综上所述，大李可以依据该条主张请求权。

三、《侵权责任法》第 22 条的请求权

《侵权责任法》第 22 条规定："侵害他人人身权益，造成他人严重精神损害的，被侵权人可以请求精神损害赔偿。"该条规定是被侵权人提起精神赔偿的法律依据。

（一）请求权的发生

根据上述请求权基础规范，大李请求漏电断路器生产者承担精神损害赔偿

责任。

由于精神损害涉及的是心理上的痛苦、悲痛，精神上的沮丧或情感上的伤害，此种损害本身是无法用金钱加以计算的，因此，在损害是否存在以及程度的确定上，存在很大的主观性与不确定性。[1]

如何界定《侵权责任法》第 22 条"严重精神损害"中"严重的程度"？我国法律并未作出明确规定，学术界也未达成统一的观点，学术上认为，目前还很难界定"严重的程度"；多数学者认为，只采用概括式的规定，法官不能很好地把握程度，采用列举式又无法穷尽所有情形，随着社会的不断发展，人们维权意识的加强，请求情形日益增多，故建议以概括式和列举式相结合的方式对严重程度予以界定，[2] 但具体该怎样定义，还很难把握。本案中，被侵权人张某和小李之死给作为被侵权人的近亲属的大李的精神造成了极大的痛苦，可以认为对当事人的精神造成了严重损害，大李作为请求权人有权请求漏电断路器的生产者支付精神损害赔偿抚慰金。

所以，大李请求漏电断路器生产者精神损害赔偿请求权发生。

（二）请求权的消灭

本案请求权发生后，并无消灭之情形，故请求权没有消灭。

（三）被请求人的抗辩

在本案中，该被请求人无合法的抗辩事由。

（四）小结

综上所述，大李请求漏电断路器生产者精神损害赔偿请求权成立。

大李对漏电断路器销售者的请求权

一、《侵权责任法》第 43 条的请求权

《侵权责任法》第 43 条规定："因产品存在缺陷造成损害的，被侵权人可以向产品的生产者请求赔偿，也可以向产品的销售者请求赔偿。产品缺陷由生产者造成的，销售者赔偿后，有权向生产者追偿。因销售者的过错使产品存在缺陷的，生产者赔偿后，有权向销售者追偿。"该条规定是关于生产者与销售者之间的责任承担的规定。

（一）请求权的发生

根据上述请求权基础规范，大李请求漏电断路器销售者支付丧葬费、死亡

---

〔1〕　参见肖少启："论我国精神损害赔偿制度的不足与完善——以《侵权责任法》第 22 条为视角"，载《韶关学院学报》2010 年第 7 期。

〔2〕　参见王律："论精神损害赔偿严重精神损害的界定"，载《产业与科技论坛》2012 年第 9 期。

赔偿金、误工费、交通费等费用。

我国《侵权责任法》和《产品质量法》没有对"销售者"概念及类型作出界定，张新宝认为，产品的销售者应当包括产品的批发商、产品的零售商、以保留所有权等方式销售产品者、以融资租赁等方式销售产品者、以易货贸易等方式销售产品者、以任何其他方式将产品有对价转让给他人者。[1] 杨立新认为，销售者是指生产者外的产品经销商，其应该满足：①以经营该产品为业的人；②此种经营应是长期的，不是临时或偶尔的；③不要求该致害产品是其主营业或者唯一的营业。销售者范围主要包括批发商、零售商、出租人、行纪人等。[2] 根据众学者对"销售者"的界定，可以认定本案中的 A 商店为销售者。依据以上法律规定可知，销售者在此也承担产品责任。根据《侵权责任法》第 7 条的规定，相对于受害者而言，销售者承担无过错责任。再对产品责任的构成要件进行分析：销售者销售的产品存在缺陷；张某和小李之死的损害事实客观存在；产品的缺陷致使死亡之发生，产品存在缺陷和损害事实具有因果关系。所以，A 商店销售的漏电断路器是不合格产品，应该承担侵权责任。大李作为请求权人，有权请求侵权人支付丧葬费、死亡赔偿金、误工费、交通费等费用。

所以，大李请求漏电断路器销售者支付丧葬费、死亡赔偿金、误工费、交通费等费用的权利发生。

（二）请求权的消灭

本案请求权发生后，并无消灭之情形，故请求权没有消灭。

（三）被请求人的抗辩

在本案中，该被请求人的抗辩同漏电断路器的生产者的抗辩，此处不赘述。

（四）小结

综上所述，大李请求漏电断路器销售者支付丧葬费、死亡赔偿金、误工费、交通费等费用的权利成立。

二、《侵权责任法》第 22 条的请求权

（一）请求权的发生

在本案中，请求权的发生的法律依据和理由与上文对漏电断路器的生产者的精神损害赔偿抚慰金请求权相同，此处不赘述。

（二）请求权的消灭

本案请求权发生后，并无消灭之情形，故请求权没有消灭。

（三）被请求人的抗辩

在本案中，该被请求人无合法的抗辩事由。

---

〔1〕　参见张新宝：《侵权责任法》，中国人民大学出版社 2006 年版，第 286 页。

〔2〕　参见杨立新：《侵权责任法案例教程》，知识产权出版社 2012 年版，第 193 页。

（四）小结

综上所述，大李请求漏电断路器销售者的精神损害赔偿请求权成立。

大李对电源插排生产者或者销售者的请求权

《侵权责任法》第7条规定："行为人损害他人民事权益，不论行为人有无过错，法律规定应当承担侵权责任的，依照其规定。"该条规定是严格责任的法条基础。

另外，《侵权责任法》第18条规定："被侵权人死亡的，其近亲属有权请求侵权人承担侵权责任。比起侵权人为单位，该单位分立、合并的，承继权利的单位有权请求侵权人承担侵权责任。被侵权人死亡的，支付被侵权人医疗费、丧葬费等合理费用的人有权请求侵权人赔偿费用，但侵权人已支付该费用的除外。"该条规定是关于被侵权人死亡或者合并、分立时请求权人的确定。

一、请求权的发生

根据上述请求权基础规范，大李请求电源插排生产者或者销售者承担侵权责任。

根据《侵权责任法》第7条规定的无过错责任，产品侵权责任为特殊侵权责任，成立该责任要具备三要件：①产品存在缺陷；②损害事实；③因果关系。经上文对"产品"、"缺陷"的界定可知，缺陷是产品存在危及人身、他人财产安全的不合理的危险；产品有保障人体健康和人身、财产安全的国家标准、行业标准的，是指不符合该标准。

本案中，经产品质量技术鉴定，大李家使用的即造成张某和小李直接死亡的电线插排不是缺陷产品，该电线插排的质量符合国家标准，不存在制造缺陷、设计缺陷和说明与警告缺陷，正常使用不存在危及他人的人身、财产安全的不合理的危险。而电线插排之所有漏电，是因为大李家没有定期对电气设备和保护装置进行检查和检修，消除设备隐患，并且长期使用不当，致使电源线多处绝缘保护破损，铜丝裸露，对事故的发生存在主观上的过错。虽然损害事实客观存在，但产品不存在缺陷，无缺陷则不与损害结果具有因果关系，故让电源插排的生产者承担产品责任之推论不成立，请求权未发生。

综上所述，大李请求电源插排生产者或者销售者侵权上的请求权没有发生。

二、请求权的消灭

在本案中，因为请求权没有发生，故不存在请求权消灭的情形。

三、被请求人的抗辩

在本案中，因为请求权没有发生，故不存在被请求人抗辩的情形。

四、小结

综上所述，大李请求电源插排生产者或者销售者侵权上的请求权不成立。

大李对安装公司的请求权

《侵权责任法》第6条规定："行为人因过错侵害他人民事权益，应当承担侵权责任。"该条规定明确了行为人因过错侵害他人民事权益应当承担侵权责任。

一、请求权的发生

根据上述请求权基础规范，大李请求安装公司承担侵权责任。

本案中，安装公司作为委托安装者，不是漏电断路器的生产者或销售者，不构成产品责任侵权的主体，故不为特殊侵权人。而且安装公司的工作人员是正常安装，在安装过程中未出现过错，因此，根据侵权责任成立要件分析，安装公司不构成侵权，也不成立一般侵权人。

所以，大李对安装公司侵权上的请求权没有发生。

二、请求权的消灭

在本案中，因为请求权没有发生，故不存在请求权消灭的情形。

三、被请求人的抗辩

在本案中，因为请求权没有发生，故不存在被请求人抗辩的情形。

四、小结

综上所述，大李对安装公司侵权上的请求权不成立。

[结论]

1. 大李对漏电断路器生产者享有请求权。
2. 大李对漏电断路器销售者享有请求权。
3. 大李对电源插排生产者或者销售者不享有请求权。
4. 大李对安装公司不享有请求权。

案例二[1]

[案情简介]

甲住在乙位于金华市金东区鞋塘办事处后楼下村民房二层3号房间，该房共四层，一至三层为出租房，四层房东自用。2013年4月29日凌晨4时许，乙房屋发生火灾，造成甲在火灾中头面颈部及双上肢多处被烧伤，被送往金华市中心医院治疗，住院40天，花费医疗费29 812.56元，经鉴定构成九级伤残，误工时间151天，护理时间3个月，营养时间2个月。

---

[1]　撰稿人：潘杰英。

火灾发生后，经金华市公安消防支队金东区大队出具的金东公消火认字（2013）第 0006 号火灾事故书认定，火灾原因是丙停放在乙房屋一楼大厅的立马牌电动车电瓶正极出现短路所致。涉案电动车为丙于 2013 年 4 月 6 日从丁个体经营的金华市婺城区大新电动车行购买，由戊车行于 2012 年 3 月 16 日生产。

事故发生时，乙出租房大厅内停放有助力车一辆、涉案电动车一辆、三轮摩托车一辆，且堆放有木柜、泡沫箱等杂物，火灾发生后助力车、涉案电动车及木柜、泡沫箱都受到不同程度的烧毁破坏。

浙江省方正校准有限公司对与涉案电动车同批次、同型号的电动车进行鉴定，鉴定意见为："由于两轮电动车燃烧较彻底，并且已经遗失，引起两轮电动车电池正极出现短路的真正原因难以确认，但存在以下情况的可能性：①电气线路因受损引起短路。导致电气线路受损并引起短路的原因不排除用户使用维护不当的问题，也不排除制造安装问题。②外来火源引起短路。外来火源引起短路的原因不排除与两轮电动车的存放环境有关。"

另查明，涉案电动车被丙用于日常上下班使用。[1]

根据本案具体案情，试以请求权基础规范为基础，分析本案中的请求权。

[基于请求权基础的案件分析]

依照契约、无权代理等类似契约关系、无因管理、物权关系、不当得利及侵权行为的次序检查请求权基础，可以排除无因管理、物权关系、不当得利请求权的适用，本案中可以适用的请求权有契约关系上的请求权、侵权行为损害赔偿请求权。

本案请求权基础可以从以下几方面进行分析：①甲对乙在《合同法》第 107 条和第 113 条第 1 款上的违约责任请求权；②甲对丙的侵权请求权；③甲对戊车行的请求权；④甲对丁的请求权；⑤丁对戊车行的请求权。

甲对乙、丙的请求权

一、《合同法》第 107 条的请求权

《合同法》第 107 条规定："当事人一方不履行合同义务或者履行合同义务不符合约定的，应当承担继续履行、采取补救措施或者赔偿损失等违约责任。"该条规定是违约责任的一般性规定，确定了违约责任采用无过错归责原则，同时以列举式立法模式确立了违约方所承担的违约责任形式。

（一）请求权的发生

根据上述请求权基础规范，租赁人甲请求承租人乙承担违约责任。

---

[1] 改编自浙江省金华市金东区人民法院（2013）金东民初字第 1318 号。

合同一方当事人承担违约责任，违约方必须具备违约责任的构成要件。一般而言，甲请求乙承担违约责任的构成要件是：

1. 违约行为。根据《合同法》第 107 条之规定，违约行为是指"当事人一方不履行合同义务或者履行合同义务不符合规定"。合同义务包括约定义务与法定义务，违反两者之一即满足违约行为这一构成要件。在本案中，审理法院以"乙出租房大厅内车辆混乱停放，木柜、泡沫箱等易燃物的随意摆放，未尽到妥善管理义务，且其出租房未配备必要的消防设施，未尽到合理限度范围内的安全保障义务，其对火灾损失的扩大存在一定过错"为由，判决乙对甲承担 5% 的损失赔偿责任。虽然我国《合同法》中并未明确规定一方或双方当事人都负有安全保障义务，但是安全保障义务作为合同的附随义务，早已在司法实践中得到确认。笔者认为，承租人将房屋出租之后，就丧失了对该租赁房屋的使用权，难以对已租赁房屋内的物品进行管理，而出租房大厅正属于已租赁房屋的范畴，出租大厅内的管理义务应该由各承租人各自承担。另根据当地有关出租屋的消防法律法规的规定，乙并未依法配备必要的消费设施，确实违反了该作为义务。

2. 守约方遭到损失。守约方遭到的损失既可以是直接损失，也可以是间接损失。在本案中，甲在火灾中头面颈部及双上肢多处被烧伤，经华市中心医院治疗花费医疗费 29 812.56 元。另误工 151 天的损失、护理 3 个月的费用、营养 2 个月的费用，都是甲在此事件中遭到的损失。

3. 违约行为与守约方遭到损失存在因果关系。我国因果关系的判断主要采用德国的相当因果关系说。在本案中，火灾发生在凌晨 4 时，出租人没有为租赁房屋配备相应的消防设备，增加了承租人在事故发生时遭到损失的风险。因此，甲遭到损失与乙没有配备相应的消费设备存在因果关系。

所以，甲对乙合同上的请求权发生。

（二）请求权的消灭

本案请求权发生后，并无消灭之情形，故请求权没有消灭。

（三）被请求人的抗辩

本案中，乙根据《合同法》第 117 条的关于不可抗力的规定提起抗辩。乙的抗辩不成立。因为：不可抗力的成立需要同时符合不能预见、不能避免、不能克服三个条件。首先，不能预见是指合同订立时当事人难以根据一般人的标准预见到某一事件的发生。其次，不能避免是指合同生效后，尽管当事人采取合理措施之后，事件的发生仍然不可避免的。最后，不能克服是指合同当事人对事件所造成的损失的难以控制的。在本案中，若乙在出租屋配备了消防设备，则可大大降低甲的损失。因此，该火灾事件虽然符合不能预见与不能避免，但未能符合不能克服这一条件，因此该火灾事件不是不可抗力事件。

此外，乙并无其他合法的抗辩理由。

所以，被请求人的抗辩不成立。

（四）小结

综上所述，甲对乙具有《合同法》上第 107 条的请求权。

二、《侵权责任法》第 6 条的请求权

《侵权责任法》第 6 条规定："行为人因过错侵害他人民事权益，应当承担侵权责任。"该条是我国侵权责任法的一般条款，确立了过错规则原则。

（一）请求权的发生

根据上述请求权基础规范，甲请求丙承担侵权责任的条件是：

1. 行为。本案中，引起火灾发生的正是丙所有的电动车。丙虽然将电动车停放在出租房大厅，但是丙并无故意实施引起其电动车自燃的行为，也并未对其电动车进行不合规格的改装，或其他增加了其电动车安全隐患的行为。

2. 过错。丙事前对电动车的安全隐患毫不知情，将有安全隐患的电动车停放在出租房大厅的行为并非故意或过失行为，不存在任何过错。

3. 损害结果。损害结果如甲对乙请求权中遭到的损失所述，在此不再累赘。

4. 因果关系。根据浙江省方正校准有限公司出具的鉴定意见，引起火灾发生的原因有电动车电气线路因受损引起短路与外来火源引起短路两个原因。经审理法院的现场勘查，外来火源引起短路得到了排除，即电动车电气线路因受损引起短路而引起火灾的具有高度盖然性。故机动车内部部件问题是引起火灾的主要原因，同时，由于电动车所有权人丙并未实施任何不当行为，因而电动车本身存在不合理危险是引起火灾的主要原因。故丙的行为与损害结果并无因果关系。

所以，甲对丙侵权上的请求权不发生。

（二）请求权的消灭

在本案中，因为请求权没有发生，故不存在请求权消灭的情形。

（三）被请求人的抗辩

在本案中，因为请求权没有发生，故不存在被请求人抗辩的情形。

（四）小结

综上所述，甲对丙不具有侵权上的请求权。

甲对乙、戊车行的请求权
——《侵权责任法》第 43 条的请求权

《侵权责任法》第 43 条第 1 款规定："因产品存在缺陷造成损害的，被侵权人可以向产品的生产者请求赔偿，也可以向产品的销售者请求赔偿。"第 2 款规

定："产品缺陷由生产者造成的，销售者赔偿后，有权向生产者追偿。"第 3 款规定："因销售者的过错使产品存在缺陷的，生产者赔偿后，有权向销售者追偿。"该条规定了生产者与销售者的外部侵权责任为产品责任，不论生产者还是销售者对被侵权人承担的侵权责任都以无过错归责。

一、请求权的发生

根据上述请求权基础规范，甲请求戊车行承担侵权责任的条件是：

1. 产品。《产品质量法》第 2 条第 2 款规定："本法所称产品是指经过加工、制作，用于销售的产品。"涉案电动车是戊车业于 2012 年 3 月 16 日制作的，属于本法所指称的产品。

2. 产品存在缺陷。《侵权责任法》中并未规定产品缺陷的判断标准，故产品缺陷只能依据《产品质量法》第 46 条之规定判断。《产品质量法》第 46 条规定："本法所称缺陷，是指产品存在危及人身、他人财产安全的不合理的危险；产品有保障人体健康和人身、财产安全的国家标准、行业标准的，是指不符合该标准。"本条规定早在 1993 年《产品质量法》中已有规定。但虽然社会经济的发展，司法实践中对该条的解释也产生了变化。当今，学界与司法界都相对统一将缺陷的构成要件理解为：缺陷是一种超出一般人期待，并危及人身、他人财产安全的不合理危险。产品只存在合理危险视为产品不存在缺陷。即使产品符合国家标准或行业标准的，只要产品仍然存在不合理危险，也将其视为存在缺陷，故国家标准或行业标准只成为参考产品缺陷的一个参考因素而非决定性标准。本案中，由浙江省方正校准有限公司的鉴定意见可见，戊车行生产的机动车存在不合理危险具有高度盖然性，因而推定机动车存在缺陷。

3. 损害结果。损害结果如前所述，在此不再累赘。

4. 因果关系。因果关系如前所述，在此不再累赘。机动车存在不合理危险，火灾是由机动车的不合理危险所引起的，因而损害结果与机动车存在缺陷之间有因果关系。

所以，甲对乙、戊车行侵权上的请求权发生。

二、请求权的消灭

本案请求权发生后，并无消灭之情形，故请求权没有消灭。

三、被请求人的抗辩

在本案中，乙、戊车行根据《产品质量法》第 41 条第 2 款之规定："生产者能够证明有下列情形之一的，不承担赔偿责任：①未将产品投入流通的；②产品投入流通时，引起损害的缺陷尚不存在的；③将产品投入流通时的科学技术水平尚不能发现缺陷的存在的。"提起抗辩，抑或根据《侵权责任法》第 26 条："被侵权人对损害的发生也有过错的，可以减轻侵权人的责任。"提起抗辩。

乙、戊车行不能举证证明存在上述情形之一，故乙、戊车行的抗辩不能成立。

所以，被请求人的抗辩不成立。

四、小结

综上所述，甲对乙、戊车行具有侵权上的请求权。

丁对戊车行的请求权
——《侵权责任法》第43条的请求权

《侵权责任法》第43条第2、3款规定："产品缺陷由生产者造成的，销售者赔偿后，有权向生产者追偿。因销售者的过错使产品存在缺陷的，生产者赔偿后，有权向销售者追偿。"该条款规定了产品责任中的内部责任分配问题，规定了生产者或销售者享有追偿权的条件。

一、请求权的发生

根据上述请求权基础规范，丁请求戊车行承担侵权责任的条件是：

1. 已赔偿被侵权人的损失。已赔偿被侵权人损失是丁的追偿权成立的前提条件。

2. 产品存在缺陷。产品缺陷的认定标准是，产品存在超出一般人预期的不合理危险。在本案中，引起火灾的很有可能是由于电动车其内在部件故障，因而电动车存在缺陷。

3. 缺陷是生产者的原因造成的。缺陷的判断往往采用推定标准，若丁不能够依法抗辩，则推定产品存在缺陷。

所以，若丁赔偿了甲的损失，则其对戊车行侵权上的请求权发生。

二、请求权的消灭

在本案中，因为请求权没有发生，故不存在请求权消灭的情形。

三、被请求人的抗辩

若丁的请求权成立，戊车行可根据《产品质量法》第41条第2款的规定："生产者能够证明有下列情形之一的，不承担赔偿责任：①未将产品投入流通的；②产品投入流通时，引起损害的缺陷尚不存在的；③将产品投入流通时的科学技术水平尚不能发现缺陷的存在的。"提起抗辩。抑或根据《侵权责任法》第42条第1款之规定："因销售者的过错使产品存在缺陷，造成他人损害的，销售者应当承担侵权责任。"提起抗辩。

戊车行不能举证证明存在上述情形之一，故戊车行的抗辩不能成立。

所以，被请求人的抗辩不成立。

四、小结

综上所述，若丁赔偿了甲的损失，则其对戊车行侵权上的请求权成立。

[结论]

1. 甲可以选择由乙承担违约责任。
2. 甲可以自由选择由丁或戊车行承担产品责任。
3. 若丁承担产品责任后，可向戊车行行使追偿权。

案例三[1]

[案情简介]

海马有限责任公司生产自行车，2011 年，海马有限责任公司开始使用其经过测试后发现比传统材料更便宜、更耐用且总体而言更有效的新材料来生产刹车片。该公司知道在特别情况（温度、地面湿度、油污等）同时具备时，新刹车片材料可能存在突然失灵的微小风险，但是该公司认为此种风险最终发生仅仅很有可能而且是非常罕见的，比起新材料的一般优点此种风险并不重要。在该公司所有采用了新刹车片的自行车的产品使用说明书中，都用小字体对失灵的可能性做了说明。王某从销售者顺达商行购买了一辆这种自行车，成为因为新刹车片故障发生事故受伤的少数人之一。王某的自行车也损坏了。一位行人李某也因为同一事故受伤。[2]

根据本案具体案情，试以请求权基础规范为基础，分析本案中的请求权。

[基于请求权基础的案件分析]

本案请求权基础可以从以下几方面进行分析：①王某对海马公司、顺达商行的请求权；②李某对海马公司、王某的请求权。

王某对海马公司、顺达商行的请求权

一、合同法第 122 条上的请求权

《合同法》第 122 条规定："因当事人一方的违约行为，侵害对方人身、财产权益的，受损害方有权选择依照本法要求其承担违约责任或者依照其他法律要求其承担侵权责任。"该条规定了违约责任与侵权责任的竞合。违约责任与侵权责任竞合是民法界议论的热点话题，如何解决责任竞合，多数意见是允许受害人单一选择请求权的主张，认为受害人要么请求侵害人承担违约的民事责任，

---

〔1〕 撰稿人：肖俊娜。
〔2〕 改编自 http://www.chinalawedu.com/web/175/wa2013122508455930338645.shtml。

要么承担侵权的民事责任，二者只能择一，不得行使两个请求权。

（一）请求权的发生

根据上述请求权基础规范，作为与顺达商行之间存在特别法律关系的王某来说，可以基于我国《合同法》的规定予以救济，王某可以请求顺达商行承担违约责任。

王某可以依据上述规定，向法院起诉，请求顺达商行依照加害给付责任承担违约损害赔偿责任。由于王某的损害是人身损害，为固有利益损害，因此，依照《合同法》的规定，王某既可以行使违约损害赔偿请求权，也可以行使侵权损害赔偿请求权，由王某根据自己的利益进行选择。此种救济模式的请求权基础是合同关系。

所以，王某对顺达商行合同法上的请求权发生。

（二）请求权的消灭

本案请求权发生后，并无消灭之情形，故请求权没有消灭。

（三）被请求人的抗辩

本案中，被请求人无合法的抗辩事由。

（四）小结

综上所述，王某对顺达商行合同上的请求权成立。

二、侵权法第41、42条上的请求权

《侵权责任法》第41条规定："因产品存在缺陷造成他人损害的，生产者应当承担侵权责任。"该条规定阐明了生产者的侵权责任。产品缺陷是指产品存在危及他人人身、财产安全的不合理的危险，产品有保障人体健康和人身、财产安全的国家标准、行业标准的，是指不符合该标准，只有因产品存在缺陷而引起了使用者或他人人身、财产损害，才属于本章所规定的产品侵权，如生产、销售者按照法律规定明示销售具有瑕疵的产品，即使因此而引起使用者人身或财产损害，也不构成产品侵权。

《侵权责任法》第42条规定："因销售者的过错使产品存在缺陷，造成他人损害的，销售者应当承担侵权责任。销售者不能指明缺陷产品的生产者也不能指明缺陷产品的供货者的，销售者应当承担侵权责任。"该条规定关于销售者因过错致使产品存在缺陷造成他人损害的侵权责任。依据本条的规定，销售者在以下两种情形下有过错，应当承担产品责任：①由于销售者的过错使产品存在缺陷，造成他人损害。②销售者不能指明缺陷产品的生产者也不能指明缺陷产品的供货者的，销售者应当承担赔偿责任。

《侵权责任法》第43条规定："因产品存在缺陷造成损害的，被侵权人可以向产品的生产者请求赔偿，也可以向产品的销售者请求赔偿。产品缺陷由生产者造成的，销售者赔偿后，有权向生产者追偿。因销售者的过错使产品存在缺陷的，生产者赔偿后，有权向销售者追偿。"

该条规定的是对产品缺陷引起侵权责任，生产者与销售者对消费者承担的是连带责任，且此种连带责任为平行的连带责任，即消费者可以向产品生产者或销售者任一方提出完全的赔偿请求，不存在先后主次之分。

（一）请求权的发生

根据上述请求权基础规范，王某请求海马公司、顺达商行承担侵权责任。

按照我国《侵权责任法》第41~43条的规定，生产者、销售者承担的是不真正连带责任，分为对外承担方式和对内追偿方式，结合请求权基础规范及学理上的分析，本案中，海马公司和顺达商行应对王某承担不真正连带责任。

1. 不真正连带责任的对外承担方式。依照《侵权责任法》第43条第1款提供的请求权基础，被侵权人可以依据该条款，要求生产者或者销售者承担损害赔偿责任。无论是生产者还是销售者，都有责任向提出请求的被侵权人承担全部的赔偿责任。这种规则，我们称之为中间责任。

2. 不真正连带责任的对内追偿方式。如果被侵权人选择起诉的是销售者，销售者应该依据《侵权责任法》第43条第1款的规定承担无过错责任，不能依据《侵权责任法》第42条第1款的规定以自己无过错为由对抗受害人的请求。销售者承担责任后，可以向生产者进行追偿。该追偿权行使的前提是《侵权责任法》第43条第2款前段规定的"产品缺陷由生产者造成的"，而该段条文所指，就是第41条前段规定的生产者对缺陷产品承担的无过错责任。

如果被侵权人选择起诉的是生产者，生产者应当依据《侵权责任法》第43条第1款的规定承担无过错责任。生产者承担赔偿责任之后，如果产品缺陷是由于销售者的过错造成的，则可以向销售者进行追偿。可见，销售者承担最终责任的基础，就是《侵权责任法》第42条规定的过错责任。承担了中间责任的生产者或者销售者对对方的追偿，其实就是实现最终责任的承担，将产品责任最终归咎于应当承担赔偿责任的那一方当事人。

3. 产品生产者、销售者对有责任第三人的追偿。《侵权责任法》第44条规定："因运输者、仓储者等第三人的过错使产品存在缺陷，造成他人损害的，产品的生产者、销售者赔偿后，有权向第三人追偿。"按照这一规定，因运输者、仓储者等第三人的过错使产品存在缺陷的，原则上被侵权人不能直接起诉运输者、仓储者等第三人，而应该起诉产品的生产者和销售者。产品的生产者、销售者赔偿后，再向有过错的第三人追偿。这种法定的由生产者、销售者先承担责任再进行追偿的规则，学说上称为"先付责任"。[1]这种规则有利于简化诉讼关系，但在特定情形下，会出现所谓的"索赔僵局"，即生产者、销售者无力承担全部或者部分赔偿责任时，由于"先付责任"规则的存在，被侵权人不能绕过生产者、销售者起诉有过错的第三人，导致无法获得必要的救济。就此问题，我们建议在先付责任人无力全部或者部分承担赔偿责任时，允许被侵权人直接依据《侵权责任法》第6条第1款的规定适用过错责任原则，起诉有过错的第三人，请求其承担应当承担的最终责任。

所以，王某对海马公司、顺达商行侵权责任法上的请求权发生。

（二）请求权的消灭

本案请求权发生后，并无消灭之情形，故请求权没有消灭。

（三）被请求人的抗辩

产品责任虽为无过错责任，但不是绝对责任，生产者仍存在具有法定事由而减轻或者免除责任的情形。我国《侵权责任法》对生产者不承担责任或者减轻责任的情形未作具体规定，在实践中，是否免除或者减轻生产者的产品责任，应当依据《产品质量法》的具体规定。海马公司能否免责的法律标准也正是这个条文。《产品质量法》第41条第2款规定："生产者能够证明有下列情形之一的，不承担赔偿责任：①未将产品投入流通的；②产品投入流通时引起损害的缺陷尚不存在的；③将产品投入流通时的科学技术水平尚不能发现缺陷存在的。"《最高人民法院关于民事诉讼证据的若干规定》第4条第6项规定，因缺陷产品致人损害的侵权诉讼，由产品的生产者就法律规定的免责事由承担举证责任。即使产品缺陷是在产品投入流通后发现的，根据《侵权责任法》第46条的规定，生产者、销售者应当及时采取警示、召回等补救措施；未及时采取补救措施或者补救措施不力造成损害的，应当承担侵权责任。

1. 本案的自行车刹车片缺陷，并不属于发展风险的免责事由，即《产品质量法》第41条第2款第3项规定的免责事由。认定发展风险免责事由的基本依据，是"将产品投入流通时的科学技术水平尚不能发现缺陷存在"。按照案例提示，海马公司在将该自行车投放市场之时，是明知"在特别情况（温度、地面湿度、油污等）同时具备时，新刹车片材料可能存在突然失灵的微小风险"的，只是认为"此种风险很有可能最终发生仅仅是非常罕见的，而且比起新材料的优点，此种风险并不重要"，因而将该刹车片用于该款自行车，并且投放市场。可见，海马公司对此缺陷是明知的，在主观上对于损害的发生具有放任的间接故意。因此，对于海马公司的行为不能适用发展风险的抗辩，不能免除责任。

---

[1]　参见杨立新："论不真正连带责任类型体系及规则"，载《当代法学》2012年第3期。

2. 当产品存在合理危险的时候，生产者的充分警示说明可以免除责任。在本案中，海马公司在生产自行车时，已经知道新刹车片材料可能存在突然失灵的微小风险，并在采用了新材料刹车片的自行车的产品使用说明书中用小字体对失灵的可能性做了说明。我国法律法规认为，由于该缺陷属于设计缺陷，是固有缺陷，不属于对于产品中存在合理危险应当充分警示说明的范围。即使有警示，也无免责可能。同时，即使认为这种危险是合理危险须做充分的警示说明，但海马公司采取的警示措施也不符合我国《消费者权益保护法》关于产品警示说明的规定。《消费者权益保护法》第 18 条第 1 款规定："经营者应当保证其提供的商品或者服务符合保障人身、财产安全的要求。对可能危及人身、财产安全的商品和服务，应当向消费者作出真实的说明和明确的警示，并说明和标明正确使用商品或者接受服务的方法以及防止危害发生的方法。"因此，海马公司没有尽到警示说明义务，应承担侵权责任。

所以，本案中，被请求人无合法的抗辩事由。

（四）小结

综上所述，王某对海马公司、顺达商行具有《侵权责任法》第 41、42 条上的请求权。

李某对海马公司、王某的请求权

《侵权责任法》第 43 条规定："因产品存在缺陷造成损害的，被侵权人可以向产品的生产者请求赔偿，也可以向产品的销售者请求赔偿。产品缺陷由生产者造成的，销售者赔偿后，有权向生产者追偿。因销售者的过错使产品存在缺陷的，生产者赔偿后，有权向销售者追偿。"

一、请求权的发生

根据上述请求权基础规范，李某可以直接向海马公司提起产品责任之诉进行索赔。当然还有另一种救济方法，即李某直接向王某提起侵权损害赔偿之诉。

所以，李某对海马公司、王某侵权法上的请求权发生。

二、请求权的消灭

本案请求权发生后，并无消灭之情形，故请求权没有消灭。

三、被请求人的抗辩

本案中，被请求人无合法的抗辩事由。

四、小结

综上所述，李某具有对海马公司、王某的请求权。

［结论］

1. 王某可以请求海马公司和顺达商行承担产品侵权责任。

2. 王某可以请求顺达商行承担违约责任。

3. 李某可以请求海马公司和王某承担侵权责任。

第十四章

交通事故责任[1]

[案情简介]

2013 年 9 月 12 日 16 时 18 分,梁全未取得机动车驾驶证违反信号灯禁令,未悬挂机动车号牌驾驶皖 BLS766 讴歌牌轿车沿无城东大街自西向东行驶,行驶至无城镇东门外大街锁埂十字路口东侧路段处,与路面袁昌芳所骑的电动自行车发生碰撞,造成袁昌芳受伤及电动车受损的道路交通事故,事故认定梁全负全部责任,袁昌芳无责。袁昌芳受伤后在无为县人民医院、芜湖弋矶山医院住院治疗及芜湖第四人民医院鉴定检查,共用去医疗费 64 403.02 元(其中袁静垫支 1 万元),诊断为多发伤左侧颞叶脑挫裂伤、蛛网膜下腔出血、枕骨骨折、左侧多发肋骨骨折伴胸腔积液、左肺挫伤。经司法鉴定,伤残达八级,三期评定休息 270 日、营养 30 日、护理 120 日。另查肇事车辆皖 BLS766 讴歌牌轿车车主为袁静,事发前该车借予杨文,杨文已取得驾驶证,杨文又转借予梁全,梁全未取得驾驶证。该车已在保险公司投保了交强险与 50 万元商业三者险,不计免赔。[2]

[基于请求权基础的案件分析]

1. 结合本案,首先,以袁昌芳(受害人)为中心,进行请求权的检索,不难发现,袁昌芳(受害人)共有四项请求权,分别为:对梁全(加害人)的请求权;对杨文(转借人)的请求权;对袁静(借用人)的请求权;对保险公司的请求权。下面分而述之:

(1)对梁全(加害人)的请求权。首先,在契约上的请求权方面,我们不难发现,袁昌芳与梁全并没有合同关系;其次,本案不存在无权代理等类似契约关系上的请求权、无因管理上请求权、物权关系上请求权以及无因管理请求权;最后,梁全驾驶车辆造成乙受损,应当承担相应的侵权责任。

---

〔1〕 撰稿人:彭鹏。
〔2〕 案例来源:(2014)皖无为民一初字第 02154 号。

（2）对杨文（转借人）的请求权。不存在合同上的请求权、无权代理等类似契约关系上的请求权、无因管理上请求权、物权关系上请求权以及无因管理请求权；但杨文明知梁全未取得驾驶证而将车辆借于梁全，存在过错，应该承担相应的责任。

（3）对袁静（出借人）的请求权。首先，袁静在将车借予杨文时是否存在过错，是否要承担相应的道路交通事故责任。其次，袁静垫资 1 万元，是否可以基于无因管理请求受益人袁昌芳偿付必要费用。

（4）对保险公司的请求权。首先，袁昌芳作为保险合同中的被保险人，是否可以成为保险合同的一方，是否对保险公司存在合同上的请求权；其次，本案不存在无权代理等类似契约关系上的请求权、无因管理上请求权、物权关系上请求权以及无因管理请求权；最后，根据《侵权责任法》的相关规定，袁昌芳可以直接向保险公司提起诉讼，请求其承担相应的责任，这是一种法定请求权。

2. 以袁静为中心进行请求权检索，有一项请求权：对袁昌芳的无因管理请求权。首先，不存在合同上的请求权、无权代理等类似契约关系上的请求权；其次，袁静垫资 1 万元，可以基于无因管理请求受益人袁昌芳偿付必要费用；最后，本案不存在物权关系上请求权、不当得利请求权以及侵权请求权。

3. 以保险公司为中心进行请求权检索，保险公司有一项请求权：本案不存在契约上的请求权、无权代理等类似契约关系上的请求权、无因管理上请求权、物权关系上请求权以及无因管理请求权；由于梁全未取得驾驶资格，保险公司在赔偿范围内向梁全主张追偿权。

袁昌芳对梁全（加害人）的请求权

《侵权责任法》第 48 条规定："机动车发生交通事故造成损害的，依照道路交通安全法的有关规定承担责任。"

《道路交通安全法》第 76 条第 1 款第 2 项第 1 句规定："机动车与非机动车驾驶人、行人之间发生交通事故，非机动车驾驶人、行人没有过错的，由机动车一方承担赔偿责任。"

一、请求权的发生

应当探讨该请求权构成要件：①机动车一方存在侵权行为。梁全实施了违反交通安全法规，未取得机动车驾驶证违反信号灯禁令，造成了正常行驶的袁昌芳损害。②非机动车、行人一方遭受了损害。交通事故造成袁昌芳受伤及电动车受损的人身伤亡和财产损失。③因果关系。非机动车、行人一方（袁昌芳）的损害是由机动车一方（梁全）的侵权行为造成的，二者之间存在因果关系。

综上，袁昌芳有权依照《侵权责任法》第 48 条、《道路交通安全法》第 76 条第 1 款第 2 项第 1 句上的请求权，请求梁全承担侵权责任。

二、请求权的消灭

袁昌芳向人民法院起诉时并未超过《民法通则》第 136 条第 1 款所规定的 1 年诉讼时效，因此，袁昌芳对梁全的赔偿损失道路交通侵权责任请求权并未失效。

三、被请求权人的抗辩

由于事故认定梁全负全部责任，袁昌芳无责，梁全并没有任何诉讼上的抗辩。

四、结论

综上，袁昌芳有依照《侵权责任法》第 48 条、《道路交通安全法》第 76 条第 1 款第 2 项第 1 句上的请求权，请求梁全承担侵权责任。

关于请求权的范围：

1. 依据《侵权责任法》第 16 条之规定，袁昌芳有权请求梁全承担医疗费、护理费、交通费等为治疗和康复支出的合理费用，以及因误工减少的收入；造成残疾的，应当赔偿残疾生活辅助具费和残疾赔偿金。因此，袁昌芳提出的请求判决甲赔偿残疾赔偿金、护理费、误工费含首次住院期间误工费和后续休息期间误工费、住院伙食补助费、营养费、交通费、住宿费、鉴定费、后续治疗费、整形和康复费、被抚养人生活费应予支持。

2. 依据《中华人民共和国侵权责任法》第 20 条之规定，袁昌芳有权请求梁全承担财产损失的赔偿。

3. 依据《中华人民共和国侵权责任法》第 22 条之规定，袁昌芳有权请求梁全承担精神损害赔偿。

因此，本案中，袁昌芳提出的精神损害金、财产损失（电动车）等，法院应当根据《人身损害赔偿案件适用法律若干问题的解释》等法规的标准给予赔偿。

袁昌芳对杨文（转借人）的请求权
——《侵权责任法》第 49 条之请求权

《侵权责任法》第 49 条规定："因租赁、借用等情形机动车所有人与使用人不是同一人时，发生交通事故后属于该机动车一方责任的，由保险公司在机动车强制保险责任限额范围内予以赔偿。不足部分，由机动车使用人承担赔偿责任；机动车所有人对损害的发生有过错的，承担相应的赔偿责任。"

一、请求权的发生

依据"保有者"概念，保有者是指为自己的目的而使用机动车并对该使用的机动车有事实的处分权的人，或者在事故发生当时，将机动车作为自己的目的而使用并具有该机动车的使用处分权的人。在袁静将车辆出借给杨文时，杨文即为该车辆的"保有者"，享有该车辆的运行支配和运行利益，且杨文未经袁静同意，将机动车转借于未取得驾驶资格的梁全，借用人杨文应该对该车辆的二次转借承担与《侵权责任法》第 49 条之"机动车所有人"相同的责任。[1]

在借用机动车的情况下，借用人驾驶机动车的时候，如果发生交通事故造成他人损害，是仅由借用人承担责任，还是由出借人与借用人负连带责任，理论界存在较大争议，以往的司法实践中，做法差别很大。

1. 程啸副教授认为：原则上借用人应承担赔偿责任。机动车所有人只是在有过错时，才承担与其过错相应的赔偿责任。依据《最高人民法院关于审理道路交通事故损害赔偿案件适用法律若干问题的解释》第 1 条之规定："机动车发生交通事故造成损害，机动车所有人或者管理人有下列情形之一，人民法院应当认定其对损害的发生有过错，并适用侵权责任法第 49 条的规定确定其相应的赔偿责任：①知道或者应当知道机动车存在缺陷，且该缺陷是交通事故发生原因之一的；②知道或者应当知道驾驶人无驾驶资格或者未取得相应驾驶资格的；③知道或者应当知道驾驶人因饮酒、服用国家管制的精神药品或者麻醉药品，或者患有妨碍安全驾驶机动车的疾病等依法不能驾驶机动车的；④其他应当认定机动车所有人或者管理人有过错的。"

2. 杨立新教授认为：出借人知道或者应当知道机动车存在缺陷，且该缺陷是交通事故发生原因之一的，知道或者应当知道驾驶人无驾驶资格或者未取得相应驾驶资格的，知道或者应当知道驾驶人因饮酒、服用国家管制的精神药品或者麻醉药品，或者患有妨碍安全驾驶机动车的疾病等依法不能驾驶机动车的。此时出借人应承担连带责任。[2]

在司法实践中，很多地方法院肯定了出借人应承担连带责任的观点，例如：陕西省高级人民法院就此问题于 2008 年 1 月 1 日出台了《陕西省高级人民法院关于审理道路交通事故损害赔偿案件若干问题的指导意见（试行）》，第 7 条规定："借用他人机动车发生道路交通事故致人损害的，由机动车借用人承担赔偿责任。但有下列情形之一的，出借人应承担连带赔偿责任：①明知所出借的机动车有缺陷仍出借，并因该缺陷发生道路交通事故的；②明知借用人没有机动车驾驶资质仍出借的；③明知借用人存在醉酒、疾病危险因素仍出借的；④借

---

〔1〕 张新宝、解娜娜："机动车一方：道路交通事故赔偿义务人解析"，载《法学家》2008 年第 6 期。

〔2〕 杨立新：《侵权责任法原理与案例教程》，中国人民大学出版社 2008 年版，第 219 页。

用人下落不明的；⑤未投机动车交通事故责任强制保险的；⑥有其他过错的。"但笔者认为，该《意见》是 2008 年 2 月 1 日出台的，《侵权责任法》自 2010 年 7 月 1 日起施行，根据上位法优于下位法原则，应该适用《侵权责任法》的相关规定。

3. 张新宝教授认为：出借人存在过错时，应承担与其过错相对应的赔偿责任，而且是补充责任，而非与借用人承担连带责任，因为出借人并非控制机动车的一方，借用人承担的是无过错责任，而出借人仅承担过错责任。[1] 补充责任主要发生在一个侵权行为造成的损害事实产生了两个相重合的赔偿请求权的情况下，法律规定权利人必须按照先后顺序行使赔偿请求权。只有排在前位的赔偿义务人的赔偿不足以弥补损害时，才能请求排在后位的赔偿义务人赔偿。[2]

笔者不赞同补充责任这一观点，依据《侵权责任法》第 34 条第 2 款之规定："劳务派遣期间，被派遣的工作人员因执行工作任务造成他人损害的，由接受劳务派遣的用工单位承担侵权责任；劳务派遣单位有过错的，承担相应的补充责任。"该条文中明确使用了"补充责任"这一法律用语，而《侵权责任法》第 49 条规定："因租赁、借用等情形机动车所有人与使用人不是同一人时，发生交通事故后属于该机动车一方责任的，由保险公司在机动车强制保险责任限额范围内予以赔偿。不足部分，由机动车使用人承担赔偿责任；机动车所有人对损害的发生有过错的，承担相应的赔偿责任。"该条并未使用"补充责任"这一法律用语。故《侵权责任法》第 49 条规定的机动车所有人责任并非一种补充责任，而是承担相应的比例责任。且立法者规定机动车所有人负有过错赔偿责任主要是为了保护被侵权人，而补充责任只有排在前位的赔偿义务人的赔偿不足以弥补损害时，才能请求排在后位的赔偿义务人赔偿，显然对被侵权人不利。

4. 综上，笔者赞同第一种观点。据此应当探讨该请求权构成要件：其他要件同上，这里仅分析转借人的过错，依据《最高人民法院关于审理道路交通事故损害赔偿案件适用法律若干问题的解释》第 1 条第 2 款之规定："知道或者应当知道驾驶人无驾驶资格或者未取得相应驾驶资格的。"杨文知道梁全未取得驾驶资格，应该承担与其过错相应的赔偿责任。

综上，袁昌芳有权依照《侵权责任法》第 49 条、《最高人民法院关于审理道路交通事故损害赔偿案件适用法律若干问题的解释》第 1 条第 2 款上的请求权，请求杨文承担与其过错相应的责任。

二、请求权的消灭

袁昌芳向人民法院起诉时并未超过《民法通则》第 136 条第 1 款所规定的 1

---

[1]　张新宝：《侵权责任法》，中国人民大学出版社 2006 年版，第 238 页。
[2]　张新宝："我国侵权法中的补充责任"，载《法学杂志》2010 年第 6 期。

年诉讼时效，因此，袁昌芳对杨文的赔偿损失道路交通侵权责任请求权并未失效。

三、被请求权人的抗辩

由于事故认定梁全负全部责任，袁昌芳无责，杨文存在过错，其并没有任何诉讼上的抗辩。

四、结论

综上，袁昌芳综有权依照《侵权责任法》第 49 条、《最高人民法院关于审理道路交通事故损害赔偿案件适用法律若干问题的解释》第 1 条第 2 款上的请求权，请求杨文承担与其过错相应的责任。

袁昌芳对袁静（所有人）的请求权

——《侵权责任法》第 49 条之请求权

一、请求权的发生

《侵权责任法》第 49 条规定："因租赁、借用等情形机动车所有人与使用人不是同一人时，发生交通事故后属于该机动车一方责任的，由保险公司在机动车强制保险责任限额范围内予以赔偿。不足部分，由机动车使用人承担赔偿责任；机动车所有人对损害的发生有过错的，承担相应的赔偿责任。"

据此应当探讨该请求权构成要件：其他要件同上，这里仅分析所有人的④过错，依据《最高人民法院关于审理道路交通事故损害赔偿案件适用法律若干问题的解释》第 1 条之规定："机动车发生交通事故造成损害，机动车所有人或者管理人有下列情形之一，人民法院应当认定其对损害的发生有过错，并适用侵权责任法第 49 条的规定确定其相应的赔偿责任：①知道或者应当知道机动车存在缺陷，且该缺陷是交通事故发生原因之一的；②知道或者应当知道驾驶人无驾驶资格或者未取得相应驾驶资格的；③知道或者应当知道驾驶人因饮酒、服用国家管制的精神药品或者麻醉药品，或者患有妨碍安全驾驶机动车的疾病等依法不能驾驶机动车的；④其他应当认定机动车所有人或者管理人有过错的。"袁静将机动车借予杨文时，杨文取得了驾驶资格，并没有上述之情形，且对于杨文的转借行为并不知情，故袁静对损害的发生没有过错，不应该承担与其过错相应的赔偿责任。

综上，袁昌芳无权依照《侵权责任法》第 49 条、《最高人民法院关于审理道路交通事故损害赔偿案件适用法律若干问题的解释》第 1 条第 2 款上的请求权，请求袁静承担与其过错相应的责任。

二、请求权的消灭（无需讨论）

三、被请求权人的抗辩（无需讨论）

四、结论

综上，袁昌芳综依照《侵权责任法》第 49 条、《最高人民法院关于审理道路交通事故损害赔偿案件适用法律若干问题的解释》第 1 条第 2 款上的请求权不成立。

<h2 style="text-align:center">袁静对袁昌芳的请求权</h2>

——《民法通则》第 93 条之无因管理请求权

一、请求权的发生

《民法通则》第 93 条规定："没有法定的或者约定的义务，为避免他人利益受损失进行管理或者服务的，有权要求收益人偿付由此而支付的必要费用。"

据此应当探讨该请求权构成要件：①为他人管理事务，这里所说的事务，是指有关人们生活利益的一切事项。[1] 袁静垫付 1 万元为了袁昌芳及时得到救治，避免其损害的扩大。②有为他人管理的意思。③没有法定或约定的义务，根据上文请求权的分析，袁昌芳对袁静的请求权不成立，则袁昌芳对于袁静并没有法定或约定的给付义务。

综上，袁静有权依照《民法通则》第 93 条上的请求权，请求袁昌芳承担其因无因管理而支付的必要费用。

二、请求权的消灭

袁静向人民法院起诉时并未超过《民法通则》第 135 条所规定的 2 年诉讼时效，因此，袁静对袁昌芳的无因管理请求权并未失效。

三、被请求权人的抗辩

由于袁静的垫付行为符合无因管理的构成要件，故袁昌芳并没有任何诉讼上的抗辩。

四、结论

综上，袁静有权依照《民法通则》第 93 条上的请求权，请求袁昌芳承担其因无因管理而支付的必要费用成立。

关于请求权的范围：依据《民通意见》第 132 条之规定："民法通则第 93 条规定的管理人或者服务人可以要求受益人偿付必要费用，包括在管理或者服务活动中直接支出的费用，以及在该活动中受到的实际损失。"

---

〔1〕 王利明主编：《民法学》，法律出版社 2011 年版，第 470 页。

袁昌芳对保险公司的请求权

——《道路交通安全法》第 76 条第 1 款之请求权

一、请求权的发生

《道路交通安全法》第 76 条第 1 款前半段之规定："机动车发生交通事故造成人身伤亡、财产损失的，由保险公司在机动车第三者责任强制保险责任限额范围内予以赔偿。"

《最高人民法院关于审理道路交通事故损害赔偿案件适用法律若干问题的解释》第 16 条规定："同时投保机动车第三者责任强制保险（以下简称"交强险"）和第三者责任商业保险（以下简称"商业三者险"）的机动车发生交通事故造成损害，当事人同时起诉侵权人和保险公司的，人民法院应当按照下列规则确定赔偿责任：①先由承保交强险的保险公司在责任限额范围内予以赔偿；②不足部分，由承保商业三者险的保险公司根据保险合同予以赔偿；③仍有不足的，依照道路交通安全法和侵权责任法的相关规定由侵权人予以赔偿。被侵权人或者其近亲属请求承保交强险的保险公司优先赔偿精神损害的，人民法院应予支持。"

据此规定，该请求权构成要件为：①机动车一方存在侵权行为。梁全实施了违反交通安全法规的行为，未取得机动车驾驶证违反信号灯禁令，造成了正常行驶的袁昌芳的损害。②非机动车、行人一方遭受了损害。交通事故造成袁昌芳受伤及电动车受损的人身伤亡和财产损失。③因果关系。非机动车、行人一方（袁昌芳）的损害是由机动车一方（梁全）的侵权行为造成的，二者之间存在因果关系。④袁静（所有人）与保险公司签订有效的保险合同，包括交强险和商业三者险。

综上，袁昌芳有权依照《道路交通安全法》第 76 条第 1 款、《最高人民法院关于审理道路交通事故损害赔偿案件适用法律若干问题的解释》第 16 条之请求权，请求保险公司在第三者责任强制保险责任限额范围内予以赔偿。

二、请求权的消灭

袁昌芳向人民法院起诉时并未超过《民法通则》第 135 条所规定的 2 年诉讼时效，因此，袁昌芳对保险公司的请求权并未失效。

三、被请求权人的抗辩

由于保险公司与袁静订立的保险合同中，有约定驾驶人存在无驾驶证驾驶、醉酒驾驶、服用管制的精神药品或者麻醉药品后驾驶机动车发生交通事故的、驾驶人故意制造交通事故的保险公司在商业三者险范围内免责，因为梁全未取得驾驶资格，故在商业三者险范围内，保险公司存在诉讼上的抗辩。

四、结论

综上，袁昌芳有权依照《道路交通安全法》第 76 条第 1 款、《最高人民法院关于审理道路交通事故损害赔偿案件适用法律若干问题的解释》第 16 条之请求权，请求保险公司在第三者责任强制保险责任限额范围内予以赔偿。但无权请求商业三者险范围内予以赔偿。

关于请求权的范围：第三者责任强制保险责任限额范围内。

保险公司对梁全的追偿权

——《最高人民法院关于审理道路交通事故损害赔偿案件适用法律若干问题的解释》第 18 条之请求权

一、请求权的产生

依据《最高人民法院关于审理道路交通事故损害赔偿案件适用法律若干问题的解释》第 18 条之规定："有下列情形之一导致第三人人身损害，当事人请求保险公司在交强险责任限额范围内予以赔偿，人民法院应予支持：①驾驶人未取得驾驶资格或者未取得相应驾驶资格的；②醉酒、服用国家管制的精神药品或者麻醉药品后驾驶机动车发生交通事故的；③驾驶人故意制造交通事故的。保险公司在赔偿范围内向侵权人主张追偿权的，人民法院应予支持。追偿权的诉讼时效期间自保险公司实际赔偿之日起计算。"

据此，应当探讨该请求权构成要件：①保险公司在交强险责任限额范围内予以偿付；②梁全属于第 1 款之规定未取得驾驶资格。

综上，保险公司有权依照《最高人民法院关于审理道路交通事故损害赔偿案件适用法律若干问题的解释》第 18 条之追偿权，请求梁全给付在第三者责任强制保险责任限额范围内予以赔偿的金额。

二、请求权的消灭

保险公司向人民法院起诉时并未超过《民法通则》第 135 条所规定的 2 年诉讼时效，因此，保险公司对梁全的请求权并未失效。

三、被请求权人的抗辩

梁全没有任何诉讼上的抗辩。

四、结论

保险公司有权依照《最高人民法院关于审理道路交通事故损害赔偿案件适用法律若干问题的解释》第 18 条之追偿权，请求梁全给付在第三者责任强制保险责任限额范围内予以赔偿的金额。

关于请求权的范围：第三者责任强制保险责任限额范围内。

第十五章

医疗损害责任[1]

案例一

[案情简介]

2003 年 3 月 3 日，袁某（一名年轻有为的播音员、节目主持人）因"声音嘶哑 1 月余"入住甲医院。入院诊断为：右侧声带包块待查（息肉可能）；慢性咽、喉炎。次日，该院在未进行术前检查，亦未授意袁某签手术同意书的情况下，进行"表麻下纤维镜下右侧声带取材，激光烧灼咽后壁"。术后取出组织经病理检验后报告"（右）声带息肉"。同年 3 月 7 日，袁某声音嘶哑无好转，且有加重迹象。同年 5 月 15 日，在继续治疗后，双方进行了院外会诊，认为袁某声音嘶哑系慢性喉炎和喉肌弱症所致，可能有心理精神因素存在，请精神科会诊后诊断为心理性抑郁，予以相关治疗。2004 年 5 月 20 日，袁某出院，但声音嘶哑的病情仍然未恢复。袁某需支付医院医疗费约 2695 元。嗓音被毁对其事业构成毁灭性打击，并因此出现抑郁性精神障碍，需长期治疗。

在案件审理中，经袁某申请，昆明市中级人民法院委托昆明市司法技术鉴定中心对袁某嗓音的损伤程度、甲医院的医疗行为与袁某的损害后果之间是否具有因果关系，以及袁某的后期治疗费进行鉴定。鉴定结论为：①甲医院在为袁某提供医疗服务过程中存在术前未尽告知义务的不足；②袁某声音嘶哑可排除由右侧声带息肉摘除手术引起的声带损伤、息肉组织残留以及神经损伤所致；③袁某声音嘶哑系慢性喉炎及声带关闭不全所致，与甲医院的手术无因果关系；④袁某每疗程约需治疗费 1000 元，但疗程无法确定。[2]

根据本案具体案情，试以请求权基础规范为基础，分析本案中的请求权。

---

〔1〕 撰稿人：陈洁。

〔2〕 改编自《法律法规案例注释版系列》编写组编著：《中华人民共和国侵权责任法：案例注释版》，中国法制出版社 2010 年版，第 50 页。

[基于请求权基础的案件分析]

本案请求权基础可以从以下几方面进行分析：

1. 结合本案，以袁某为中心，进行请求权的检索：首先，在契约上的请求权方面，我们不难发现，袁某与甲医院存在医疗合同法律关系，甲医院未尽完善履行的义务，袁某可以请求甲医院承担违约责任；其次，本案不存在无权代理等类似契约关系上的请求权、无因管理上请求权、物权关系上请求权以及无因管理请求权；最后，因为甲医院的错误履行，给袁某造成了扩大的损害结果，应当承担相应的侵权责任。且该两者请求权存在竞合关系。

2. 以医院为中心，进行请求权检索：对袁某的合同请求权。首先，在契约上的请求权方面，袁某与甲医院存在医疗合同法律法律关系，甲医院对袁某实施了诊疗行为，可以请求袁某承担相应的医疗费用，存在契约上的请求权；其次，本案不存在无权代理等类似契约关系上的请求权、无因管理上请求权、物权关系上请求权、无因管理请求权以及侵权请求权上的请求权。

袁某对甲医院的请求权

一、《合同法》第107条的请求权

《合同法》第107条规定："当事人一方不履行合同义务或履行不符合合同约定的，应当承担继续履行、采取补救措施或者赔偿损失等违约责任。"该条规定表明在一方当事人存在违约的情况下所应当承担的责任形式。由于甲医院的违约内容为侵犯了袁某的知情权和自主决定权，已经没有继续履行或采取补救措施的可能性和必要性，因此，甲医院应承担赔偿损失的违约责任。

（一）请求权的发生

根据上述请求权基础规范，袁某请求甲医院承担违约责任。

医疗活动的基础是医疗合同，医疗机构通过医务人员向患者提供医疗技术服务，实现救治病患的目的。在此前提下，医疗机构承担着诊疗义务、告知或者说明义务、取得同意义务等。患者在医疗合同中，享有知情权和自我决定权等权利。医疗机构必须通过诊断并进行详细的说明、出具诊疗方案，以获得患者的有效承诺，展开治疗。医疗机构如果不履行或者不充分履行告知义务，就违反了作为合同当事人一方的医疗机构应当承担的义务，构成违约责任。

由于《合同法》中的有名合同不包括医疗合同，根据《合同法》第124条的规定："本法分则或者其他法律没有明文规定的合同，适用本法总则的规定，并可以参照本法分则或者其他法律最相类似的规定。"参照委托合同的有关规定，《合同法》第401条规定："受托人应当按照委托人的要求，报告委托事务的处理情况。委托合同终止时，受托人应当报告委托事务的结果。"本案中，甲

医院没有尊重袁某的知情权以及对手术与否的自主决定权，使得袁某丧失了选择手术与否的机会，给袁某造成了精神上的损害。由于甲医院的违约内容为侵犯了袁某的知情权和自主决定权，已经没有继续履行或采取补救措施的可能性和必要性，因此，甲医院应承担赔偿损失的违约责任。

所以，袁某对甲医院合同上的请求权发生。

（二）请求权的消灭

本案请求权发生后，并无消灭之情形，故请求权没有消灭。

（三）被请求人的抗辩

在本案中，该被请求人无合法的抗辩事由。

（四）小结

综上所述，袁某对甲医院合同上的请求权成立。

二、《侵权责任法》第 54 条的请求权

《侵权责任法》第 54 条规定："患者在诊疗活动中受到损害，医疗机构及其医务人员有过错的，由医疗机构承担赔偿责任。"该条规定表明在医疗损害责任的归责原则是过错原则，只有在医疗机构存在过错侵犯患者权益的情况下，医疗机构才需要承担侵权责任。

（一）请求权的发生

根据上述请求权基础规范，袁某请求甲医院承担侵权责任。

本案中，袁某受侵害的是患者知情权、自我决定权，袁某依法请求甲医院承担赔偿责任。本案属于医疗损害侵权案件，不是一般侵权案件。根据《侵权责任法》第 55 条的规定，此医疗损害案件的构成要件如下：

1. 违法行为。根据《医疗事故处理条例》第 11 条的规定："在医疗活动中，医疗机构及其医务人员应当将患者的病情、医疗措施、医疗风险等如实告知患者，及时解答其咨询；但是，应当避免对患者产生不利后果。"医疗机构应当对患者承担告知义务。同时，结合《侵权责任法》第 55 条的规定，显然医院未根据法律法规的要求对患者履行告知义务。

2. 损害事实。虽然手术的后果未表现为袁某的身体损害，本案没有物质性的损害后果，但却使袁某丧失了选择手术与否的机会，给袁某造成了精神上的损害。且袁某为一名优秀的播音员及节目主持人，精神痛苦更加严重。

3. 因果关系。本案中，袁某的知情权及自主决定权受到损害与医院未告知其病情就擅自实施手术有直接因果关系。

4. 过错。医疗损害责任归责原则为过错原则，过错推定也属于过错原则的一种形式。《侵权责任法》第 58 条列举了 3 种可推定医疗机构存在过错的情况。本案中，医院并未按照法律法规的要求在术前对患者告知有关情况，属于违反法律、行政法规、规章以及其他有关诊疗规范的规定，因此，推定该医疗机构存在过错。

根据《侵权责任法》第55条的规定，医务人员未履行告知义务，造成患者损害的，医疗机构就应当承担赔偿责任，这属于过错推定。本案中，甲医院在未向袁某说明其病情和将采取的医疗措施且未告知手术可能出现的风险的情况下，擅自对其实施了手术，虽然手术的后果未表现为袁某的身体伤害，即没有物质性的损害后果，却使袁某丧失了选择了手术与否的机会，给袁某造成了精神上的损害，故该院应承担袁某精神损害赔偿的民事责任。

所以，袁某对甲医院侵权上的请求权发生。

（二）请求权的消灭

本案请求权发生后，并无消灭之情形，故请求权没有消灭。

（三）被请求人的抗辩

在本案中，甲医院根据《侵权责任法》第56条之规定："因抢救生命垂危的患者等紧急情况，不能取得患者或者其近亲属意见的，经医疗机构负责人或者授权的负责人批准，可以立即实施相应的医疗措施。"提起抗辩。

甲医院的抗辩不成立。因为：

第一，根据《侵权责任法》第56条规定的医务人员告知义务的例外情况。很显然，本案不存在这种情况，不存在抢救生命垂危的患者等紧急情况，医院完全有时间、有能力告知患者有关手术的情况。

第二，根据《侵权责任法》第6条第2款的规定："根据法律规定推定行为人有过错，行为人不能证明自己没有过错的，应当承担侵权责任。"这一点，本案中的甲医院也无法证明其无过错。

因此，被请求人的抗辩不成立。

（四）小结

综上所述，袁某对甲医院侵权上的请求权成立。

甲医院对袁某的请求权
——《合同法》第405条的请求权

《合同法》第405条规定："受托人完成委托事务的，委托人应当向其支付报酬，因不可归责于受托人的事由，委托合同解除或者委托事务不能完成的，委托人应当向受托人支付相应的报酬。当事人另有约定的，按照其约定。"该条规定表明：在委托合同中，受托人完成委托事项的，委托人应履行支付报酬的主要合同义务。

一、请求权的发生

根据上述请求权基础规范，甲医院请求袁某承担合同上的义务。

本案中，袁某是委托人，某医院是受托人。袁某在医院从 3 月 2 日到 5 月 20 日接受治疗，医院向袁某提供了医疗技术服务，那么，袁某应履行医疗合同中受托人的义务，支付医院的医疗费等为治疗支出的合理费用。

所以，甲医院对袁某合同上的请求权发生。

二、请求权的消灭

本案请求权发生后，并无消灭之情形，故请求权没有消灭。

三、被请求人的抗辩

在本案中，袁某根据《合同法》第 406 条第 1 款的规定："有偿的委托合同，因受托人的过错给委托人造成损失的，委托人可以要求赔偿损失。无偿的委托合同，因受托人的故意或者重大过失给委托人造成损失的，委托人可以要求赔偿损失。"提起抗辩。

袁某的抗辩不成立。因为：医院有违约行为在先，使袁某遭受精神损害，医院存在过错，给袁某造成了损失，因此袁某可以就遭受的部分要求赔偿损失。但是，这并不代表袁某就可以免除医疗费用。因为医院只是侵害了袁某的知情权和自主决定权，手术并没有给袁某造成物质损害，袁某声音嘶哑经医疗鉴定并非位手术和甲医院的其他医疗行为所导致。甲医院的其他医疗行为都是符合医疗规范的，因此，甲应当就医疗合同支付医院的医疗费。

所以，被请求权人的抗辩不成立。

四、小结

综上所述，甲医院对袁某合同上的请求权成立。

[结论]

1. 袁某对甲医院有侵权损害赔偿请求权和违约赔偿请求权，而二者选其一。根据《合同法》第 122 条的规定："因当事人一方的违约行为，侵害对方人身、财产权益的，受损害方有权选择依照本法要求其承担违约责任或者依照其他法律要求其承担侵权责任。"袁某可以根据自己实际需要，选择其中之一请求赔偿。

2. 甲医院对袁某有违约赔偿请求权，有权要求袁某支付相应的医疗费。

案例二

[案情简介]

2010 年 10 月 24 日中午，段某（无配偶、无子女）因阴道流血由其父母陪同到茶陵县人民医院检查，随后医院将段某收入该院妇产科住院治疗。入院诊断为：阴道流血查因、失血性贫血（中）。入院后，医院即对段某进行了"清官"手术、输液等措施，病情比较平稳。2010 年 10 月 25 日中午 1 点 30 分许，段某在输液过程中，段某突感剧烈头痛，伴有呕吐，大汗淋漓，病情急转恶化。该院妇产科的医护人员立即对段某采取抢救措施，因抢救无效，段某于 2 点 30 分左右死亡。段某死亡后，其亲属对死因产生怀疑，立即要求复印并封存病历资料，随后，死者亲属向茶陵县卫生局报告情况，县卫生局当即派员到医院参与事件的处理。当日下午 5 点 30 分许，县人民医院将段某该次住院的病历资料当着死者亲属交给县卫生局干部，死者亲属将病历资料复印后，当场进行了封存。随后，主治医师给死者亲属出具了"疾病诊断书"，认定段某患血小板减少症、多脏器功能衰竭、颅内出血、重度贫血、弥漫性血管内凝血，抢救无效死亡。死者亲属对县人民医院确定的段某的死亡原因持怀疑态度，医院告知死者亲属，如对死因有怀疑，可以进行尸检，但死者亲属不同意尸检。随后，死者亲属对段某进行了安葬。后来，死者亲属在复印的病理资料中发现，医院制作的病理资料中"入院医患谈话告知记录"上段某的名字不是段某本人书写，必要的病历资料缺失，病程记录手写部分造假等，因而认定医院伪造病历资料，多方面违反诊疗规程，在对段某的诊疗过程中存在明显的过错，依法应当承担赔偿责任。为此，段某的父母遂于 2010 年 11 月 12 日向法院提起诉讼，要求依法判令医院赔偿因段某死亡而应承担的死亡赔偿金 301 686 元，丧葬费 13 642 元，精神损害抚慰金 4 万元，合计 355 328 元。

另查明，段某父母起诉后，为确认段某病历资料中医院伪造段某签名的事实，申请字迹鉴定，法院委托湖南司法警官职业学院司法鉴定所进行鉴定，该鉴定所于 2011 年 1 月 7 日作出"司法鉴定意见书"，认定医院制作的段某的病历资料中"入院医患谈话告知记录"上的"患者本人"落款处"段某署名字迹不是本人书写所形成"。[1]

根据本案具体案情，试以请求权基础规范为基础，分析本案中的请求权。

［基于请求权基础的案件分析］

本案请求权基础可以从以下几方面进行分析：

1. 结合本案，以段某为中心，进行请求权的检索：首先，在契约上的请求权方面，我们不难发现，段某与茶陵县人民医院存在医疗合同法律法律关系，茶陵县人民医院未尽完善履行的义务，段某可以请求茶陵县人民医院承担违约责任；其次，本案不存在无权代理等类似契约关系上的请求权、无因管理上请求权、物权关系上请求权以及无因管理请求权；最后，因为茶陵县人民医院的错误履行，给段某造成了扩大的损害结果，应当承担相应的侵权责任。且该两

_____

〔1〕　改编自湖南省茶陵县人民法院（2011）茶民一初字第 94 号。

者请求权存在竞合关系。

2. 以医院为中心，进行请求权检索：对段某的合同请求权。首先，在契约上的请求权方面，段某与茶陵县人民医院存在医疗合同法律法律关系，茶陵县人民医院对袁某实施了诊疗行为，可以请求段某承担相应的医疗费用，存在契约上的请求权；其次，本案不存在无权代理等类似契约关系上的请求权、无因管理上请求权、物权关系上请求权、无因管理请求权以及侵权请求权上的请求权。

段某父母对茶陵县人民医院的请求权

一、《合同法》第107条之请求权

《合同法》第107条规定："当事人一方不履行合同义务或者履行合同义务不符合约定的，应当承担继续履行、采取补救措施或者赔偿损失等违约责任。"该条规定是违约责任的一般规定，同时确立了我国违约责任的一般归责原则为严格责任原则。

（一）请求权的发生

根据上述请求权基础规范，段某父母向茶陵县人民医院行使求偿权。

由于《合同法》中的有名合同不包括医疗合同，根据《合同法》第124条的规定："本法分则或者其他法律没有明文规定的合同，适用本法则的规定，并可以参观本法分则或者其他法律最相类似的规定。"因此，医疗合同可参照委托合同的有关规定进行。

医疗活动的基础是医疗合同，医疗机构通过医务人员向患者提供医疗技术服务，实现救治病患的目的。在此前提下，医疗合同的服务提供方（也就是医院）还应当在诊疗的同时按照规定填写并妥善保管住院志、医嘱单、检验报告、手术及麻醉记录、病理资料、护理记录、医疗费用等病历资料。在本案中，湖南司法警官职业学院司法鉴定所出具的"司法鉴定意见书"，认定茶陵县人民医院制作的段某的病历资料中，"入院医患谈话告知记录"上的"患者本人"落款处"段某署名字迹不是本人书写所形成"，且茶陵县人民医院确实存在重要病历资料如"手术记录"、"医嘱单"缺失的现象。医院的伪造和丢失病历资料的行为属于医疗服务合同中医疗机构履行合同不符合约定和法律规定的情况，应当对患者及其家属的损失承担相应的赔偿责任。

所以，段某父母对茶陵县人民医院合同上的请求权发生。

（二）请求权的消灭

本案请求权发生后，并无消灭之情形，故请求权没有消灭。

（三）被请求人的抗辩

在本案中，被请求人的抗辩权体现在被请求人可以根据《合同法》第92条

的规定（"合同的权利义务终止后，当事人应当遵循诚实信用原则，根据交易习惯履行通知、协助、保密等义务"）提起抗辩。

后合同义务是指当事人在合同权利义务终止后遵循诚实信用原则，根据交易习惯应当履行的通知、协助、保密等义务。协助义务是指合同权利义务终止后，积极为对方提供必要条件，提供方便，如因不可抗力解除合同，应积极采取措施减少损失。在医疗服务合同的过程中，医疗服务提供者即茶陵县人民医院有提供医疗服务的义务，患者也应履行其相应的义务，如配合医疗机构的活动等。在医疗过程中，段某抢救无效，突然死亡，为查明死因，患者家属应当配合鉴定机构进行尸检，才能得到公正结果。本案中，由于段某父母拒绝对段某进行尸检，无法查明死因，即无法确定段某的死亡是属于医疗意外还是医疗事故，无法查明医疗机构的诊疗是否存在失误，这也表明段某父母并没有按照医疗服务合同履行其相应的协助义务。因此，对于段某死亡后的医疗费、丧葬费等费用，段某的父母应承担相应的责任。

所以，被请求人的抗辩成立。

（四）小结

综上所述，段某父母对茶陵县人民医院合同上的请求权成立，但段某父母也应对段某死亡产生的费用承担相应的责任。

二、《侵权责任法》第 54 条、第 58 条上之请求权

《侵权责任法》第 54 条规定："患者在诊疗活动中受到损害，医疗机构及其医务人员有过错的，由医疗机构承担赔偿责任。"该条规定明确了在医疗侵权责任中，归责原则是过错责任原则，过错推定是过错原则的一种形式。所谓过错推定，是指损害发生时，因某种客观事实或条件的存在，即推定行为人有过错，从而减轻或免除被害人对于过错的举证责任，并转化为由加害人负责无过错的证明责任，在法理学上被称为举证责任倒置。

《侵权责任法》第 58 条规定："患者有损害，因下列情形之一的，推定医疗机构有过错：①违反法律、行政法规、规章以及其他有关诊疗规范的规定；②隐匿或者拒绝提供与纠纷有关的病历资料；③伪造、篡改或者销毁病历资料。"该条规定概括了三种情况可推定医疗机构存在过错，其中，伪造、篡改或者销毁病历资料就属于可推定为医疗机构存在过错的情况。该条规定明确了医疗损害责任中过错推定的情形。

（一）请求权的发生

根据上述请求权基础规范，段某父母请求茶陵县人民医院承担医疗损害责任。

结合请求权基础规范与学理上的分析，医疗损害责任是指医方对基于医疗活动而侵犯患者人身权和财产权的行为引起的不利民事法律后果的承担。

本案属于医疗机构的医疗过错行为引发的医患之间的损害赔偿纠纷。医疗机构应遵循"救死扶伤，实行人道主义"的原则，同时，按照法律规定，在对患者的诊断治疗和护理过程中，医疗机构及其医务人员应当按照规定填写并妥善保管住院志、医嘱单、检验报告、手术及麻醉记录、病理资料、护理记录、医疗费用等病历资料。同时，要严格执行本行业所规范的诊疗护理规程，尽职尽责地正确履行义务，否则应当承担责任。段某在茶陵县人民医院住院治疗，其在输液过程中，病情突然恶化，抢救无效死亡，按照《民法通则》的规定，段某的生命健康权受到了损害。在此情况下，查明段某死因就显得极其重要，因此，要妥善保管好死者的病历资料。但在本案中，医院存在伪造病历资料和丢失重要病历资料如"手术记录"、"医嘱单"的现象，导致段某的手术情况和过程以及段某入院后的治疗方案和措施无法查清，进而导致段某的死亡原因无法查清。针对医院在其制作的病历资料中所存在的行为，根据《侵权责任法》第 58 条的规定，应当推定茶陵县人民医院对段某的死亡存在过错，故应当承担赔偿责任。根据本案查明的事实和法律规定的责任，段某父母的诉讼请求的合理部分应予支持。诉讼请求中所列的死亡赔偿金和丧葬费符合法律规定，应予认定，但所要求的精神损害抚慰金数额偏高，根据当前的司法实践和本地的经济发展水平，应当予以核减。

所以，段某父母对医院侵权上的请求权发生。

（二）请求权的消灭

本案请求权发生后，并无消灭之情形，故请求权没有消灭。

（三）被请求人的抗辩

在本案中，被请求人的抗辩权体现在被请求人可以根据《侵权责任法》第 26 条之规定（"被侵权人对损害的发生也有过错的，可以减轻侵权人的责任"）提起抗辩。

段某在茶陵县人民医院治疗过程中，病情突然恶化，经抢救无效死亡，由于医学诊疗活动是专业性较强的活动，若要查明段某死亡的真正原因，不仅要依靠段某在医疗治疗中的病历资料，还需要对段某进行尸检，才能得到科学的结论。由于医院的病历资料存在伪造和丢失情况，在此情况下对段某进行尸检从而得出客观公正的结果，就成为查明死因的关键，但是段某父母不同意对段某进行尸检，并将段某火化下葬，使得段某的死亡原因无法查明确定，因此，本案段某父母对段某的医疗费、丧葬费等应承担相应的责任。茶陵县人民医院存在合法的抗辩理由。

所以，被请求人的抗辩成立。

（四）小结

综上，段某父母对茶陵县人民医院侵权上的请求权成立，但可以减轻其责任，段某父母也应对段某死亡产生的费用承担相应的责任。

茶陵县人民医院对段某的请求权
——《合同法》第107条的请求权

《合同法》第107条规定："当事人一方不履行合同义务或者履行合同义务不符合约定的，应当承担继续履行、采取补救措施或者赔偿损失等违约责任。"该条规定是违约责任的一般规定，同时确立了我国违约责任的一般归责原则为严格责任原则。

一、请求权的发生

一般来说，患者到医院接受医疗服务，是医院与患者之间达成了一个医疗服务合同，合同的双方分别是医院和患者，医院为患者提供医疗服务，患者交付医疗费用，这是医疗服务合同的法定内容。本案中，死亡的患者段某到医院就医，那么支付医疗费用的义务人是段某本人。由于段某抢救无效突然死亡，医院不可能再向他本人追偿医疗费，但如果段某有遗产的话，可以要求以段某的遗产来偿还或者要求他的遗产继承人在遗产范围内偿还。若段某没有遗产或者遗产不足以支付医疗费，医院也就只能是自己承担这部分损失了。

所以，茶陵县人民医院对段某合同上的请求权发生。

二、请求权的消灭

本案请求权发生后，并无消灭之情形，故请求权没有消灭。

三、被请求权人的抗辩

在本案中，被请求人无合法的抗辩事由。

医疗活动的基础是医疗合同，医院在提供医疗服务的过程中，除了履行主要的义务即治病救人外，医疗合同的服务提供方（也就是医院）还应当在诊疗的同时按照规定填写并妥善保管住院志、医嘱单、检验报告、手术及麻醉记录、病理资料、护理记录、医疗费用等病历资料。但是本案中，茶陵县人民医院存在伪造、丢失病历资料的违约行为，即履行合同不符合约定。由于医院有违约行为在先，医院存在过错，给段某造成了损失，因此段某可以就遭受的部分要求赔偿损失。但是，这并不代表段某就可以免除医疗费用。且由于段某父母拒绝对段某进行尸检，段某的死亡原因未能查明，并不能确定段某是由于医院的医疗失误导致死亡的。所以，段某仍应承担相应的医疗等费用。由于段某已经死亡，因此，段某的父母在继承其遗产的范围内承担相应的合同义务。

四、小结

综上所述，茶陵县人民医院对段某合同上的请求权成立。

[结论]

1. 茶陵县人民医院应当承担相应的医疗损害责任或者相应的医疗合同违约责任。

2. 段某父母应承担拒绝尸检的相应责任或未履行合同的附随义务的相应的违约责任，段某父母也应在段某遗产的范围内承担医疗费用。

第十六章

环境污染责任

案例一[1]

[案情简介]

慈溪建塘水库管理所从巴塘江内翻水入库进行蓄水，中途水库就出现了大量死鱼。经查明，污染源主要来自宁波富兰特尼龙树脂有限公司、慈溪市新江涤化工厂、慈溪市兴安电镀有限公司的污水排放，且均存在严重超标排放的现象（但每一个工厂排放的污水都不足以让水库的鱼大量死亡），三个工厂排放的多种污染物相结合造成了巴塘江水质的污染（三个工厂并不知道其排放的污染物会发生化学反应），给慈溪建塘水库管理所造成了巨大的经济损失。

其中，富兰特尼龙树脂公司的核准营业场所并不在当地，属于异地经营，并不具备环保部门颁发的排污许可证，逃避了环保部门的监督，而且其企业规模大，生产时间长，排放的污染物更多；慈溪市兴安电镀公司的排污量次于富兰特尼龙树脂公司；慈溪市新江涤化工厂规模较小，投入生产时间短，排放的污染物也相对较少。

原告慈溪建塘水库管理所将宁波富兰特尼龙树脂有限公司、慈溪市新江涤化工厂、慈溪市兴安电镀有限公司告上法庭，要求其承担赔偿责任。[2]

根据本案具体案情，试以请求权基础规范为基础，分析本案中的请求权。

[基于请求权基础的案件分析]

本案请求权基础可以从以下方面进行分析：

结合本案，以慈溪建塘水库管理所为中心，进行请求权的检索：首先，在契约上的请求权方面，我们不难发现，慈溪建塘水库管理所与宁波富兰特尼龙树脂有限公司、慈溪市新江涤化工厂、慈溪市兴安电镀有限公司并没有合同关

---

〔1〕　撰稿人：李耀。

〔2〕　改编自邱明烨："浅析环境污染共同侵权——对《侵权责任法》第67条的解释与分析"，华东政法大学2013年硕士学位论文。

系；其次，本案不存在无权代理等类似契约关系上的请求权、无因管理上请求权、物权关系上请求权以及无因管理请求权；最后，宁波富兰特尼龙树脂有限公司、慈溪市新江涤化工厂、慈溪市兴安电镀有限公司三主体排放污染物致使慈溪建塘水库管理所遭受损害，应当承担相应的侵权责任。

原告慈溪建塘水库管理所对宁波富兰特尼龙树脂有限公司、慈溪市新江涤化工厂、慈溪市兴安电镀有限公司的请求权
——《侵权责任法》第 65 条的请求权

依据《侵权责任法》第 65 条规定："因污染环境造成损害的，污染者应当承担侵权责任。"该条规定污染环境侵权适用的是无过错责任。

一、请求权的发生

据此，原告慈溪建塘水库管理所请求三被告承担侵权责任。

本案中，慈溪建塘水库管理所的鱼被污染致死不属于一般侵权，而属于特殊侵权，即环境污染共同侵权。以下为环境污染共同侵权的构成要件：

1. 主体为复数。主体为复数是指环境污染的侵权主体须为两人或两人以上，当然这里所指的"人"既包括自然人，也包括法人和其他组织。本案中的加害人为宁波富兰特尼龙树脂有限公司等三者。

2. 行为的关联性。行为的关联性指的是环境污染共同侵权的数个行为是相互联系的，对损害后果的造成具有关联性，且各行为在时间和空间上具有一致性。正是由于宁波富兰特尼龙树脂有限公司等三者在同一时间共同排放的污水，才导致慈溪建塘水库管理所水库的鱼大量死亡。

3. 造成了同一损害事实。而各行为人造成的损害事实必须是同一的损害事实，它是指环境污染共同侵权中各行为人的行为所造成的损害结果是统一的、不可分割的整体。正是由于宁波富兰特尼龙树脂有限公司等三者共同排放的污染物相结合发生化学反应，才导致慈溪建塘水库管理所水库的鱼大量死亡，三者对此损害结果是密不可分的。

4. 总体的因果关系。此处所指的总体因果关系，是指在环境污染共同侵权中，并不要求每个侵害行为都与损害结果之间具有必然独立的因果关系，而要求数个侵害行为与损害事实之间存在总体的因果关系。具体在本案中，指在数个侵害行为中，每个侵害行为都不能够导致全部损害结果的发生，当数个侵害行为相结合时才导致全部损害结果的发生。若仅有宁波富兰特尼龙树脂有限公司排放的污染物，并不能导致慈溪建塘水库管理所水库的鱼死亡，而是因为宁波富兰特尼龙树脂有限公司、慈溪市新江涤化工厂、慈溪市兴安电镀有限公司三者排放的污染物相结合发生化学反应，才导致慈溪建塘水库管理所水库的鱼

大量死亡。

所以，原告慈溪建塘水库管理所对三被告侵权上的请求权发生。

二、请求权的消灭

本案请求权发生后，并无消灭之情形，故请求权没有消灭。

三、被请求人的抗辩

1. 当事人故意或过失。《侵权责任法》第 26 条规定："被侵权人对损害的发生也有过错的，可以减轻侵权人的责任。"该条规定当受害人对损害结果的发现具有过错（如重大过失）的，应减轻侵权人的赔偿责任。

《侵权责任法》第 27 条规定："损害是因受害人故意造成的，行为人不承担责任。"该条规定了侵权人免责的情形之一是受害人故意造成损害结果的发生。

《民法通则》第 131 条规定："受害人对于损害的发生也有过错的，可以减轻侵害人的民事责任。"该条规定类似于《侵权责任法》第 26 条的规定。

《最高人民法院关于审理人身损害赔偿案件适用法律若干问题的解释》第 2 条第 1 款规定："受害人对于同一损害的发生或扩大有故意、过失的，依照民法通则第 131 条的规定，可以减轻或免除赔偿责任。但侵权人因故意或重大过失致人损害，受害人只有一般过失的，不减轻赔偿义务人的赔偿责任。适用民法通则第 106 条第 3 款规定赔偿义务人的赔偿责任时，受害人有重大过失的，可以减轻赔偿义务人的赔偿责任。"该条规定受害人对损害具有重大过失的，侵权人可减轻或免除其赔偿责任。

三被告根据上述法律规范提起抗辩。其抗辩不成立，因为：在本案中，慈溪建塘水库管理所只是从巴塘江内翻水入库进行蓄水，其并不是事先已经知道水库的水受到污染，慈溪建塘水库管理所这一行为对其水库的鱼死亡并没有故意或过失的过错。

所以，被请求人的抗辩不成立。

2. 不可抗力。《侵权责任法》第 29 条规定："因不可抗力造成他人损害的，不承担责任。法律另有规定的，依照其规定。"该条规定了不可抗力是免责的情形之一，但法律另有规定的除外。

三被告根据上述法律规范提起抗辩。其抗辩不成立，因为：在本案中，并没有发生不可抗力的事由，即并非不可抗力的事由导致慈溪建塘水库管理所水库的鱼大量死亡，而是宁波富兰特尼龙树脂有限公司等工厂正常排放污染物而导致水库的鱼大量死亡。

所以，被请求人的抗辩不成立。

四、小结

综上所述，原告慈溪建塘水库管理所具有对三被告侵权上的请求权。

[结论]

慈溪建塘水库管理所对宁波富兰特尼龙树脂有限公司、慈溪市新江涤化工厂、慈溪市兴安电镀有限公司享有财产损害赔偿请求权，后三者应对慈溪建塘水库管理所承担按份责任。

案例二[1]

[案情简介]

甲是多年经营乌油生意的商人。某日，甲的油罐被人恶意打开，导致乌油流尽而污染了下游的农田、鱼塘，造成损失数千元。次日，甲发现后立即向公安机关派出所报案，但由于线索甚少，一直未找到恶意打开阀门之人。被污染的受害者向环保部门投诉，要求甲赔偿损失，甲则以乌油是因为第三人恶意打开造成的污染与自己无关，且本人也同样因乌油流失造成巨大财产损失为由拒绝赔偿。[2]

根据本案的具体案情，请以请求权基础规范为基础，分析本案中的请求权。

[基于请求权基础的案件分析]

本案案情请求权基础可以从以下几个方面进行分析：

1. 结合本案，以受害者所为中心，进行请求权的检索：首先，在契约上的请求权方面，我们不难发现，受害者与甲并没有合同关系；其次，本案不存在无权代理等类似契约关系上的请求权、无因管理上请求权、物权关系上请求权以及无因管理请求权；最后，由于甲排放污染物致使受害者遭受损害，应当承担相应的侵权责任。

2. 以甲为中心，进行请求权检索：对恶意第三人的追偿权。首先，在契约上的请求权方面，我们不难发现，甲与恶意第三人并没有合同关系；其次，本案不存在无权代理等类似契约关系上的请求权、无因管理上请求权、物权关系上请求权以及无因管理请求权；最后，由于恶意第三人故意打开甲的油罐导致受害人的损害，应当承担相应的侵权责任。

被污染者对甲的请求权

《侵权责任法》第65条规定："因污染环境造成损害的，污染者应当承担侵权责任。"该条规定，对于污染环境的侵权行为不需要违法性这一要件，只要污

---

〔1〕 撰稿人：公君超。

〔2〕 改编自李昌麒：《环境法学案例教程》，厦门大学出版社2006年版，第109页。

染者造成损害，就应当承担侵权责任。

《侵权责任法》第 66 条规定："因污染环境发生纠纷，污染者应当就法律规定的不承担责任或者减轻责任的情形及其行为与损害之间不存在因果关系承担举证责任。"该条规定是有关污染者举证责任的规定，若污染者可举证证明污染行为与损害结果之间没有因果关系，可减轻或者免除责任。

《水污染防治法》第 85 条第 1 款规定："因水污染受到损害的当事人，有权要求排污方排除危害和赔偿损失。"该条规定明确受害人在受到损害时可依据此法条主张自己的权利。

一、请求权的发生

根据上述请求权基础规范，被污染者即受害者对甲在侵权上损害的请求承担责任。

本案中，甲与被污染者之间属于侵权法上特殊的侵权行为，环境污染侵权。构成环境污染侵权须具备以下几个要件：

1. 污染环境行为。环境污染是指工矿企业等单位所产生的废气、废水、废渣、粉尘、垃圾、放射性物质等有害物质和噪音、震动、恶臭排放或传播到大气、水、土地等环境之中，使人类生存环境受到一定程度的危害行为。其行为方式既有作为也有不作为。对于环境污染行为，并不难理解，关键在于如何判断该行为的违法性。对于此问题，学术界和司法实践中持有不同观点：

第一种观点认为，无论合法行为还是违法行为，只要其造成环境污染或者破坏，从而具有危害性，即可成为环境侵权行为的要件之一。行为的违法性并不构成环境侵权行为的必要前提，行为的致害性才是环境侵权行为的构成要件。[1]

第二种观点认为，环境污染损害赔偿事件虽属特殊侵权行为之一种，但仍属侵权责任，对于侵权责任所应具备之违法性要件，仍应具备，始得成立环境污染损害赔偿责任。环境污染须违反国家环境保护法规，这就是要求污染环境的行为具有违法性。违法行为就是违反法律要求的行为，包括违反法律禁止规定、不履行法定义务的义务、滥用权利等。[2]

第三种观点认为，作为环境侵权责任而言，并不需要违法性要件，即使是合法、合标的排污，只要造成对受害人的损害，污染人就应当承担责任。即使污染者行为没有违反国家排污标准，但是如果造成民事主体的民事权益损害，

---

〔1〕　参见王明远："环境侵权行为研究"，载《科技与法律》1994 年第 4 期。

〔2〕　参见奚晓明：《〈中华人民共和国侵权责任法〉条文理解与适用》，人民法院出版社 2010 年版，第 455 页。

不具有法定的免责事由，也应当承担侵权责任。[1] 此观点也为通说观点，即污染者无需行为具有违法性，只要造成损害，理应承担赔偿责任。

2. 损害。环境污染上的损害可以概括分为两类：一类是污染行为对特定民事主体权益造成了损害后果，并且对环境造成不良影响。此类受害人可以适用《侵权责任法》和《环境保护法》的相关规定主张合法权利。另一类是污染行为未对特定的民事主体的民事权益造成损害，而是仅仅造成自然环境的损害。因为其所侵害的民事主体存在不特定性且针对的侵害对象是生态环境，不属于《侵权责任法》调整的客体，可根据 2014 年修订的《环境保护法》，由相关部门提起公益诉讼向污染者追究责任。

3. 因果关系。侵权法上的因果关系是指加害行为与损害事实之间有先后的客观联系。在环境污染纠纷中，根据《侵权责任法》的规定，受害人就污染违法行为与损害事实之间的因果关系不承担举证责任，由污染者承担主要举证责任。若污染者不能举证证明自己与污染没有关系，就应承担相应的侵权责任，强化对受害人的保护。

4. 归责原则。《环境保护法》明确规定了环境污染责任适用无过错归责原则，对于污染者适用无过错归责原则有利于污染者认真履行环保义务，对污染物进行严格控制、妥善管理和积极治理污染，从而保护环境。

根据案情与法理分析，可推知：首先，被污染的农田、鱼塘是由于上游甲的乌油泄露导致的，尽管甲对于乌油的泄露没有任何侵权法上的违法行为，但构成环境侵权责任无需污染者对污染事实的造成有违法行为。其次，乌油其本身具有污染性的特征已构成环境污染的客体，作为经营乌油生意多年的商人甲有义务妥善管理乌油防止泄露，对于乌油泄露造成的损害无需主观上存有过错以及客观上实施积极的作为，即对于损害的发生承担无过错的责任。最后，下游的农田、鱼塘因乌油污染造成死亡，损失数千元，这是不可争的事实。甲对于此损害事实，若不能提供强有力的证据证明农田及鱼塘的损失与乌油污染不存在因果关系，否则应承担责任。

所以，被污染受害者对甲在侵权上的请求权成立。

二、请求权的消灭

本案请求权发生后，并无消灭之情形，故请求权没有消灭。

三、被请求人的抗辩

在本案中，被请求人甲根据《侵权责任法》第 68 条之规定："因第三人的过错污染环境造成损害的，被侵权人可以向污染者请求赔偿，也可以向第三人

---

〔1〕 参见王利明：《侵权责任法研究（下）》，中国政法大学出版社 2011 年版，第 485 页。

请求赔偿。污染者赔偿后，有权向第三人追偿。"提起抗辩。

甲提起的抗辩不成立。因为：甲作为污染者适用无过错责任，即使不是由甲的行为导致损害发生，也应承担赔偿责任。即使甲本身也因第三人的行为造成财产损失，也不能依据第三人的过错是造成损害发生的原因来免责。

所以，被请求人的抗辩权不成立。

四、小结

综上所述，被污染受害者对甲在侵权上的请求权成立。

甲对第三人的请求权
——《侵权责任法》第 68 条上的请求权

《侵权责任法》第 68 条规定："因第三人的过错污染环境造成损害的，被侵权人可以向污染者请求赔偿，也可以向第三人请求赔偿。污染者赔偿后，有权向第三人追偿。"

一、请求权的发生

根据上述请求权的基础规范，甲请求第三人承担侵权上的赔偿责任。

本案中，甲的损失以及赔偿被污染者的赔偿损失都是由第三人过错导致，可适用《侵权责任法》中有关第三人过错污染环境的责任承担的规定。由第三人承担此责任须具有以下条件方可成立：

1. 第三人须是污染者与被侵害者以外的第三人。

2. 造成环境污染须是由于第三人过错单独导致的。如果第三人与污染者共同过错导致污染事实发生的，不属于第三人过错导致的情形，污染者与第三人两者之间构成共同污染者，应按照责任的大小、排污物的种类、数量等因素确定责任的分配。

根据案例及法理分析，可推知：案例中，甲对第三人恶意打开阀门的事实并不知情，且由于第三人的过错不但导致下游农田、鱼塘遭受损失，而且造成甲损失数千元。除造成甲自身损失外，甲因乌油污染赔偿给被污染者的赔偿金亦属于第三人的过错导致，二者之间存在因果关系。

所以，甲对第三人在侵权上的请求权成立。

二、请求权消灭

本案请求权发生后，并无消灭之情形，故请求权没有消灭。

三、被请求人的抗辩

本案中，被请求人无合法的抗辩事由。

四、小结

综上所述，在甲承担被污染者赔偿的数额以及自己造成的损失，对第三人在《侵权责任法》第 68 条规定上的请求权发生。

　　[结论]

　　1. 被污染者对甲在侵权上的请求权成立。

　　2. 在甲承担被污染者赔偿的数额以及自己造成的损失，对第三人在《侵权责任法》第 68 条规定上的请求权发生。

第十七章

高度危险责任

案例一[1]

［案情简介］

2010 年 3 月，张某经政府批准建造了两间平顶房屋，2010 年 7 月，县电力局经批准在张某房屋外面的马路自西向东架设了 10 千伏高压电线路，高压电线与张某平顶房屋之间垂直距离大于 4 米。2011 年 5 月，张某未经当地政府批准，将平顶房屋加盖为三层半楼房，东边间三楼阳台扶手与高压电线之间最近距离约为 40 厘米，当地电力部门对张某的翻建行为未加阻止。

2012 年 8 月，张某的外甥女李丽（12 岁）到张某家度暑假，一晚在阳台乘凉的时候靠近扶手，被高压电所吸而触电受伤，被送到医院住院治疗。经县人民法院鉴定，其伤情属于九级伤残。出院后，李丽起诉县电力局和张某共同承担其花去的住院费、营养费、陪护费以及支付其受伤的精神损害赔偿抚慰金。[2]

根据本案具体案情，试以请求权基础规范为基础，分析本案中的请求权。

［基于请求权基础的案件分析］

本案请求权基础可以从以下几方面进行分析：

结合本案，以李丽所为中心，进行请求权的检索：

1. 对电力局的请求权。首先，在契约上的请求权方面，我们不难发现，李丽与电力局并没有合同关系；其次，本案不存在无权代理等类似契约关系上的请求权、无因管理上请求权、物权关系上请求权以及无因管理请求权；最后，由于电力局假设的高压电力系统造成李丽的损害，应当承担相应的侵权责任。故存在侵权请求权。

2. 对张某的请求权。首先，在契约上的请求权方面，我们不难发现，李丽与张某并没有合同关系；其次，本案不存在无权代理等类似契约关系上的请求

---

〔1〕　撰稿人：侯巍冰。

〔2〕　改编自季境主编：《共同侵权导致人身损害赔偿》，中国法制出版社 2004 年版，第 100 页。

权、无因管理上请求权、物权关系上请求权以及无因管理请求权；最后，由于张某的建筑违章且受害人的家中遭受损害，故张某可能需要承担相应的侵权责任。

李丽对县电力局的请求权
——《侵权责任法》第73条的请求权

《侵权责任法》第73条规定："从事高空、高压、地下挖掘活动或者使用高速轨道运输工具造成他人损害的，经营者应当承担侵权责任，但能够证明损害是因受害人故意或者不可抗力造成的，不承担责任。被侵权人对损害的发生有过失的，可以减轻经营者的责任。"该条规定明确了高度危险作业中的减轻或者免除责任的条件。

一、请求权的发生

《侵权责任法》第73条规定了经营者是高度危险作业侵权的赔偿主体，那么在高压电触电伤人侵权中，谁是高压电的经营者呢？

从《侵权责任法》第73条的具体条文以及《侵权责任法》的整体来看，并没有对"经营者"予以进一步的解释或定义，从而导致人们对经营者的理解出现不一致。《电力法》第60条第1款规定："因电力运行事故给用户或者第三人造成损害的，电力企业应当依法承担赔偿责任。"作为部门规章的《供电营业规则》第47条第1款规定："供电设施的运行维护管理范围，按产权归属确定。……"该条明确规定触电事故的责任人为"产权人"，并对责任分界点予以了详细的规定。综上所述，结合法律、法规、司法解释和部门规章的规定，对于高压电触电事故的责任人，除了司法解释和部门规章的规定为"产权人"外，其他还有"作业"、"电力企业"、"供电企业"等概念，但都与《侵权责任法》的"经营者"的规定完全不同。

全国人大常委会法工委编写的《中华人民共和国侵权责任法释义》规定："如果是在发电企业内的高压设备造成损害的，作为责任主体的经营者就是发电企业。如果是高压输电线路造成损害的，责任主体就是输电企业，在我国主要是电网公司。如果是在工厂内高压电力生产设备造成损害的，责任主体就是该工厂的经营者。"由于本案是高压线致人损害，因此，责任主体应该是县电力局，即本案牵涉的经营者应当认定为县电力局。

本案所涉及的是10千伏的高压线，为高于1千伏的电压，属于法条规定中的高压作业，因此适用于《民法通则》第123条的规定和《侵权责任法》第73条关于高度危险作业的规定。

高度危险作业，是指从事高空、高速、高压、易燃、易爆、剧毒及放射性等对周围的人身或者财产安全具有高度危险性的活动。因从事高度危险作业造成他人损害所应承担民事责任的行为，就是高度危险作业致人损害的侵权行为。我国《侵权责任法》第九章列举的就是高度危险作业的范围。高压作业作为高度危险作业的一种，其承担责任必须符合高度危险责任的成立要件。

认定高压触电侵权，需要满足以下要件：

1. 有高压电的作业行为。实践中，电力行业通常把从事高压电力线路的建设、施工、检修、维护等活动称为作业，而把建成投产的电力线路正常输电现象称为运行，《电力法》第 18 条还有"电网运行应当连续、稳定"的规定。但是，如果没有电网运行和电力设备运行，也就不会发生触电事故，因此，高压电作业行为就是指电网运行和电力设备运行。高压触电事故属于特殊侵权行为，不需要满足一般侵权责任构成要件中行为"违法性"的要求，只要实施高压电作业行为，就可满足该要件，这也是无过错责任的特点。本案中，李丽触碰的高压电属于运行状态，因此满足该要件。

2. 有损害后果。具备损害后果是一切侵权诉讼最重要也是最根本的责任构成要件，高压触电侵权诉讼的损害后果主要包括人身损害和财产损害，实践中，大多为前者。其中，人身损害包括触电致伤、致残、致死，财产损害包括直接损失和间接损失，其计算与一般侵权行为损害后果的方法相同。高压触电侵权诉讼中，如果人身损害造成受害人精神痛苦的，还可能涉及精神损害赔偿，即向受害人支付相应的精神损害抚慰金。本案中，李丽由于触碰高压电导致九级伤残，损害后果严重。

3. 有因果关系。高压触电侵权与损害后果之间须有因果关系存在，即受害人的损害后果必须是加害人的高压电侵权所致，否则产权人不承担高压触电侵权诉讼的民事责任。同时，必须查明损害事实是一因一果还是多因一果，以分别适用不同的归责原则和法律规定，准确分配责任。本案中，完全是因为高压电的电击作用才造成李丽的伤残后果，二者之间具有直接且唯一的因果关系。

根据《侵权责任法》第 73 条的规定，电力公司虽然依法建成了高压线路，为合法作业，主观上亦无过错，但根据法律规定，对李丽触电受伤仍需承担民事责任。

之所以将高压电致损规定为无过错责任，是因为电力企业的生产经营具有特殊性。电力是一种看不见、摸不着的特殊物质，对它的占有、使用、收益必须依赖配套的电力设施才能实现。电力设施大多设置在电力企业生产场所之外，有的直接设置在人们的生活区域内；而电力设施在运行过程中极易产生静电、触电等事故，危及他人的人身及财产安全。电力产生事故的原因，有些可以通过强化管理，提高责任心予以消除，但受科学技术水平的限制，有些即使是作业人员高度负责，亦无法避免。在这种情况下，如果在侵权诉讼中适用过错责任，由受害人提出证据证明电力企业存在过错，几乎不可能。所以，从保护受害人利益的角度出发，将高压电侵权民事责任规定为无过错责任。作这样的规定，对于遏制事故发生，确保受害人能得到合理赔偿，合理分配损失，实现利益均衡等方面，都具有一定的公平性。

社会发展需要不断创新，创新过程难免存在高度危险。许多事物在最初出现时，由于缺乏了解，往往会带来预见不到的危险；还有很多事物，在当时的科技条件下，即使人们在操作、管理过程中极为谨慎，仍难免发生危险事故。法律一方面允许高度危险作业的存在，另一方面，高度危险作业者要为此给他人带来的损害承担无过错责任，基于此，只有在法律有明文规定的情况下使侵权人承担侵权责任，才不至于过于严格，从而影响社会发展的积极性。

所以，李丽对县电力局侵权上的请求权发生。

二、被请求权的消灭

本案请求权发生后，并无消灭之情形，故请求权没有消灭。

三、被请求人的抗辩

高度危险作业致人损害责任虽是一种无过错责任，但不是对任何损害都应负责的绝对责任，作业人在具备法定免责条件时，可以对造成的损害不承担赔偿责任，从我国法律规定看，其免责条件主要有以下两种：

1. 不可抗力。《民法通则》第 107 条规定：“因不可抗力不能履行合同或者造成他人损害的，不承担民事责任，法律另有规定的除外。”这一规定属于侵权责任的一般规定，对于所有的侵权责任都发生效力。因此，除非法律明确规定不可抗力造成损害，行为人亦应当承担责任的，不可抗力都应当属于免责条件。《侵权责任法》第 73 条规定：“从事高空、高压、地下挖掘活动或者使用高速轨道运输工具造成他人损害的，经营者应当承担侵权责任，但能够证明损害是因受害人故意或者不可抗力造成的，不承担责任。被侵权人对损害的发生有过失的，可以减轻经营者的责任。”也明确规定“不可抗力”为触电人身损害赔偿的免责事由。

2. 受害人的故意。受害人的故意应当包括两种情况：一是受害人对损害的发生有故意；二是受害人故意实施违法行为，主要有下列情形：①受害人以触电方式自杀、自伤；②受害人盗窃电能，盗窃、破坏电力设施或者因其他犯罪行为而引起的触电事故；③受害人在电力设施保护区从事法律、行政法规所禁止的行为。前两种情形较容易界定，对于第三种情形，应结合相关法律、法规规定进行把握和界定，如《中华人民共和国电力法》《电力设施保护条例》（以下称《条例》）《电力设施保护条例实施细则》等。

在本案中，县电力局根据《侵权责任法》第 73 条的规定："从事高空、高压、地下挖掘活动或者使用高速轨道运输工具造成他人损害的，经营者应当承担侵权责任，但能够证明损害是因受害人故意或者不可抗力造成的，不承担责任。被侵权人对损害的发生有过失的，可以减轻经营者的责任。"对由多个原因造成的因高压电引起的人身损害，按照致害人的行为与损害结果之间的原因力确定各自的责任。致害人的行为是损害后果发生的主要原因，应当承担主要责任；致害人的行为是损害后果发生的非主要原因，则承担相应的责任"提起抗辩。

县电力局认为，张某未加盖房屋之前，架设的高压线与张某房屋之间的距离是符合安全标准的，正是由于张某违规加盖房屋，才使得高压线与房屋之间的安全距离被打破，并且李丽应当意识到在高压线附近玩耍是有危险的，李丽本人也具有一定的过错，因此，应当免除电力局的责任。

县电力局的抗辩不完全成立。因为：首先，张某虽然未经相关部门批准私自加盖房屋，但是其在动工以及建成后距离李丽触电受伤的一段时间里，县电力局的巡线部门并没有发现问题，更没有及时阻止张某的行为、消除危险，因此，县电力局是没有尽到完全的注意义务的，高压电线毕竟是致使李丽受伤的主要原因，所以，电力部门仍应承担主要责任。其次，李丽作为一名 12 岁的限制民事行为能力人，本身并没有太多识别和躲避危险的能力，尤其是对于高压线等与生活比较不接近的事物，更是了解甚少，她更不可能明知可能会有触电危险仍故意接近高压线附近玩耍，因此，不能认为其在高压线附近玩耍导致触电，其自身就具有过错。最后，也是最为重要的一点，高压作业是高度危险作业中的一种，适用无过错责任原则，高度危险作业的免责条件只有受害人的故意和不可抗力两种，其他情况均不能免除经营者的责任。而受害人有过失只是高度危险作业中减轻责任的条件，本案中，李丽也不能认定为有过失，因此也不能减轻县电力局的责任。

所以，县电力局的抗辩不完全成立，只能以张某也有过错为由减轻部分责任。

四、小结

综上所述，李丽具有对县电力局侵权上的请求权。

李丽对张某的请求权

一、《最高人民法院关于审理人身损害赔偿案件适用法律若干问题的解释》第 6 条第 2 款的请求权

《最高人民法院关于审理人身损害赔偿案件适用法律若干问题的解释》第 6

条第 2 款规定："因第三人侵权导致损害结果发生的，由实施侵权行为的第三人承担赔偿责任。安全保障义务人有过错的，应当在其能够防止或者制止损害的范围内承担相应的补充赔偿责任。安全保障义务人承担责任后，可以向第三人追偿。赔偿权利人起诉安全保障义务人的，应当将第三人作为共同被告，但第三人不能确定的除外。"

（一）请求权的发生

根据上述请求权基础规范，李丽请求张某承担侵权上的责任。

本案中，张某未经有关部门批准，违章翻建房屋，对造成李丽的损害负有一定的责任。此外，李丽作为限制行为能力人到赵某家做客，监护人并未陪同，因此，在张某家中，张某理应保障李丽的身心不受到损害，即李丽在张某家的期间，张某应为李丽的安全保障义务人，因此张某对李丽受到的损害也应承担相应的责任。但是，高压电线毕竟是致使李丽受伤的主要原因，所以，电力部门仍应该承担主要责任，张某承担的是相应的补充责任。

（二）被请求权的消灭

本案请求权发生后，并无消灭之情形，故请求权没有消灭。

（三）被请求人的抗辩

在本案中，该被请求人无合法的抗辩事由。

（四）小结

综上所述，李丽对张某侵权上的请求权成立。

二、《侵权责任法》第 22 条的请求权

《侵权责任法》第 22 条规定："侵害他人人身权益，造成他人严重精神损害的，被侵权人可以请求精神损害赔偿。"该条规定是关于精神损害赔偿的规定。

（一）请求权的发生

如前述案例所分析，精神损害抚慰金的赔偿以造成严重精神损害后果为前提，但是相关法律并没有对严重后果作出界定，因此给予了法官相应的自由裁量权。叶金强教授认为：现行法之下，"严重性"要求宜解释为"轻微损害不赔"的规则。实践中，一方面，需要纠正在人身侵害案件中，将精神损害赔偿和残疾等级判定简单挂钩的做法；另一方面，在精神性人身权益侵害案件中，需要考虑损害赔偿的权利确认功能。在司法实践中，法官基于人道主义的考虑，一般会判决被告赔偿一定的精神损害抚慰金。[1]

所以，李某对张某精神损害赔偿请求权发生。

---

〔1〕　参见叶金强："精神损害赔偿制度的解释论框架"，载《法学家》2011 年第 5 期。

（二）被请求权的消灭

本案请求权发生后，并无消灭之情形，故请求权没有消灭。

（三）被请求人的抗辩

在本案中，该被请求人无合法的抗辩事由。

（四）小结

综上所述，李丽对张某精神损失赔偿请求权成立。

[结论]

1. 李丽可以向电力部门主张人身损害赔偿请求权和精神损害赔偿抚慰金。

2. 李丽也可以请求张某在其过错范围内承担相应的损害赔偿责任。

案例二 [1]

[案情简介]

2012 年 5 月 8 日中午 12 时许，郭某为庆贺新房竣工落成，请来亲朋好友在吉水县城胡某开办的"华美酒店"大摆酒宴，并在酒店门口燃放了一万响喜爆。此时，正遇读高三的邓某（18 周岁）等众多学生放学后途经此酒店门口，喜爆当场击伤邓某左眼。随行同学连忙将邓某扶送到县人民医院。经医生诊断，邓某左眼下睑轻度裂伤，水肿，角膜轻度混浊，虹膜根部离断，前房积血，眼底窥不清。第二天，在医生的建议下，邓某又转至江西省二附医院住院治疗，后又行左眼白内障壳外摘除十人工晶体植入十虹膜根部离断复位术，出院时，左眼视力 0.5/不提高。邓某共住院 34 天，合计医疗费 5660.8 元、差旅费 298 元。经法医检验，邓某被鉴定为：左眼球白内障摘除十人工晶体植入；属轻伤甲级；参照 GB/T16180－1996《职工工伤与职业病致残程度鉴定》附录 B 十级第 5 款、第 11 款的规定，评定为十级伤残。[2]

根据本案具体案情，试以请求权基础规范为基础，分析本案中的请求权。

[基于请求权基础的案件分析]

本案请求权基础可以从以下几方面进行分析：

结合本案，以邓某所为中心，进行请求权的检索：

1. 对郭某的请求权。首先，在契约上的请求权方面，我们不难发现，邓某与郭某并没有合同关系；其次，本案不存在无权代理等类似契约关系上的请求权、无因管理上请求权、物权关系上请求权以及无因管理请求权；最后，由于

---

〔1〕　撰稿人：肖俊娜。

〔2〕　改编自 http：//www.148com.com/plus/view.php？aid＝66112.

郭某燃放烟花爆竹导致邓某的眼睛受伤，应当承担相应的侵权责任。故存在侵权请求权。

2. 对胡某的请求权。首先，在契约上的请求权方面，我们不难发现，邓某与胡某并没有合同关系；其次，本案不存在无权代理等类似契约关系上的请求权、无因管理上请求权、物权关系上请求权以及无因管理请求权；最后，由于胡某未尽安全保障义务，故胡某可能需要承担相应的侵权责任。

邓某对郭某的请求权
——《侵权责任法》第 72 条上的请求权

《侵权责任法》第 72 条规定："占有或者使用易燃、易爆、剧毒、放射性等高度危险物造成他人损害的，占有人或者使用人应当承担侵权责任，但能够证明损害是因受害人故意或者不可抗力造成的，不承担责任。被侵权人对损害的发生有重大过失的，可以减轻占有人或者使用人的责任。"该条规定易燃、易爆、剧毒、放射性等高度危险物引起侵权的，其责任承担主体为占有或者使用者，而非所有权人，受害人故意或者不可抗力为其免责事由。但这里应注意的是，被侵权人有重大过失的，可以作为侵权人的减责事由，至于减轻幅度和比例，应根据个案情况而定。

一、请求权的发生

根据上述请求权基础规范，结合请求权基础理论以及法理学分析，郭某为烟花爆竹的使用者，燃放易燃易爆物质造成邓某严重损害，应当承担由此高度危险作业而导致的责任。

高度危险责任的归责原则：通说观点认为，高度危险作业侵权责任适用无过错责任原则，主要基于以下两方面的考虑：①高度危险作业侵权责任的根据在于损益的分配，享受利益的人应当承担相应的风险。在确定责任的分配时，应当先考虑作业本身的价值及其可能带来的风险之比例。通常情况下，高度危险作业本身蕴含着巨大的社会利益，但同时也会带来无法避免的特殊风险。既然高度危险的作业人或经营人在作业过程中获得收益理应承担无过错责任。即使没有获得收益，也应对其造成的高度危险承担相应的责任。②适用无过错责任原则有助于减少社会危险因素，救助被侵权人。对于高度危险作业人或经营人来说，他们往往是为了自身的利益而开启高度危险作业的，其控制危险源的能力比一般人更强，比一般人更容易规避危险，理应对高度危险作业造成的、即使尽到了最大注意义务也不能避免的损害负责。如果继续沿用过去的过错责任的归责原则，也必将不利于其改善技术、提高责任心，最终带来更多的社会危险因素。而对于被侵权人来说，如果适用过错责任原则要获得权益的救济，就必须证明侵权人的过错，如果侵权人没有过错，要被侵权人自行承受损害是显失公平的。即使侵权人有过错要被侵权人证明其过错，那么这种举证是非常困难的，也不利于救助被侵权人。王利明教授认为："高度危险作业侵权责任适用无过错责任原则实际上是严格责任，跟完全的无过错责任还是有区别的。"[1] 笔者赞同这种观点。过错责任原则的适用方法主要基于"不考虑侵权人有无过错"，而免除被侵权人一方对侵权人一方的过错的举证和证明责任。无过错责任原则过于偏重对被侵权人的保护，在一些特殊情况下会显得不够公平。《牛津法律大辞典》对严格责任解释为：严格责任指的是一种比没有尽到合理的注意义务而应负责的比一般责任标准更加严格的一种责任标准。正如张新宝教授在《侵权责任法》中所说："严格责任原则的适用范围大致等于大陆法系无过错责任原则的适用范围加上过错责任原则的特殊形式（过错推定）适用的范围。"因此，笔者认为，在高度危险作业侵权责任的归责问题上，原则上适用无过错责任原则，但在某些情况下适用过错责任原则的特殊形式，即适用严格责任原则。

在一般侵权责任中，基于过错责任确认的侵权责任的构成要件包括四个方面：侵权行为、损害事实、因果关系和主观过错。如上文所述，高度危险作业侵权责任适用无过错责任为主的严格责任，因此，基本上与无过错责任归责原则那样，不以加害人的主观过错为要件，因此只需要具备以下三个要件：

1. 作业人必须有从事高度危险作业的行为。高度危险作业作为一种行为，其行为的方式是只要作业人实施了作业行为就构成了高度危险作业的行为。我国《侵权责任法》第69条没有对高度危险作业的范围进行限制。《民法通则》第123条对"高度危险作业"包括从事高空、高压、易燃、易爆、剧毒、放射性、高速运输工具等7种情形的规定属于一种不完全的列举式规定，这并不是说高度危险作业只限于以上的这7种情形，在现实生活中，如果存在"对周围环境具有高度危险"的其他作业，也应当列入高度危险作业之中。立法者这样的规定，为今后的补偿立法留下了空间。

2. 必须有损害结果。高度危险作业的损害结果包括人身方面的损害结果和财产方面的损害结果。其赔偿的计算方式和其他侵权行为导致的损害结果的计算方式大致相同，只要高度危险作业行为对被侵权人造成损害，就符合损害结果的这一要件。此外，如果高度危险作业的损害结果并未出现，仅仅只是出现了潜在的危险，根据《最高人民法院关于贯彻执行〈中华人民共和国民法通则〉若干问题的意见》第154条的规定："从事高度危险作业没有按有关规定采取必要的安全防护措施直接威胁他人人身、财产安全的，人民法院应当根据他人的

---

[1]　参见王利明："论无过失责任"，载《比较法研究》1991年第2期。

要求责令作业人消除危险。"被侵权人可据此提出消除危险的主张。

3. 高度危险作业的行为与损害结果之间存在因果关系。高度危险作业行为若与损害结果之间没有因果关系，则损害责任就无从谈起。此种因果关系本应由被侵权人负举证责任，然而现代高度危险作业造成的损害往往难以被被侵权人发现，要证明侵害行为与损害结果之间的因果关系，比以前更困难，甚至有些侵害行为与损害结果之间的关系在现代医学中也不能完全解释清楚，若还要被侵权人完全承担高度危险作业的行为与损害结果之间因果关系的证明责任，有违《侵权责任法》保护被侵权人权益的目的。笔者认为，在这些情况下，应该只需被侵权人进行盖然性证明即可，即证明存在一定的可能性。若作业人无法证明行为与损害结果之间无因果关系，则推定为存在因果关系并由其承担不利的法律后果。

本案中，郭某确实燃放了易燃易爆物质，邓某遭到了严重损害，且邓某的损害与郭某的行为之间有因果联系。

所以，邓某对郭某有侵权法上的请求权发生。

二、请求权的消灭

本案请求权发生后，并无消灭之情形，故请求权没有消灭。

三、被请求人的抗辩

《侵权责任法》第 72 条规定："占有或者使用易燃、易爆、剧毒、放射性等高度危险物造成他人损害的，占有人或者使用人应当承担侵权责任，但能够证明损害是因受害人故意或者不可抗力造成的，不承担责任。被侵权人对损害的发生有重大过失的，可以减轻占有人或者使用人的责任。"本案中，受害人邓某并无故意或重大过失，也不存在不可抗力事由。

所以，在本案中，不存在合法的抗辩事由。

四、小结

综上所述，邓某对郭某的请求权成立。

邓某对胡某的请求权
——《侵权责任法》第 37 条上的请求权

《侵权责任法》第 37 条规定："宾馆、商场、银行、车站、娱乐场所等公共场所的管理人或者群众性活动的组织者，未尽到安全保障义务，造成他人损害的，应当承担侵权责任。因第三人的行为造成他人损害的，由第三人承担侵权责任；管理人或者组织者未尽到安全保障义务的，承担相应的补充责任。"该条规定因合同或者其他民事行为而引起的"安保义务"，源于《最高人民法院关于审理人身损害赔偿案件适用法律若干问题的解释》第 6 条的规定。所谓的补充责任，在理论上亦可称之为补充的连带责任，与平行的连带责任不同，补充的连带责任人仅在主责任人不能承担或者不能完全承担侵权责任的时候，才承担部分或者完全的侵权责任。

一、请求权的发生

根据上述请求权基础规范，结合请求权基础规范，胡某作为安全保障义务人，承担着安全保障义务，胡某未尽到安全保障义务致使第三人给受害人造成损害，应承担与其过错相应的补充责任。根据安全保障义务内容的不同，可以将安全保障义务分为两类：①防止他人遭受义务人侵害的安全保障义务。这是指安全保障义务人负有不因自己的行为而直接使得他人的人身或者财产受到侵害的义务。比如，宾馆负有不因自己提供的服务或者设施存在危险而使前来住宿的客人受伤的安全保障义务。②防止他人遭受第三人侵害的安全保障义务。这是指安全保障义务人负有的不因自己的不作为而使他人的人身或者财产遭受自己之外的第三人侵害的义务。比如，宾馆对在本宾馆住宿的旅客负有使其人身或者财产安全免受第三人侵害的义务。他们之间的区别主要是造成损害后果的直接侵害人不同，未尽到前一类义务造成他人损害的，其直接加害人就是安全保障义务人，没有第三人的介入；未尽到后一类义务的，并不必然导致他人的损害，只有当这种未尽到义务的行为与第三人的侵权行为相互结合时才导致他人的损害。

本案中，邓某对胡某的请求权就是基于上述第二种安全保障义务。所以，邓某对胡某的请求权发生。

二、请求权的消灭

本案请求权发生后，并无消灭之情形，故请求权没有消灭。

三、被请求人的抗辩

在本案中，该被请求人无合法抗辩事由。

四、小结

综上所述，邓某对胡某的请求权成立。

[结论]

1. 邓某对郭某的侵权上的请求权成立。

2. 胡某未尽到安全保障义务，所以邓某对胡某的请求权成立。

案例三[1]

[案情简介]

何玉平、王丽容系夫妻。2011年，何玉平、王丽容对其共有的峨半家园13栋4单元2楼1号房屋进行了装修，并到峨半家园物业管理公司登记，申请开通天然气。2011年8月4日9时30分左右，峨眉燃气公司根据峨半家园物业管理公司提供的申请开通天然气用户名册，进行通气前管道检修工作，在检查至何玉平、王丽容住房时，峨眉燃气公司的工作人员发现该房入室总阀后端六方的两端有漏气现象，随即关闭入室总阀和两个支阀，并告知何玉平等待公司派人维修后才能通气，但未关闭由峨眉燃气公司管理钥匙的天然气集中表箱内的总阀。13时50分左右，峨眉燃气公司的工作人员罗群堂、胡文到达201室对入室总阀进行检修，何玉平、王丽容在场。胡文检修完毕后用喷肥皂水检测法进行检验无泄漏。因何玉平、王丽容所安装的燃器具不属峨眉燃气公司安装范畴，且当日未安装完毕，尚不具备用气条件，罗群堂、胡文遂关闭入室总阀并嘱咐何玉平一定不要动总阀门后，于13时57分离开201室。14时33分左右，何玉平、王丽容离开201室。2011年8月5日，何玉平因201室的电灯开关出现问题，请万天明进行检修，10时55分，刘兵与同事张瑞琼来201室参观新房，何玉平闻到空气中有异味，随即将客厅窗户打开。11时左右，万天明进入室内，何玉平递给万天明一支香烟，万天明拿出打火机打燃点烟时发生爆炸，造成原告等4人不同程度的烧伤，何玉平新装修的房屋严重损坏。

根据本案具体案情，试以请求权基础规范为基础，分析本案中的请求权。

[基于请求权基础的案件分析]

本案刘兵作为受害人，在参观何玉平新屋过程中，由于天然气泄漏爆炸致害，此处刘兵得根据《侵权责任法》相关规范向峨眉燃气公司、何玉平提出损害赔偿之请求，而何玉平可以根据《侵权责任法》与《合同法》，向高度危险作业人峨眉燃气公司请求违反提供安全供气的义务致其身体受到伤害与财产损失的请求权。

通过来回穿梭于案件事实与法律规范之间，依照契约、无权代理等类似契约关系、物权关系、无因管理、不当得利及侵权行为的次序检查请求权基础，可以排除物权关系、无因管理、不当得利请求权的适用，本案中可以适用的请求权有契约关系上的请求权、侵权行为损害赔偿请求权。

---

[1]　撰稿人：姚蔚子。

刘兵对峨眉山市燃气有限责任公司的请求权

——《侵权责任法》第69条上的请求权

《侵权责任法》第69条规定："从事高度危险作业造成他人损害的，应当承担侵权责任。"

一、请求权的发生

本案是否成立，应当符合以上构成要件，在此，需要进行如下分析：

1. 对天然气通气作业的定性。张新宝教授认为："作业"应当作合理的扩张解释，既包括运营核设施、高空、高压、高速运输等经营活动，也包括占有、使用易燃、易爆、剧毒、放射性等危险物品的活动或状态，与其他对周围有高度危险的活动。另外，《民法通则》第123条规定："从事高空、高压、易燃、易爆、剧毒、放射性、高速运输工具等对周围环境有高度危险的作业造成他人损害的，应当承担民事责任，如果能够证明损害是由受害人故意造成的，不承担民事责任。"《侵权责任法》也列举了高度危险作业的情形，但司法活动中则不以此为限，根据活动的危险程度来判断，在现实生活中符合"对周围环境具有高度危险"性质的其他作业，法官可以解释为此类作业之一种。

由于天然气具有易燃易爆的性质，对周围环境有高度危险，应认定为高度危险物。峨眉天然气公司作为燃气供应者，其身份为高度危险作业人，其为何玉平、王丽容所有的峨半家园13栋4单元201号房提供天然气的通气作业，对周围环境有高度危险，理应认定天然气通气作业为高度危险作业。

2. 分析高度危险作业是否仍在进行。虽然峨眉燃气公司的工作人员离开事故现场的时间早于天然气泄漏时间。但其规章中关于集中表箱点火流程的规定，进行燃气器具点火调试完毕后，才意味着通气作业的完成，因此，2011年8月4日，峨眉燃气公司在为201室进行通气检测时发现房主自行安装的室内燃气器具并未安装完毕，其无法完成燃气具点火调试，能认定通气作业尚未结束，高度危险作业仍在进行。在2011年8月4日当天，在燃气燃烧器尚未安装完毕，且通气软管并未连接燃气燃烧器具的情况下，其公司人员将集中表箱内的阀门打开，将天然气输送到用户室内。

3. 是否符合构成要件的行为违法性要件？峨眉燃气公司在2011年8月4日当天，将天然气输送到用户室内，与8月5日房主何玉平、王丽容打开天然气入户总阀与电工万天明点烟的行为，共同导致2011年8月5日天然气泄漏爆炸燃烧事件，造成刘兵中度火焰烧伤，部分丧失劳动能力，从事高度危险作业又造成他人损害，符合该要件构成。

4. 侵权行为与损害事实是否存在因果关系？刘兵受伤与峨眉燃气公司的通

气作业行为明显存在因果关系。

综上，峨眉燃气公司作为专业的燃气供应企业，没有尽到对天然气这一危险物所具有的高度安全注意义务，其通气作业行为造成他人损害，因此须承担高度危险责任。

二、请求权的消灭

刘兵向人民法院起诉时并未超过《民法通则》第 136 条所规定的 1 年诉讼时效，因此，刘兵对峨眉山市燃气有限责任公司的高度危险责任的请求权并未失效。

三、被请求权人的抗辩

峨眉燃气公司提出以下抗辩：高度危险作业过程中，其工作人员离开事故现场的时间早于天然气泄漏时间，天然气泄漏与自身无关。然而，我们可以认定，通气作业尚未结束，高度危险作业仍在进行，峨眉燃气公司不能以此为由进行抗辩。

四、结论

综上所述，刘兵有权依照《侵权责任法》第 69 条的请求权，请求峨眉山市燃气有限责任公司承担侵权责任。

刘兵对何玉平、王丽容的请求权
——《侵权责任法》第 72 条上的请求权

《侵权责任法》第 72 条规定："占有或者使用易燃、易爆、剧毒、放射性等高度危险物造成他人损害的，占有人或者使用人应当承担侵权责任，但能够证明损害是因受害人故意或者不可抗力造成的，不承担责任。被侵权人对损害的发生有重大过失的，可以减轻占有人或者使用人的责任。"

一、请求权的发生

1. 何玉平、王丽容是否为天然气的占有者。"占有"是对高度危险物的管领与控制的状态，"使用"是以占有为前提的对高度危险物的事实性的处置活动。何玉平、王丽容系夫妻，为峨半家园 13 栋 4 单元 201 室房的共有人，他们在峨眉燃气公司的工作人员离开后即实际控制了天然气入户阀门，成为天然气的实际占有者。

由于何玉平、王丽容让没有资质的人员安装燃气器具，所安装的燃气器具不属于峨眉燃气公司安装的且未安装完毕，不具备用气条件，没有听从峨眉燃气公司工作人员的嘱咐，强行打开天然气入户总阀的行为，导致天然气泄漏，致刘兵受伤，构成占有、使用高度危险物致人损害责任的侵权要件。

因此，何玉平、王丽容因实际占有天然气，酿成天然气泄漏爆炸的事故，应承担侵权责任。

2. 关于请求权范围，依据《侵权责任法》第 16 条之规定，刘兵有权请求何玉平、王丽容承担医疗费、护理费、交通费等为治疗和康复支出的合理费用以及因误工减少的收入，造成残疾的，还应当赔偿残疾生活辅助具费和残疾赔偿金。依据《侵权责任法》第 22 条之规定，刘兵可以要求何玉平、王丽容承担精神损害赔偿。因此，本案中，刘兵提出的精神损害金，应当根据《人身损害赔偿案件适用法律若干问题的解释》相关法规的标准给予赔偿。

二、请求权的消灭

刘兵向人民法院起诉时并未超过《民法通则》第 136 条所规定的 1 年诉讼时效，因此，刘兵对何玉平、王丽容的高度危险责任的请求权并未失效。

三、被请求权人的抗辩

不存在诉讼上的抗辩以及抗辩权。

四、小结

综上所述，刘兵有权依照《侵权责任法》第 72 条上的请求权，请求何玉平、王丽容承担侵权责任。

何玉平对峨眉山市燃气有限责任公司的请求权

一、《合同法》第 107 条上的请求权

《合同法》第 107 条规定："当事人一方不履行合同义务或者履行合同义务不符合约定的，应当承担继续履行、采取补救措施或者赔偿损失等违约责任。"

（一）请求权的发生

1. 分析是否存在有效的合同关系，按照供气合同，峨眉燃气公司是否有履行提供安全供气的义务。本案中，何玉平与峨眉燃气公司之间有达成供用气合同，该合同自何玉平申请开通燃气服务时起便生效。按照供气合同，峨眉燃气公司有提供安全供气的义务。《合同法》第 184 条规定："供用水、气、热力合同，参照供用电合同的有关规定。"比照《合同法》第 180 条规定的供电人义务，供电人应按照国家规定的供电质量标准和约定安全供电，供电人未按照国家质量标准和约定安全供电，造成用电人损失的，应当承担损害赔偿责任。《燃气燃烧器具安装维修管理规定》第 21 条规定："未通气的管道燃气用户安装燃气燃烧器具后，还应当向燃气供应企业申请通气验收，通气验收合格后，方可通气使用。"峨眉燃气公司作为燃气供应企业，在通气前对用户安装的燃气燃烧器具进行通气验收，确保燃烧器具符合安全使用的要求是其法定的义务，并对何玉平的安全用气负有监督、管理的责任，应当提供安全用气常识的宣传。2011 年 8 月 4 日，在峨眉燃气公司未检查验收并确认合格的情况下，打开了只

能由峨眉燃气公司控制的楼栋单元集中箱中的控制阀门，开通并输送了天然气，是导致该起天然气泄漏爆炸事件的直接原因。峨眉燃气公司没有履行提供安全供气的义务。

综上，何玉平有权依照《合同法》第 107 条上的请求权，请求峨眉燃气公司承担违约责任。由于本案中何玉平已经造成烧伤，何玉平的房屋也受损，故可要求峨眉燃气公司承担赔偿损失、采取补救的违约责任。

2. 关于请求权范围，依据《合同法》第 113 条的规定，权利人有权请求对方的损失赔偿额应当相当于因违约所造成的损失，包括合同履行后可以获得的利益，但不得超过违反合同一方订立合同时预见到或者应当预见到的因违反合同可能造成的损失。因此，依照法条之文义解释，何玉平可以请求峨眉燃气公司赔偿医疗费、护理费、误工费、住院伙食补助费、营养费、交通费、住宿费、鉴定费、财产损失、后续治疗费、整形、康复费等。

（二）请求权的消灭

何玉平向人民法院起诉时并未超过《民法通则》第 135 条所规定的 2 年诉讼时效，因此，何玉平对峨眉燃气公司的赔偿损失违约责任请求权并未失效。

（三）被请求权人的抗辩

不存在诉讼上的抗辩以及抗辩权。

（四）小结

综上所述，何玉平有权依照《合同法》第 107 条上的请求权，请求峨眉燃气公司承担违约责任。

二、《侵权责任法》第 69 条上的请求权

《侵权责任法》第 69 条规定："从事高度危险作业造成他人损害的，应当承担侵权责任。"

（一）请求权的发生

1. 依据前述分析，峨眉燃气公司作为专业的燃气供应企业，所从事的行业属于易燃、易爆等高度危险作业，在作业中应负有高度的安全注意义务，即尽力消除可能存在的安全隐患。2011 年 8 月 4 日，在燃气燃烧器尚未安装完毕且通气软管并未连接燃气燃烧器具的情况下，其公司人员将集中表箱内的阀门打开，将天然气输送到用户室内的侵权行为，是导致 2011 年 8 月 5 日天然气泄漏爆炸燃烧的主要原因，造成何玉平受伤与峨半家园 13 栋 4 单元 201 号室受损即损害事实，且何玉平受伤、房屋受损与峨眉燃气公司的通气作业行为有因果关系。

因此，何玉平有权依照《侵权责任法》第 69 条上的请求权，请求峨眉燃气公司承担高度危险行为的侵权责任。由于本案中何玉平已经造成烧伤，何玉平

的房屋也受损，故可要求峨眉燃气公司承担财产损失与人身损害赔偿。

2. 关于请求权范围，本案中，何玉平作为201号住房的占有使用人，作为危险物的实际占有者，对危险物疏于管理，主观上存在过错。让没有资质的人员安装燃气器具，而且，没有听从峨眉燃气公司工作人员的嘱咐，强行打开天然气入户总阀的行为，客观上是导致天然气泄漏爆炸的原因之一。由于何玉平存在着一定的过失，在责任承担上，峨眉燃气公司可以减轻一部分责任，属于过失相抵。

依据《侵权责任法》第16条的规定，何玉平有权请求峨眉燃气公司承担医疗费、护理费、交通费等为治疗和康复支出的合理费用，以及因误工减少的收入，造成残疾的，还应当赔偿残疾生活辅助具费和残疾赔偿金。依据《侵权责任法》第19条："侵害他人财产的，财产损失按照损失发生时的市场价格或者其他方式计算。"何玉平可以要求峨眉燃气公司承担房屋实际损失的赔偿。

（二）请求权的消灭

何玉平向人民法院起诉时并未超过《民法通则》第136条所规定的1年诉讼时效，因此，何玉平对峨眉山市燃气有限责任公司的高度危险责任的请求权并未失效。

（三）被请求权人的抗辩

不存在诉讼上的抗辩以及抗辩权。

（四）小结

综上，何玉平有权依照《侵权责任法》第69条上的请求权，请求峨眉燃气公司承担高度危险责任。

[结论]

1. 刘兵对峨眉山市燃气有限责任公司、何玉平、王丽容有高度危险责任的请求权，可主张人身损害赔偿和精神损害赔偿。

2. 何玉平对峨眉山市燃气有限责任公司有赔偿损失违约责任的请求权与高度危险责任的请求权，可主张人身、财产损害赔偿和精神损害赔偿。

第十八章

饲养动物损害责任

案例一[1]

[案情简介]

某日，邓元小学在进行安全教育后，组织五、六年级 5 个班的学生去人民公园观赏秋色（学校经法定代理人的委托代理与人民公园协商一致，邓元小学学生以 1 元的儿童团体票价进入公园观赏秋色）。下午 3 时左右，陈星星和几位同学来到公园内的动物园入口处，工作人员收取每位学生 1 元钱并给予每位学生公园门票后，让这些学生进入了动物园。随行教师仅有 5 名，且在公园内任学生自由活动。陈星星为给狗熊喂汽水，翻越熊舍前的防护栏杆（人民公园在公园及动物园入口处设有游客须知标牌，在动物园内熊舍处设有警示标牌，上有"观赏动物时，身体部位切勿越过护栏，防止动物伤害。爱护动物，不要向笼舍内乱抛杂物以及食物，不要逗引动物"等警示语。熊舍迎面为铁栏栅，栏栅间距 6.5 厘米，铁栏栅外 1.2 米处设有防护栏杆，栏杆高 1.2 米），将拿着汽水瓶的左手伸进熊舍的铁栏栅，瞬间被一只狗熊咬住了左臂，挣扎中，右手又遭另一只狗熊抓咬。陈星星被闻讯赶到的教师送往如皋市百信医院救治。

经诊断，陈星星双上肢被咬伤后出现多发性骨折，出血性休克。当日，该院为陈星星施行抢救手术。其后，陈星星先后到如皋市博爱医院、如皋市人民医院、南通医学院附属医院、上海华山医院、上海长征医院等处就诊、治疗。后经法医鉴定，陈星星双上肢咬伤后致左上肢功能严重障碍，评定为八级伤残。[2]

根据本案具体案情，试以请求权基础规范为基础，分析本案中的请求权。

[基于请求权基础的案件分析]

1. 结合本案，首先，以陈星星为中心，进行请求权的检索，不难发现，丁

---

〔1〕　撰稿人：何蒋玲。
〔2〕　改编自江苏省南通市中级人民法院（2005）通中民一终字第 0318 号。

共有两项请求权，分别为：对如皋市人民公园的请求权；对邓元小学的请求权。下面分而述之：

（1）对如皋市人民公园的请求权。首先，在契约上的请求权方面，我们不难发现，并没有合同关系；其次，本案不存在无权代理等类似契约关系上的请求权、无因管理上请求权、物权关系上请求权以及无因管理请求权；最后，因为如皋市人民公园未采取相应的保护措施造成陈星星被公园的动物所伤，对造成的损害应承担相应的侵权责任。

（2）对邓元小学的请求权。不存在合同上的请求权、无权代理等类似契约关系上的请求权、无因管理上请求权、物权关系上请求权以及无因管理请求权；因邓元小学存在管理上的相关失误行为，未尽到学校的安全保障义务，应当承担相应的侵权责任。

2. 以邓元小学为中心，进行请求权检索：对如皋市人民公园的侵权请求权。首先，在契约上的请求权方面，邓元小学与如皋市人民公园签订了旅游服务合同，故存在契约上的请求权；其次，本案不存在无权代理等类似契约关系上的请求权、无因管理上请求权、物权关系上请求权、无因管理请求权以及侵权上的请求权。

陈星星对如皋市人民公园的请求权
——《侵权责任法》第 81 条上的请求权

《侵权责任法》第 81 条规定："动物园的动物造成他人损害的，动物园应当承担侵权责任，但能够证明尽到管理职责的，不承担责任。"该条规定明确了动物园动物侵权的归责原则是过错推定责任原则，即动物园若能证明其尽到了管理职责，就不需承担侵权责任。

除此之外，本案还涉及如下法律规范：《侵权责任法》第 26 条、《侵权责任法》第 83 条、《民法通则》第 119 条、《民法通则》第 127 条、《民法通则》第 131 条、《最高人民法院关于审理人身损害赔偿案件若干问题的解释》第 2 条和第 6 条第 1 款。

《侵权责任法》第 26 条规定："被侵权人对损害的发生也有过错的，可以减轻侵权人的责任。"该条规定其实是过失相抵规则的一个体现，即在被侵权人对损害的发生也有过错时，可以相应抵消侵权人的责任。

《侵权责任法》第 83 条规定："因第三人的过错致使动物造成他人损害的，被侵权人可以向动物饲养人或者管理人请求赔偿，也可以向第三人请求赔偿。动物饲养人或者管理人赔偿后，有权向第三人追偿。"该条规定明确了第三人过错时的责任承担。

《最高人民法院关于审理人身损害赔偿案件若干问题的解释》第6条第1款规定："从事住宿、餐饮、娱乐等经营活动或者其他社会活动的自然人、法人、其他组织，未尽合理限度范围内的安全保障义务致使他人遭受人身损害，赔偿权利人请求其承担相应赔偿责任的，人民法院应予支持。"该条规定明确了安全保障义务人的在合理限度内的注意义务及未尽义务时承担相应的赔偿责任。

《最高人民法院关于确定民事侵权精神损害赔偿责任若干问题的解释》第1条规定："自然人因下列人格权利遭受非法侵害，向人民法院起诉请求赔偿精神损害的，人民法院应当依法予以受理：①生命权、健康权、身体权；②姓名权、肖像权、名誉权、荣誉权；③人格尊严权、人身自由权。违反社会公共利益、社会公德侵害他人隐私或者其他人格利益，受害人以侵权为由向人民法院起诉请求赔偿精神损害的，人民法院应当依法予以受理。"该条规定明确了自然人人格权受侵害时请求精神损害赔偿的权利，并列举了应受保护的具体人格权利。

《最高人民法院关于审理人身损害赔偿案件若干问题的解释》第2条规定："受害人对同一损害的发生或者扩大有故意、过失的，依照民法通则第131条的规定，可以减轻或者免除赔偿义务人的赔偿责任。但侵权人因故意或者重大过失致人损害，受害人只有一般过失的，不减轻赔偿义务人的赔偿责任。适用民法通则第106条第3款规定确定赔偿义务人的赔偿责任时，受害人有重大过失的，可以减轻赔偿义务人的赔偿责任。"该条规定明确了在人身损害赔偿中也适用过失相抵规则。

一、请求权的发生

根据上述请求权基础规范，陈星星请求人民公园承担侵权责任。

《侵权责任法》改变了单一归责原则，把饲养动物致害责任区分为三种不同情况：①饲养一般动物致人损害的，适用较低的无过错责任原则，受害人具有故意和重大过失的，可以减轻或者免除动物饲养人的责任；②饲养烈性犬等动物造成损害的，适用较高的无过错责任原则；③动物园的动物致人损害的，适用过错推定原则，造成损害后，首先推定动物园有过错，动物园能够证明自己没有过错的，可以免除责任。这样规定可以使确定动物致害的损害赔偿责任更合情合理、公平、科学。

动物园动物侵权采用过错推定责任原则，其与过错原则在侵权责任成立的构成要件上是一致的，即加害行为、损害事实、主观过错、因果关系。

1. 加害行为。从案情可知，被侵权人陈星星在给狗熊喂汽水时，左右手分别被两只狗熊咬伤，即动物园的动物确已实行加害行为。

2. 损害事实。从案情可知，陈星星双上肢被狗熊咬伤后出现多发性骨折，出血性休克，且经鉴定，陈星星双上肢咬伤后致左上肢功能严重障碍，评定为八级伤残。这些事实均有医院的诊疗记录予以证明，且伤残评级也有法医鉴定书作为证据。

3. 主观过错。显然此处不能以动物园动物的主观状态为依据，而是根据动物的饲养人或管理人的主观状态。根据《侵权责任法》第 81 条的规定，动物园对其已尽到了管理职责承担举证责任，即动物园须证明自己无过错，如果它证明不了自己无过错，则推定其有过错。对于动物园管理职责的认定，我国法律暂无明文规定，在实务中，通常理解为对动物的看管义务，动物园应当根据动物的特点，采取社会上普遍认为所需要的措施来防止动物危险的发生。所以，动物园管理职责的认定要具体结合动物的种类、特性、平时表现、活动环境以及受害人的特点等因素，坚持具体问题具体分析。根据案情，人民公园作为狗熊的饲养人、管理人，其过错有二：①防护设施不足以保护未成年人。一是防护栏杆仅高 1.2 米，对于 10 周岁以上的未成年人来说，翻越十分轻易；二是熊舍栅栏间距过大，为 6.5 厘米，不足以阻隔未成年人的手臂伸入。②对未成年人的安全保护未尽注意义务。动物园工作人员以低于儿童票价的特殊收费让陈星星等学生进入动物园，并未对这些特殊游人予以特殊关注，应当认为人民公园尚未完全尽到合理限度范围内的安全保障义务，而且动物园有猛兽区，这是公园工作人员明知的，未成年人好奇心强，自制力差，公园工作人员应当预见到几个未成年学生进入动物园后可能会无视警示语而逗引动物，因为疏忽大意而没有派人在猛兽区巡视，以致发生了损害，其主观过失是存在的。

4. 因果关系。根据案情，陈星星所受损伤是由动物园的狗熊所直接造成的，这是毋庸置疑的。虽然如皋市人民公园辩称，狗熊咬伤陈星星的直接原因是被侵权人擅自翻越熊舍前的防护栏杆并将左手伸进熊舍的铁栏栅，但是这也存在人民公园未完全尽到管理职责的原因，所以不能割断狗熊咬伤陈星星的因果关系。

所以，陈星星对如皋市人民公园侵权上的请求权发生。

二、被请求权的消灭

本案请求权发生后，并无消灭之情形，故请求权没有消灭。

三、被请求人的抗辩

1. 受害人的过错。在本案中，被请求人的抗辩权体现在被请求人可以根据《侵权责任法》第 26 条之规定"被侵权人对损害的发生也有过错的，可以减轻侵权人的责任"、《民法通则》第 131 条之规定"受害人对于损害的发生也有过错的，可以减轻侵害人的民事责任"以及《最高人民法院关于审理人身损害赔偿案件若干问题的解释》第 2 条的规定提起抗辩。

受害人的过错，指受害人对损害的发生或扩大具有过错。所谓受害人具有故意，是指受害人明知自己的行为会发生损害自己的后果，而希望或放任此种结果发生。所谓受害人对损害的发生具有重大过失，就是指受害人对自己的权益极不关心，严重懈怠，或者虽意识到某种危险的存在，仍然漠然视之，以至于造成了损害后果。例如，某人明知烈性犬凶猛，仍然挑逗，导致被猛犬咬伤，此即为重大过失。受害人过错导致责任的减轻或免除，必须是受害人或者第三人实施了某种行为，包括作为和不作为，该行为表明受害人具有过错。各国法律在受害人过错方面都区分了两种情况，即受害人对损害的发生或扩大具有过错。本案中，陈星星的情形属于受害人对损害的发生存在过错，且属于受害人和加害人共同引起了损害的发生，受害人的过错对损害的发生起到了作用。对于受害人来说，通常是应该能够预见并采取措施避免损害的发生，而受害人因为疏忽大意等原因而没有预见并采取措施避免损害的发生。总之，受害人无论从事何种行为，只要其对损害的发生有过错，均可导致加害人就最初发生的损害的赔偿责任减轻的后果。[1]

陈星星的行为诱发了损害的发生，可以认定，受害人的过错是导致事故发生的直接原因。对于损害的发生，陈星星是具有重大过失的。陈星星已满12周岁，系小学高年级学生，已具备起码的安全常识及相应的认知能力，然而，在学校已进行安全教育，公园亦有安全警示标志的情况下，置危险于不顾，翻越护栏把手伸进铁栏栅喂狗熊汽水，造成被狗熊咬伤的惨剧，显然陈星星没有尽到对自己利益应有的最基本的注意，其应当预见到接近大型烈性动物的危险性而最终没有预见，所以，陈星星同学属于重大过失。侵权人可以因此要求减轻责任但是不能免除责任，因为人民公园也未完全尽到管理职责，也须承担部分责任。且根据《最高人民法院关于确定民事侵权精神损害赔偿责任若干问题的解释》第11条之规定："受害人对损害事实和损害后果的发生有过错的，可以根据其过错程度减轻或者免除侵权人的精神损害赔偿责任。"人民公园可依此要求适当减轻精神损害赔偿的责任。

所以，被请求人的抗辩成立。

2. 第三人过错。在本案中，人民公园根据《侵权责任法》第83条之规定："因第三人的过错致使动物造成他人损害的，被侵权人可以向动物饲养人或者管理人请求赔偿，也可以向第三人请求赔偿。动物饲养人或者管理人赔偿后，有权向第三人追偿。"提起抗辩。

如皋市人民公园的抗辩不成立。因为：从法条内容可以看出，第三人过错并不能作为动物饲养人或管理人的免责事由。在第三人侵权的情况下，其与动

---

〔1〕　参见王利明：《侵权责任法研究（上）》，中国人民大学出版社2010年版，第389～492页。

物园是不真正连带责任关系。即因第三人原因造成动物园动物侵权，此时被侵权人有权选择责任承担主体，第三人和动物园之间根据过错进行追偿，存在最终责任承担主体。而且，本案中的邓元小学不能以"第三人"的身份认定，因为邓元小学对动物致害不存在过错，只是未完全尽到教育、管理职责。所以，人民公园不能因此要求减轻自身的责任。

所以，被请求人的抗辩不成立。

四、小结

综上所述，陈星星具有对如皋市人民公园的侵权上的请求权。

<h2 style="text-align:center">陈星星对邓元小学的请求权</h2>

——《侵权责任法》第 39 条上的请求权

《侵权责任法》第 39 条规定："限制民事行为能力人在学校或者其他教育机构学习、生活期间受到人身损害，学校或者其他教育机构未尽到教育、管理职责的，应当承担责任。"该条规定明确了限制民事行为能力人在校内受到人身伤害时，学校或者其他教育机构承担过错责任。

除此之外，本案还涉及《侵权责任法》第 40 条之规定："无民事行为能力人或者限制民事行为能力人在幼儿园、学校或者其他教育机构学习、生活期间，受到幼儿园、学校或者其他教育机构以外的人员人身损害的，由侵权人承担侵权责任；幼儿园、学校或者其他教育机构未尽到管理职责的，承担相应的补充责任。"该条规定明确了：无民事行为能力人或者限制民事行为能力人在校内受到受到校外第三人的侵害时，侵权人承担侵权责任，学校或其他教育机构承担与其过错相应的补充责任。

一、请求权的发生

根据上述请求权基础规范，陈星星请求邓元小学承担侵权责任。

就中小学校园侵权的概念，我国现有的法律法规也没有具体界定。理论界对校园侵权的研究非常丰富：中国人民大学教授杨立新在《人身损害赔偿》一书中认为："学生伤害事故是指中小学校在校学生以及幼儿园在读儿童在学校或幼儿园就读期间，参加学校或幼儿园组织的教育教学活动中，受到人身伤害或死亡，以及对他人造成人身伤害或死亡，学校应当承担相应赔偿责任的事故。"[1]北京师范大学教授劳凯声在《中小学学生伤害事故及责任归结问题研究》中指出，学校事故是指在学校及其他教育机构内，以及虽在学校及其他教育机构之

---

〔1〕　参见杨立新等：《人身损害赔偿：以最高人民法院人身损害赔偿司法解释为中心》，人民法院出版社 2004 年版，第 230 页。

外，但是在学校及其他教育机构组织的活动中发生的，由于学校、教师的疏忽没有预见，或者已经预见但轻信能够避免，从而导致学生人身伤害的事件。[1] 最高人民法院前副院长黄松有在《侵权法司法解释实例释解》中所给的定义是：所谓校园侵权，是指在学校实施的教育活动或学校组织的校外活动中，以及在学校负有管理责任的校舍、场地、其他教学设施、生活设施内所发生的在校生人身权损害。[2] 因此，校园侵权的地点有其特殊性，即必须发生在学校对学生负有教育、管理、指导、保护等职责的地域范围内。包括本案中邓元小学带领学生观赏秋色的如皋市人民公园。

根据以上基础规范可知，对于校外第三人对校内学生造成的损害，只需幼儿园、学校或其他教育机构未尽到管理职责，即对校内学生教育、管理、保护的职责存在疏忽，具有一定的过错，学校等教育机构就要承担与其过错相适应的责任。本案中，邓元小学在此次校外活动的组织上和保护上存在问题：①随行教师太少。5 个班有三百多名学生，仅有 5 名教师随行，显然无法履行正常的管理和保护职责。②管理严重失控。5 个班的学生到公园后，老师即让他们自由活动，对于这些好奇心强、自制力弱、自我保护意识弱的学生来说，自由活动增大了学生受伤害的系数。③保护措施不力。公园地方虽大，地形复杂，但易受到伤害的地点无非是水边、假山和动物园。在教师偏少的情况下，5 名教师应当适当分工，守住动物园入口，在水边、假山旁巡视，以确保学生安全，但老师并未如此，保护措施明显是不力。故邓元小学在本起事故中存在明显过错，应承担与其过错程度相适应的责任。

所以，陈星星对邓元小学侵权上的请求权发生。

二、请求权的消灭

本案请求权发生后，并无消灭之情形，故请求权没有消灭。

三、被请求人的抗辩

1. 被侵权人的过错。在本案中，被请求人的抗辩权体现在被请求人可以根据《侵权责任法》第 26 条之规定（"被侵权人对损害的发生也有过错的，可以减轻侵权人的责任提起抗辩"）提起抗辩。

本案中，邓元小学在组织学生进入公园前已进行安全教育，且陈星星已 12 周岁，系小学高年级学生，已具备起码的安全常识及相应的认知能力。然而，在学校已进行安全教育、公园亦有安全警示标志的情况下，置危险于不顾，翻

---

〔1〕　参见劳凯声："中小学学生伤害事故及责任归结问题研究"，载《北京师范大学学报（社会科学版）》2004 年第 2 期。

〔2〕　参见黄松有主编：《侵权法司法解释实例释解》，人民法院出版社 2006 年版，第 90 页。

越护栏、逗引狗熊，造成被狗熊咬伤的惨剧。应当认定，陈星星对损害的发生是存在重大过失的。所谓重大过失，就是受害人以极不合理的方式没有尽到对自己利益应有的最基本的注意，而与加害人共同导致自己遭受损害，或者在损害发生后，导致了损害结果的进一步扩大。所谓一般过失，就是受害人没有尽到作为一个合理的人而对自己利益所注意程度，从而使自己遭受了损害或造成损害结果的进一步扩大。本案中，原告的行为是诱发事故发生的直接原因，其监护人应承担事故的相应责任。因此，邓元小学可要求减轻责任。且根据《最高人民法院关于确定民事侵权精神损害赔偿责任若干问题的解释》第11条之规定："受害人对损害事实和损害后果的发生有过错的，可以根据其过错程度减轻或者免除侵权人的精神损害赔偿责任。"邓元小学可依此要求适当减轻精神损害赔偿的责任。

所以，被请求人的抗辩成立。

2. 第三人过错。在本案中，邓园小学根据《侵权责任法》第40条之规定："无民事行为能力人或者限制民事行为能力人在幼儿园、学校或者其他教育机构学习、生活期间，受到幼儿园、学校或者其他教育机构以外的人员人身损害的，由侵权人承担侵权责任；幼儿园、学校或者其他教育机构未尽到管理职责的，承担相应的补充责任。"提起抗辩。

邓园小学的抗辩不成立。因为：从校园侵权的角度看，这是典型的校内第三人侵权，本案中的邓元小学与如皋市人民公园属于无意思联络的数人侵权，是指数个行为人事先并无共同的过错，而因为行为偶然结合导致同一受害人遭受同一损害，换言之，数个行为人事先既没有共同的意思联络，也没有共同过失，只是由于行为客观上的联系，而共同造成同一损害结果。《最高人民法院关于审理人身损害赔偿案件若干问题的解释》将无意思联络的数人侵权区分为两种情况，第一种是累积因果关系，即数人之间虽然没有共同故意、共同过失，但数人的侵害行为直接结合发生同一损害后果的，构成共同侵权，由数人对于损害承担连带责任。第二种是部分因果关系，即数人之间没有共同故意或者共同过失，但其分别实施的数个行为间接结合发生同一损害后果的，应当根据过失大小或者原因力比例，各自承担相应的赔偿责任，即按份责任。[1] 本案属于部分因果关系的数人侵权。根据《侵权责任法》第12条之规定："二人以上分别实施侵权行为造成同一损害，能够确定责任大小的，各自承担相应的责任；难以确定责任大小的，平均承担赔偿责任。"邓元小学与人民公园各自承担与其过错相应的责任，即按份责任，并不存在因此减轻责任一说。

---

〔1〕　参见奚晓明、王利明主编：《侵权责任法案例解读》，人民法院出版社2010年版，第125页。

所以，被请求人的抗辩不成立。

四、小结

综上所述，陈星星对邓元小学侵权上的请求权成立。

邓元小学对如皋市人民公园的请求权
——《合同法》第107条的请求权

《合同法》第107条规定："当事人一方不履行合同义务或者履行合同义务不符合约定的，应当承担继续履行、采取补救措施或者赔偿损失等违约责任。"该条规定明确了违约责任的责任承担方式，即继续履行、采取补救措施或赔偿损失等。

一、请求权的发生

本案中，陈星星等学生为限制行为能力人，其父母为其法定代理人，有权代理限制行为能力人进行民事行为，也包括本案中委托学校代理与邓元公园签订合同的委托代理行为。那么该合同是否为旅游服务合同？

《旅游法》第57条规定："旅行社组织和安排旅游活动，应当与旅游者订立合同。"从该规定可知，旅游服务合同的双方当事人仅指旅行社和旅游者。本案中，法定代理委托邓元小学与人民公园签订的学生进入公园观赏秋色的合同并不属于《旅游法》中规定的旅游服务合同，因为本案中的邓元小学并不属于旅行社，而是委托学校与人民公园该旅游经营者签订的自行旅游合同。

《最高人民法院关于审理旅游纠纷案件适用法律若干问题的规定》第1条第1款规定："本规定所称的旅游纠纷，是指旅游者与旅游经营者、旅游辅助服务者之间因旅游发生的合同纠纷或者侵权纠纷。"

"旅游经营者"是指以自己的名义经营旅游业务，向公众提供旅游服务的人。"旅游辅助服务者"是指与旅游经营者存在合同关系，协助旅游经营者履行旅游合同义务，实际提供交通、游览、住宿、餐饮、娱乐等旅游服务的人。旅游者在自行旅游过程中与旅游景点经营者因旅游发生的纠纷，参照适用本规定。

另外，根据《最高人民法院关于审理旅游纠纷案件适用法律若干问题的规定》第3条的规定："因旅游经营者方面的同一原因造成旅游者人身损害、财产损失，旅游者选择要求旅游经营者承担违约责任或者侵权责任的，人民法院应当根据当事人选择的案由进行审理。"本案中，陈星星同学在人民公园内被狗熊咬伤致严重人身损害，显然，这属于旅游经营者违反了合同的主合同义务，即保护旅客人身安全的义务。

根据《合同法》第107条的规定，违约责任的归责原则一般被认为是严格责任原则，应予指出，《合同法》同时也规定了若干过错责任，如供电人责任（第 179、180、181 条）；承租人的保管责任（第 222 条）；承揽人责任（第 262、265 条）；建设工程合同中的承包人的过错责任（第 280、281 条）；寄存人未履行告知义务的责任（第 370 条）；保管人责任（第 371 条）；等等。[1] 由于以上自助旅游合同并不属我国《合同法》的典型合同，即为无名合同，且不为上述过错归责原则中的涵盖范围。且学界对此也无定论，那么此处按照严格责任原则讨论较为适宜。

根据魏振瀛教授主编的《民法》，违约损害赔偿的构成要件是：

1. 违约行为。当事人一方不履行合同义务或者履行合同义务不符合约定。违约形态包括不能履行、延迟履行、不完全履行、拒绝履行和债权人迟延。保护游客的人身安全属于旅游者与旅游经营者签订的合同的主合同义务之一，陈星星在动物园中遭受了人身损害，显然属于旅游经营者不完全履行的情形。即本案中的人民公园有违约行为。

2. 受害人受有损害。违约的损害赔偿主要是财产损失的赔偿，一般情况下不包括人身伤害和精神损害的赔偿。本案中，陈星星支付了相应的票价，公园有保障游客在公园内的人身安全的合同义务。财产损失即为公园门票价款。

3. 违约行为与损害之间有因果关系。公园的违约行为造成陈星星未能顺利地参观完公园。对应票价的权利没有全部实现。

4. 违约人没有免责事由。《合同法》采无过错责任原则，但在法律规定有免责条件的情况下，当事人不承担违约责任；在当事人以约定排除或者限制其未来责任的情况下，也可能不承担违约责任或者只承担以一部分违约责任。法律规定的免责条件主要有不可抗力、货物本身的自然性质、货物的合理损耗、债权人的过错等；而免责条款是合同当事人约定的。[2]

所以，邓元小学对如皋市人民公园合同上的请求权发生。

二、请求权的消灭

本案请求权发生后，并无消灭之情形，故请求权没有消灭。

三、被请求人的抗辩

在本案中，被请求人的抗辩权体现在被请求人可以根据《合同法》第 120 条的规定（"当事人双方都违反合同的，应当各自承担相应的责任"）行使抗辩权。

债权人的过错或不适当履行合同是由债权人的原因造成的，换句话说，债

---

〔1〕 参见魏振瀛主编：《民法》，北京大学出版社、高等教育出版社 2007 年版，第 435～436 页。

〔2〕 参见魏振瀛主编：《民法》，北京大学出版社、高等教育出版社 2010 年版，第 470 页。

权人的过错与不履行或不适当履行的行为之间具有因果关系。债权人的过错有如下几个特点：①债权人的行为本身构成违约。这就是说，债权人无正当理由而违反了合同规定的义务。本案中，陈星星同学在进行安全教育之后，无视公园的警示牌，擅自翻越护栏与狗熊这类危险大型动物近距离接触，陈星星同学显然违背了遵守公园相关秩序的义务，也忽视了对自身人身安全基本的注意义务。②债权人的行为与债务人不履行或不适当履行的行为之间具有因果联系。本案中，债权人的不完全履行的违约状态显然是与债权人不遵守公园规则翻越护栏是有直接因果关系的。③债务人不履行或不适当履行的行为完全是由债权人的行为造成的，也就是说，债权人的行为是造成债务人不履行或不适当履行行为的唯一原因。如果债权人的行为只是影响到债务人对债务的履行，而并不能完全导致债务人不履行，债务人只能根据债权人的过错来要求减轻责任，但不能要求完全被免除责任。应当将这种情况作为双方违约对待。[1] 本案中，显然陈星星的行为不是人民公园不履行或不适当履行行为的唯一原因，人民公园并不能因此免责，而只能要求减轻责任。

在旅游合同履行期间，合同双方有为合同履行提供合适条件的注意义务。在合同履行期间，旅游者应当听从旅游营业者的工作人员的合理安排、合理建议，避免出现不恰当的行为而对自身造成伤害以至于合同无法履行，具体如遵守团体活动纪律，按照预定的时间表、路线图进行活动，注意保护自身财物、人身安全。

所以，被请求人的抗辩成立。

四、小结

综上所述，邓元小学对如皋市人民公园合同上请求权成立。

［结论］

1. 陈星星对如皋市人民公园享有侵权上的请求权。
2. 陈星星对邓元小学享有侵权上的请求权。
3. 邓元小学对如皋市人民公园享有合同上的请求权。

案例二[2]

［案情简介］

2012 年 7 月 28 日，甲与甲狗在广东省广州市海珠区滨江东路旁的珠江河岸

〔1〕　参见王利明：《合同法研究（第二卷）》，中国人民大学出版社 2010 年版，第 484～486 页。
〔2〕　撰稿人：潘杰英。

观赏珠江夜景。甲行至中海锦苑旁的珠江河岸时，乙正在喂食的某狗突然袭击甲狗。甲为了保护甲狗用脚驱赶某狗，被某狗咬伤右脚。甲当场要求乙支付医药费用，乙辩称某狗是流浪狗，自己是爱狗之人，每天喂某狗喂食只是为了保护流浪狗，而非流浪狗的主人。适逢有住在中海锦苑的路人告诉甲，某狗其实非流浪狗，是中海锦苑某业主家的狗。甲前往广东省第二人民医院注射狂犬疫苗，并在该院接受诊疗，留院观察，共计支付医疗费、护理费、营养费、住院伙食补助费 1843.5 元，遭受误工损失 634.6 元，合计遭到损失 2478.1 元。后经证实，某狗是中海锦苑业主丙家的狗，丙辩称丙狗温驯，不会无故咬人，此前放养丙狗也并未发生任何意外事故，故甚少管束丙狗。同时，甲调查发现，在事故发生时，有路人丁为了调教丁狗而吹狗笛，部分狗只出现烦躁不安、到处乱吠的情形。

　　根据本案具体案情，试以请求权基础规范为基础，分析本案中的请求权。

[基于请求权基础的案件分析]

1. 结合本案，首先，以甲为中心，进行请求权的检索，不难发现，甲共有 3 项请求权，分别为：对丙的请求权；对乙的请求权；对丁的请求权。下面分而述之：

（1）对丙的请求权。首先，在契约上的请求权方面，我们不难发现，并没有合同关系；其次，本案不存在无权代理等类似契约关系上的请求权、无因管理上请求权、物权关系上请求权以及无因管理请求权；最后，因为丙是给甲造成损害的狗的所有人，应当承担相应的侵权责任。

（2）对乙的请求权。不存在合同上的请求权、无权代理等类似契约关系上的请求权、无因管理上请求权、物权关系上请求权以及无因管理请求权；因乙有喂养狗的行为，可能是狗的管理人，可能需要承担相应的侵权责任。

（3）对丁的请求权。存在合同上的请求权、无权代理等类似契约关系上的请求权、无因管理上请求权、物权关系上请求权以及无因管理请求权；因丁的吹口笛行为引起狗对甲的撕咬行为，应当承担相应的侵权责任。

2. 以丙为中心，进行请求权检索：对丁的侵权请求权。首先，在契约上的请求权方面，不存在契约上的请求权；其次，本案不存在无权代理等类似契约关系上的请求权、无因管理上请求权、物权关系上请求权、无因管理请求权，丁的吹口笛行为引起狗对甲进行撕咬行为，丙赔偿后，对丁有追偿权，故存在侵权请求权上的请求权。

甲对丙的请求权

——《侵权责任法》第78条之请求权

《侵权责任法》第78条规定："饲养的动物造成他人损害的，动物饲养人或者管理人应当承担侵权责任，但能够证明损害是因被侵权人故意或者重大过失造成的，可以不承担或者减轻责任。"该条规定了动物饲养人或管理人的饲养动物侵权责任。但对于动物饲养人与管理人之间的责任承担问题，立法机关认为："当动物的所有人与管理人为不同人时，管束动物的义务转移给管理人，这时的赔偿主体应为管理人。"据此，动物的饲养人和管理人都被界定为动物的实际占有和控制人。[1]

但是，杨立新教授认为，应该将《侵权责任法》第78条解释为动物饲养人与管理人承担不真正的连带责任，若一方对受害人承担饲养动物侵权责任后，有权向有过错的另一方或第三人追偿。[2] 笔者认为，从法律解释的结果可见，立法机关的解释实质上偏于保护动物饲养人，而杨立新教授的见解则偏向于保护受害人。

笔者认为，杨立新教授的见解更有道理。此外，结合本法其他有关饲养动物损害责任及其他法律法规可见，侵权人的抗辩事由仅限于被侵权人的故意或重大过失，其他抗辩事由都不是法定的抗辩事由。

一、请求权的发生

根据上述请求权基础规范，甲请求丙承担侵权责任。

甲对丙的请求权基础规范是《侵权责任法》第78条，根据该条类似于责任推定的规定，甲对丙请求赔偿损失的条件是：

1. 动物饲养人适格。《侵权责任法》虽然明确规定了动物饲养人需要承担饲养动物侵权责任，却并未对动物饲养人的概念下定义。因此，对于动物饲养人的概念，学界存在三种不同见解：①"所有人说"，认为动物饲养人就是所有人；②"宽于所有人说"，认为动物饲养人不限于所有人；③"保有人说"，将动物饲养人与管理人纳入保有人的范畴。[3] 笔者认为，既然《侵权责任法》第78条明确规定了动物饲养人与管理人的概念，就应该对两者作不同的解释。同时，动物仍是物权法上的物，属于动产的范畴。既然动物属于物权法上的客体，运用物权法中物的所有人的概念解释动物饲养人显得更为科学合理。此外，"管

---

〔1〕 参见王利明主编：《中华人民共和国侵权责任法释义》，中国法制出版社2010年版，第390页。
〔2〕 参见杨立新："饲养动物损害责任一般条款的理解与适用"，载《法学》2013年第7期。
〔3〕 参见杨立新："饲养动物损害责任一般条款的理解与适用"，载《法学》2013年第7期。

理人"一词在民法体系中本来就与所有人有所区分。据此，将动物饲养人解释为动物所有人更为通俗易懂，侵权法律关系的确定也更为清晰。本案中，根据目击证人所言，某狗被证实为中海锦苑业主丙所饲养的。丙饲养某狗，对某狗享有占有、使用、收益、处分的权利，因此，丙实际上就是某狗的饲养人，某狗就是丙狗。

2. 损害结果。侵权责任法与刑法的立法目的不同，刑法的立法目的更倾向于通过惩罚罪犯以教育罪犯并维护社会的正常秩序，而侵权责任法的立法目的是为了保护受害人的权益。因此，侵权责任的承担一般遵从无损害则无侵权责任承担的原则，损害结果在侵权责任的认定方面一直起着至关重要的作用。本案中，受害人甲被丙狗咬伤右腿，其健康权遭到了不法侵害，同时致使其被迫前往广东省第二人民医院注射狂犬疫苗，并支付医疗费、护理费、营养费、住院伙食补助费及遭受误工损失共计 2478.1 元，正是受害人甲的损害结果。

3. 因果关系。动物饲养人承担饲养动物损害责任的其中一个要件是，不当管理饲养动物是引起损害结果的原因。在本案中，侵害受害人甲的狗被确实为丙的狗，故损害结果的产生与丙不当管理饲养动物的行为存在直接的因果关系。

所以，甲对丙侵权上的请求权发生。

二、请求权的消灭

本案请求权发生后，并无消灭之情形，故请求权没有消灭。

三、被请求人的抗辩

在本案中，结合《侵权责任法》有关饲养动物侵权责任的法规可见，动物饲养人丙根据《侵权责任法》第78条的规定："但能够证明损害是因被侵权人故意或者重大过失造成的，可以不承担或者减轻责任。"提起抗辩。

丙的抗辩不成立。因为：甲的行为属于自助行为。首先，丙狗袭击甲狗的事实并非甲的行为所引起的。案发时，甲协同甲狗在珠江河岸观赏珠江夜景，并没实施任何行为主动挑拨丙狗。其次，甲的行为构成自助行为，目的是保护他的个人财产。如前所述，甲狗仍是甲的个人财产，甲用脚驱赶丙狗的行为是为了保护自己的财产免受外界的侵害。可见，甲的行为并非《侵权责任法》第78条中所指的被侵权人故意或者重大过失行为，丙不存在抗辩事由。

所以，被请求人的抗辩不成立。

四、小结

综上所述，甲对丙侵权上的请求权成立。

甲对乙的请求权

——《侵权责任法》第 78 条上之请求权

一、请求权的发生

甲对乙的请求权基础规范是《侵权责任法》第 78 条，该条类似于责任推定的规定，根据该条规定，甲乙请求赔偿损失的条件分别是：管理人适格、存在损害结果、管理人不当管理动物与受害人遭受损害存在因果关系三个要件。由于动物饲养人与管理人承担饲养动物侵权责任的差异之处主要集中于主体适格的问题，故在此仅讨论管理人适格问题，即乙是否为丙狗的管理人，这直接决定着甲能否请求乙请求损失赔偿。

管理人的认定应符合下列条件：

1. 管理人是直接占有人。将管理人直接界定为直接占有人的意义在于：区分动物饲养人与管理人。然而，学界有"将动物饲养人与管理人都界定为实际占有、控制该动物的人"的观点[1]，将动物饲养人与管理人混为一谈。若将实际占有解释为直接占有，则当存在管理人时，被侵权人就难以追究动物饲养人的侵权责任。况且，饲养动物侵权责任本来就属于风险社会之下的危险责任范畴，即饲养动物行为本身就是一种危险行为。在此种情况下，动物饲养人无需承担侵权责任是一件匪夷所思的事，并兼有偏袒动物饲养人的嫌疑。若将实际占有解释为包括直接占有或间接占有两者的占有，那么立法上区分动物饲养人与管理人就有画蛇添足之嫌，毫无意义。据此，将动物饲养人解释为前文所述的动物所有人，将管理人界定为直接占有人，理顺了两者关系之余，又便于司法实践认定饲养动物人与管理人。

2. 管理人是客观上长期占有或主观上长期占有的人，抑或非法占有人。合法占有人客观上长期占有的行为可以根据社会风俗判断为管理人，而主观上长期占有的人则由于其占有意思包括控制管理的意思，将其认定为管理人也无过。非法占有人违法占有动物，不论其是否客观上长期占有抑或主观上长期占有都认定为管理人的意义更在于：否定非法占有人的行为，同时保护被侵权人的合法权益。

本案中，乙将丙狗视为流浪狗并每天为某狗喂食，只是为了保护流浪狗，不能符合上述管理人的成立要件，因此不是丙狗的管理人。此外，不认定乙为管理人的意义还在于，维护乙此种爱护动物的善良风俗行为。

所以，甲对乙侵权上的请求权不发生。

---

〔1〕　参见王利明主编：《中华人民共和国侵权责任法释义》，中国法制出版社 2010 年版，第 392 页。

二、请求权的消灭

在本案中，因为请求权没有发生，故不存在请求权消灭的情形。

三、被请求人的抗辩

在本案中，因为请求权没有发生，故不存在被请求人抗辩的情形。

四、小结

综上所述，甲对乙侵权上的请求权不成立。

甲对丁的请求权
——《侵权责任法》第 83 条前半段之请求权

《侵权责任法》第 83 条规定："因第三人的过错致使动物造成他人损害的，被侵权人可以向动物饲养人或者管理人请求赔偿，也可以向第三人请求赔偿。动物饲养人或者管理人赔偿后，有权向第三人追偿。"该条规定第三人介入饲养动物侵权中的侵权责任。第三人承担饲养动物侵权责任的构成要件与动物饲养人或管理人有所不同，过错是第三人承担侵权责任的构成要件而非抗辩事由。

一、请求权的发生

甲对丁的请求权基础规范是《侵权责任法》第 83 条，属于过错归责范畴，因而甲对丁请求赔偿损失的条件是：

1. 行为。饲养动物侵权责任中的行为主要指作为行为或不作为行为中的作为行为。作为行为是第三人承担饲养动物侵权责任的构成要件之一。在本案中，丁实施在公共场所海锦苑旁附近的珠江河岸吹狗笛的行为。

2. 过错。过错是过错归责中核心要件之一。在本案中，丁在公共场所使用狗笛调教丁狗，就应该充分认识到，狗笛的声音可能会影响其他狗的情绪。即使丁不是故意使用狗笛煽动其他狗，也难免存在狗笛使用不当的过错。

3. 损害结果。损害结果如前所述，在此不再累赘。

4. 因果关系。全球民法学界对因果关系的研究可谓成果丰硕，如等值理论、相当性因果关系、法规目的说、可预见性理论、义务射程论等[1]，其中，德国式的相当因果关系说最受我国学界青睐，同时，司法学界也常常以此理论作为判断因果关系存在与否的理论依据。相当因果关系注重通过考察各种原因就引发损害后果的可能性区分所有与损害后果有关的原因。如果原因与后果之间完全无可能性，则加害人无赔偿责任。[2] 在本案中，丁不吹狗笛，其他狗的情绪

---

〔1〕　参见叶金强："相当因果关系理论的展开"，载《中国法学》2008 年第 1 期。

〔2〕　参见朱岩："当代德国侵权法上因果关系理论和实务中的主要问题"，载《法学家》2004 年第 6 期。

良好，丁吹狗笛时，部分狗出现烦躁不安、到处乱吠的情形。因此，丙狗很可能受到狗笛声的影响而情绪失控，从而致使本案的损害结果产生。由于丁吹狗笛的行为与损害结果的产生存在一定的相当性，因此两者之间存在因果关系。

所以，甲对丁侵权上的请求权发生。

二、请求权的消灭

本案请求权发生后，并无消灭之情形，故请求权没有消灭。

三、被请求人的抗辩

《侵权责任法》第83条中，第三人承担责任适用过错归责原则，丁抗辩主要针对过错侵权责任中的四要件展开。在本案中，丁只能以损害结果与行为不存在因果关系，或根据《侵权责任法》第29～31条的规定主张存在不可抗力、正当防卫或紧急避险抗辩。

然而，在本案中，不存在前述抗辩事由，丁不存在抗辩事由。

所以，被请求人不存在抗辩事由。

四、小结

综上所述，甲对丁侵权上的请求权成立。

丙对丁的请求权

——《侵权责任法》第83条之请求权

《侵权责任法》第83条规定："因第三人的过错致使动物造成他人损害的，被侵权人可以向动物饲养人或者管理人请求赔偿，也可以向第三人请求赔偿。动物饲养人或者管理人赔偿后，有权向第三人追偿。"根据该条规定，动物饲养人或管理人承担饲养动物侵权责任后，对有过错的第三人享有追偿权。

一、请求权的发生

丙对丁享有的追偿权源于《侵权责任法》第83条的规定，其追偿权的行使条件是：

1. 动物饲养人赔偿了被侵权人的损失。动物饲养人对第三人享有的追偿权产生于动物饲养人对被侵权人赔偿损失之后。若动物饲养人没有对被侵权人赔偿损失，则他们对第三人不享有追偿权。

2. 动物饲养人追偿的对象是有过错的第三人。第三人承担饲养动物责任的归责事由是过错归责，因而第三人存在过错是动物饲养人享有追偿权的核心要件。第三人不存在过错，则无需承担饲养动物侵权责任，同时，动物饲养人也不能对其享有追偿权。

3. 动物饲养人对第三人追偿的损失仅限于其过错的范围之内。在同一饲养动物侵权案件中，可能第三人存在过错，抑或第三人与动物饲养人都存在过错。

无论在哪一种情形中，动物饲养人都只能根据第三人的过错程度确定其可追偿的数额。

所以，丙对丁侵权上的请求权仅在丙赔偿甲的损失时发生。

二、请求权的消灭

若本案请求权发生后，由于并无消灭之情形，故请求权没有消灭。

三、被请求人的抗辩

本案中，被请求人无合法的抗辩事由。

四、小结

综上所述，丙对丁侵权上的请求权仅在丙赔偿甲的损失时成立。

[结论]

1. 甲可以自由选择由丙或丁承担饲养动物侵权责任。

2. 若丙承担饲养动物侵权责任后，可向丁行使追偿权。

案例三[1]

[案情简介]

2009 年的一天，夏某带其女儿小丽到朋友黄某家串门。刚到黄某家门口，看到黄某的邻居孙某正在逗黄某家的一只公鸡玩，谁料这只公鸡竟然猛地向小丽扑过来，啄伤了小丽的大腿。夏某立即带小丽到医院就诊，使小丽及时得到了治愈。而后，当夏某向黄某和其邻居孙某索赔时，黄某却称是其邻居孙某的原因才会发生这件事，不应该找她赔偿；而其邻居孙某又称是黄某家的公鸡，和他没有关系。[2]

根据本案具体案情，试以请求权基础规范为基础，分析本案中的请求权。

[基于请求权基础的案件分析]

1. 以小丽为中心，进行请求权检索：对黄某、孙某的侵权请求权。首先，在契约上的请求权方面，不存在契约上的请求权；其次，本案不存在无权代理等类似契约关系上的请求权、无因管理上请求权、物权关系上请求权、无因管理请求权，黄某是造成小丽损害的公鸡的所有人，孙某作为第三人有挑逗公鸡的行为，故存在侵权请求权上的请求权。

2. 以黄某为中心，进行请求权检索：对孙某的追偿权。首先，在契约上的请求权方面，不存在契约上的请求权；其次，本案不存在无权代理等类似契约

〔1〕 撰稿人：肖俊娜。

〔2〕 改编自 http://www.haiyaolaw.com/html/view/case/2011 - 12/6208.htm.

关系上的请求权、无因管理上请求权、物权关系上请求权、无因管理请求权，黄某是造成小丽损害的公鸡的所有人，孙某作为第三人有挑逗公鸡的行为，故黄某有权向孙某追偿。

小丽对黄某、孙某的请求权
——《侵权责任法》第83条前半段之请求权

本案在侵权上的请求权主要涉及《侵权责任法》第83条的规定："因第三人的过错致使动物造成他人损害的，被侵权人可以向动物饲养人或者管理人请求赔偿，也可以向第三人请求赔偿。动物饲养人或者管理人赔偿后，有权向第三人追偿。"该条规定是关于因第三人的过错致使动物造成他人损害，由谁承担责任的规定。

一、请求权的发生

根据上述请求权基础规范，小丽请求黄某、孙某承担侵权责任。

按照《侵权责任法》第83条的规定，第三人与饲养人或者管理人承担不真正连带责任，第三人承担最终责任，饲养人或者管理人承担责任后，有权向第三人追偿，结合请求权的基础规范以及法理分析，本案中，黄某和孙某应对小丽承担不真正连带责任。以下分析不真正连带责任的特征：

1. 不真正连带责任是数人违反对同一个民事主体负有的法定义务，因而构成数个侵权行为。不真正连带责任是侵权责任形态中的共同责任，因此必须是两个以上民事主体作为责任人。其责任产生的基础是该数人对同一个民事主体的民事权益负有法定义务，该法定义务不履行，造成了受害者的损害，发生侵权责任。

2. 不真正连带责任是基于同一个损害事实而发生的侵权责任。不真正连带责任的责任人虽然为两个以上，构成两个以上的侵权行为，但两个以上的侵权行为造成的损害后果却是一个。正是这一个共同的损害结果，才将数个行为人实施的侵权行为结合起来，发生了不真正连带责任的法律后果。不真正连带责任的数人行为对于损害的发生都具有百分之百的原因力。

3. 不同的侵权行为人对同一损害事实发生的侵权责任相互重合。正因为数个侵权行为人实施的是各自独立的侵权行为，而造成的却是一个共同的、同一的损害结果，每个侵权行为人所发生的侵权责任内容相同，无论是在责任性质、责任方式，还是责任范围上，都是重合的，因此，最终责任人所要承担的责任，必须是百分之百的赔偿责任。

4. 在相互重合的侵权责任中，只须履行一个侵权责任即可保护受害人的权利。正因为不真正连带责任是数个相同的侵权责任的重合，因此，只要数个重合的侵权责任履行一个，受害人的损害就得到了救济，受到损害的权利就得到了恢复。因此，不真正连带责任的受害人只能选择相互重合的请求权中的一个行使，该请求权行使之后，其他请求权即行消灭。

因第三人过错导致动物侵权属于动物侵权中的特殊情形，需要具有以下方面：

1. 第三人的过错。第三人的过错是指被侵权人和动物饲养人或者管理人以外的人对动物造成损害有过错。第三人的过错在大多数场合表现为：有意挑逗、投打、投喂、诱使动物，其后果致使他人受到人身或者财产的损害，其实质是实施了诱发动物致害的行为。对此问题，日本专家认为，某人唆使动物给他人造成损害只能解释为将动物当作道具使用的人自身的加害行为，应适用《日本民法典》第709条（"由于故意或者过失，侵害了他人权利或者法律上受保护的利益者，对由此产生的损害负有赔偿责任"）的规定。鉴于第718条（"动物占有人负赔偿其动物造成他人损害的责任。但是，按动物种类及性质，以相当注意进行保管者，不在此限"）之规定，在第三人唆使动物给他人造成损害的情形下，动物原占有人是否承担责任，还是需要根据其是否尽到了《日本民法典》第718条规定的注意义务来判断。

2. 对被侵权人救济的选择权。本条赋予了被侵权人的选择权。因第三人的过错致使动物造成被侵权人损害的，被侵权人既可以请求第三人承担赔偿责任，也可以请求动物饲养人或者管理人承担赔偿责任。这样规定，就可以使被侵权人根据具体情况要求赔偿。例如，甲饲养了一匹马，拴在自家的院内，乙路过此院看马很漂亮，便拿小棍子拍马，马受惊挣脱绳子冲出门，把正在路过的丙撞伤。这时被撞伤的丙既可以要求动物饲养人甲赔偿，也可以要求第三人乙赔偿。如果乙是个流浪汉，那么，作为第三人的乙与动物饲养人甲哪个更有赔偿能力就很明显了，被侵权人当然会选择经济实力强的动物饲养人甲进行赔偿。法律赋予被侵权人选择权，一方面可使被侵权人获得法律救济、得到实际赔偿的可能性增大；另一方面，也会使动物饲养人对动物的管理更加尽注意义务，从而减少动物伤人的机会。这样的设计可以让被侵权人受到更多的保护。

3. 动物饲养人和管理人的追偿权。《侵权责任法》第83条赋予了动物饲养人或者管理人的追偿权。动物饲养人或者管理人对被侵权人赔偿后，有权向第三人追偿。因为动物饲养人或管理人实际上是在代替第三人履行赔偿义务，所以其享有追偿权，第三人是责任的最终承担者。法律赋予动物饲养人或者管理人追偿权，一方面有利于被侵权人及时获得救济，另一方面也是维护动物饲养人或者管理人自身权益的一项重要手段。

根据本条规定，第三人过错造成他人损害的，可作为动物饲养人或者管理人减轻或者不承担责任的事由，但这种减轻或者免责往往是从最终意义上讲的，而不是绝对的。审判实践中，经常出现损害是由第三人造成的，但第三人是谁一时难以查明，这时，可以先由饲养人或者管理人承担责任，然后饲养人或者管理人再向第三人追偿。如果第三人找到了，动物饲养人或者管理人还可以追偿；如果第三人找不到，那就应由饲养人或者管理人承担全部责任。

本案中，孙某为第三人，黄某为动物饲养人，因孙某的挑逗，导致动物侵害小丽。

所以，小丽对孙某、黄某侵权法上的请求权发生。

二、请求权的消灭

本案请求权发生后，并无消灭之情形，故请求权没有消灭。

三、被请求人的抗辩

在本案中，黄某和孙某根据《侵权责任法》第83条的规定："因第三人的过错致使动物造成他人损害的，被侵权人可以向动物饲养人或者管理人请求赔偿，也可以向第三人请求赔偿。动物饲养人或者管理人赔偿后，有权向第三人追偿。"提起抗辩。

本案中，黄某和孙某的抗辩不成立。因为：《侵权责任法》第78条规定："饲养的动物造成他人损害的，动物饲养人或者管理人应当承担侵权责任，但能够证明损害是因被侵权人故意或者重大过失造成的，可以不承担或者减轻责任。"该条规定了受害人故意或重大过失的免责。《侵权责任法》第83条规定："因第三人的过错致使动物造成他人损害的，被侵权人可以向动物饲养人或者管理人请求赔偿，也可以向第三人请求赔偿。动物饲养人或者管理人赔偿后，有权向第三人追偿。"根据该条规定，第三人过错造成他人损害的，可作为动物饲养人或者管理人减轻或者不承担责任的事由，但这种减轻或者免责往往是从最终意义上讲的，而不是绝对的。审判实践中，经常出现损害是由第三人造成的，但第三人是谁一时难以查明，这时，可以先由饲养人或者管理人承担起责任，然后饲养人或者管理人再向第三人追偿。如果第三人找到了，动物饲养人或者管理人还可以追偿；如果第三人找不到，那就应由饲养人或者管理人承担全部责任。

本案中，被害人小丽不存在过失或重大免责，小丽的损失是由孙某挑逗动物所致，所以可作为黄某减轻或者不承担责任的事由，但是由于黄某和孙某承担不真正连带责任，所以，黄某不能因此而获得最终免责，孙某也不应以其不是动物饲养人而免责。

所以，被请求人的抗辩不成立。

四、小结

综上所述，小丽对黄某和孙某的请求权成立。

黄某对孙某的追偿权
——《侵权责任法》第83条后半段之请求权

《侵权责任法》第83条规定："因第三人的过错致使动物造成他人损害的，被侵权人可以向动物饲养人或者管理人请求赔偿，也可以向第三人请求赔偿。动物饲养人或者管理人赔偿后，有权向第三人追偿。"该条规定了第三人承担最终责任，饲养人和管理人承担责任后，有权向第三人追偿。

一、请求权的发生

根据上述请求权基础规范，《侵权责任法》赋予了动物饲养人或者管理人追偿权。动物饲养人或者管理人对被侵权人赔偿后，有权向第三人追偿。因为动物饲养人或管理人实际上是在代替第三人履行赔偿义务，所以其享有追偿权，第三人是责任的最终承担者。法律赋予动物饲养人或者管理人追偿权，一方面有利于被侵权人及时获得救济，另一方面也是维护动物饲养人或者管理人自身权益的一项重要手段。

根据《侵权责任法》第83条的规定，第三人过错造成他人损害的，可作为动物饲养人或者管理人减轻或者不承担责任的事由，但这种减轻或者免责往往是从最终意义上讲的，而不是绝对的。审判实践中，经常出现损害是由第三人造成的，但第三人是谁一时难以查明，这时，可以先由饲养人或者管理人承担责任，然后饲养人或者管理人再向第三人追偿。如果第三人找到了，动物饲养人或者管理人还可以追偿；如果第三人找不到，那就应由饲养人或者管理人承担全部责任。所以，黄某有权向孙某追偿。

所以，黄某对孙某的请求权成立。

二、请求权的消灭

本案请求权发生后，并无消灭之情形，故请求权没有消灭。

三、被请求人的抗辩

本案中，被请求人孙某无合法的抗辩事由。

四、小结

综上所述，黄某对孙某的请求权成立。

[结论]

1. 小丽对黄某、孙某的请求权成立。
2. 黄某向孙某承担责任后可向孙某追偿。

第十九章

物件致人损害责任[1]

[案情简介]

某县的公路管理局（甲）在某路的跨线桥架设了一个公路限高防护架，标示牌显示限高4.3米，在限高架之前的路段的警示牌数量有若干块，且都处于道路明显位置，极易发现。

某公司（乙）的具有长期经验的司机（丙）在上班期间违反规定，驾驶超过高度限制的货柜车（高度4.28米），撞及该限高架，致限高架的横梁一边掉落，压及驾驶轿车途经该处的丁某，经检查，丁遭受轻伤，轿车受损，司机丙没有受伤，没有逃逸，亦没有造成其他损害。交警当场作出货柜车负全责的交通事故责任认定书。

经查明，甲既是建设单位，也是施工单位。该限高架已超过合理使用期限。该路段经常有货柜车经过，而且事故后经测量后发现，被碰撞的限高架高度实际只达到了4.1米。[2]

根据本案具体案情，试以请求权基础规范为基础，分析本案中的请求权。

[基于请求权基础的案件分析]

1. 结合本案，首先，以丁为中心，进行请求权的检索，不难发现，丁共有两项请求权，分别为：对甲的请求权；对乙的请求权。下面分而述之：

（1）对甲的请求权。首先，在契约上的请求权方面，我们不难发现，并没有合同关系；其次，本案不存在无权代理等类似契约关系上的请求权、无因管理上请求权、物权关系上请求权以及无因管理请求权；最后，因为甲在道路交通物件的管理上存在过错导致丁的损害，应当承担相应的侵权责任。

（2）对乙、丙的请求权。不存在合同上的请求权、无权代理等类似契约关系上的请求权、无因管理上请求权、物权关系上请求权以及无因管理请求权；

---

[1] 撰稿人：郑伟鸿。

[2] 改编自1998年台上字1224号。

丙违反规定驾驶超过高度限制的货柜车（高度 4.28 米），撞及该限高架，致限高架的横梁一边掉落，致使丁受伤，但乙与丙形成雇佣关系，应当承担相应的侵权责任。

2. 以甲为中心，进行请求权检索：对乙、丙的侵权请求权。首先，在契约上的请求权方面，甲与乙、丙并不存在契约上的请求权；其次，本案不存在无权代理等类似契约关系上的请求权、无因管理上请求权、物权关系上请求权、无因管理请求权以及侵权请求权；但由于乙、丙的过错造成甲的损害，故存在侵权上的请求权。

丁对甲的请求权
——《侵权责任法》第 86 条第 1 款之请求权

《侵权责任法》第 86 条第 1 款规定："建筑物、构筑物或者其他设施倒塌造成他人损害的，由建设单位与施工单位承担连带责任。建设单位、施工单位赔偿后，有其他责任人的，有权向其他责任人追偿。"该条规定是关于物件倒塌致人损害的责任。

一、请求权的发生

根据上述请求权规范基础，丁请求甲承担物件致人损害责任。

能否依据《侵权责任法》第 41 条关于生产者的严格责任来请求赔偿？《产品质量法》第 2 条第 2、3 款规定："本法所称产品是指经过加工、制作，用于销售的产品。建设工程不适用本法规定；但是，建设工程使用的建筑材料、建筑构配件和设备，属于前款规定的产品范围的，适用本法规定。"限高架应属建设工程，故本案例不适用产品责任。

《侵权责任法》第 85 条规定："建筑物、构筑物或者其他设施及其搁置物、悬挂物发生脱落、坠落造成他人损害，所有人、管理人或者使用人不能证明自己没有过错的，应当承担侵权责任。所有人、管理人或者使用人赔偿后，有其他责任人的，有权向其他责任人追偿。"搁置物、悬挂物并非建筑物等不动产的成分，而是属于动产。悬挂物是指通过一定的连接方式而悬挂在建筑物、构筑物或其他设施的内部或外部的物体，如挂在过街天桥上的公路指示牌、建筑物外墙上的空调机、室外广告牌、霓虹灯等。搁置物则是指人为搁置在建筑物、构筑物或其他设施上但不与之相连接的动产，如搁置在阳台上的花盆、杯子等。从上述可以判断出，案例中的横梁并非属于搁置物或悬挂物。脱落是指建筑物、构筑物或者其他设施上的某一成分（如砖块、栏杆等）与建筑物、构筑物或其他设施脱离后而坠落。而倒塌是指建筑物、构筑物或其他设施主体结构倾倒崩塌，完全破坏了其功能性作用。根据案例，横梁应是限高架的主体部分，横梁脱落也就是设施的倒塌，故不应适用《侵权责任法》第85条，而应适用《侵权责任法》第86条关于建筑物、构筑物或其他设施倒塌的责任。

《侵权责任法》第86条第1款中的"其他责任人"根据立法者的解释是指勘察单位、设计单位、监理单位等除施工单位之外的参与建筑活动的主体。[1] 对于构筑物，在《侵权责任法》中没有具体规定，只在《最高院关于人身损害赔偿司法解释》第16条的第1款第1项作出了3个具体化的列举。该解释的第16条规定："下列情形，适用民法通则第126条的规定，由所有人或者管理人承担赔偿责任，但能够证明自己没有过错的除外：①道路、桥梁、隧道等人工建造的构筑物因维护、管理瑕疵致人损害的；②堆放物品滚落、滑落或者堆放物倒塌致人损害的；③树木倾倒、折断或者果实坠落致人损害的。前款第①项情形，因设计、施工缺陷造成损害的，由所有人、管理人与设计、施工者承担连带责任。"韩世远在《建筑物责任的解释论》中认为，构筑物是指特种工程结构的通称，指一般不直接在里面进行生产和生活活动的工程建筑，如水塔、烟囱。[2] 程啸的《侵权责任法》一书中认为，构筑物是指以人力方式在地面上建造的具有特定用途，但不能直接供人们进行居住生活、从事生产活动或者其他活动的场所。[3] 根据以上概括，限高架应属于构筑物。

当事人承担该特殊侵权责任，必须具备该责任的构成要件。其构成要件为：

1. 加害行为：违反公共设施安全设置、管理义务的不作为。
2. 损害结果：因倒塌造成他人损害。
3. 因果关系：丁的损害结果与甲的加害行为之间存在因果关系。

对于因果关系是否成立要进一步分析，分为一因一果关系和复杂因果关系。针对一因一果关系，相当因果关系说为通说，其判断标准为条件关系与相当性的结合，即无此行为虽不必生此种损害，有此行为通常即足生此种损害者，是为有因果关系。[4]

而针对复杂因果关系，应该归纳为叠加因果，指单个加害事由不足以导致损害的发生，或者不足以导致扩大的损害发生，但加害事由相互作用之后，导致新的损害或者扩大的损害发生。[5] 或者是结合的因果关系，是指多个行为人的行为导致了一个损害的发生，这些行为并非是在同一时间发生的，而是共同

---

〔1〕 参见王胜明主编：《中华人民共和国侵权责任法解读》，中国法制出版社2010年版，第420页。

〔2〕 参见韩世远："建筑物责任的解释论——以《侵权责任法》第85条为中心"，载《清华法学》2011年第1期。

〔3〕 参见程啸：《侵权责任法》，法律出版社2011年版，第514页。

〔4〕 参见魏振瀛：《民法》，北京大学出版社、高等教育出版社2010年版，第657页。

〔5〕 参见朱岩：《侵权责任法通论·总论》，法律出版社2011年版，第206页。

促成损害结果的发生。也就是说，任何一个行为都不足以造成损害，只有这些行为共同作用之后才能产生该损害。在结合的因果关系中，每一个加害行为都不足以造成全部的损害，但他们对于损害的发生都具有原因力。[1]

在此案中，因为限高架的实际高度并没有达到提示牌所显示的高度，而甲本来就有自身维护管理的注意义务和职责，因此，甲的不作为也是一种加害行为。而司机丙在路上违规驾驶 4.28 米高的货柜车，这个行为也不能直接导致乙的损害。因此，只有他们俩的行为结合才会产生了对乙的损害。因此，乙在这起事故中有因果关系。

4. 过错：此特殊侵权责任适用无过错责任。故此，建设单位不能以没有过错为由免责。事实上，即便建筑物、构筑物的倒塌完全是由其他责任人原因所致，建设单位也要与施工单位承担连带责任，事后可以追偿，而在本案例中，甲既是建设单位，也是施工单位，就更不用说了。

所以，丁对甲的侵权上的请求权发生。

二、请求权的消灭

本案请求权发生后，并无消灭之情形，故请求权没有消灭。

三、被请求人的抗辩

在本案中，甲根据《侵权责任法》第 86 条第 2 款（"因其他责任人的原因，建筑物、构筑物或者其他设施倒塌造成他人损害的，由其他责任人承担侵权责任"）和第 28 条的规定（"损害是第三人造成的，第三人应当承担侵权责任"）提起抗辩。

甲的抗辩权不成立。因为：此处的"其他责任人"根据起草者的解释，主要是指所有权人（业主）、其他使用人等。[2] 但是该条并未规定行为人（即甲）是否可以免责。《侵权责任法》第 28 条规定是广义上的第三人原因，既包括第三人过错是造成损害的唯一原因，也包括第三人过错是造成损害的部分原因的情形，可以使行为人免责或减责。[3] 因此，进一步具体分析因第三人的原因而免责的构成要件。[4] ①第三人是指加害人、受害人之外的人。明显丙是第三人。②第三人的行为属于故意或过失行为。丙的行为是重大过失行为。③存在加害人的行为且该行为在客观上与损害有一定的关系。很明显，如果没限高架的错误标示，横梁也就不会掉落砸伤丁，加害人的行为与损害并非完全无任何关系。④受害人的损害完全是由于第三人的行为所引发的，与加害人的行为无关，只

---

〔1〕　参见程啸：《侵权责任法》，法律出版社 2011 年版，第 184 页。

〔2〕　参见王胜明主编：《中华人民共和国侵权责任法解读》，中国法制出版社 2010 年版，第 420 页。

〔3〕　参见王利明：《侵权责任法研究（上）》，中国人民大学出版社 2010 年版，第 435 页。

〔4〕　参见程啸：《侵权责任法》，法律出版社 2011 年版，第 229～230 页。

有当第三人是故意时，才会中断因果关系，而货柜车司机的行为明显是重大过失。

进一步具体分析重大过失的认定。法律对过失注意义务的判断标准趋向于客观化，即以一个理性人在当事人所处情境下所作的反应作为注意标准。而过失认定客观化的另一个体现是：法律规定了很多的行为标准，例如交通规则。根据通说，重大过失是指行为人不仅未达到该较高的注意义务，并且连一般人的注意义务都没有达到。行为人是否具有重大过失，应依行为人未尽注意之时的总体情况加以判断。至于行为人是否知悉其行为的危险性，并非判断重大过失的必备标准。

而在本案中，司机丙作为一个货柜车的职业老司机，应该很清楚货柜车不能超高的交通规定，只根据肉眼和经验判断车辆的高度和限高架的高度，没有停在原地试探性地对比限高架和车辆的高度，连一般人应尽到的注意也没有尽到，所以应该属于重大过失。

从上述的因第三人免责的构成要件第四点出发，对于因果关系的中断与否还需要再考虑以下因素：①该第三人的行为能否为加害人合理预见，或者是否属于加害行为所造成状态的正常结果。根据案情，那里经常有货柜车出入，甲应该预见到限高架如果不合核准规定，被撞的可能性很大。因此符合。②该第三人的行为是否改变加害人的行为引发的损害类型。很明显，限高架已超合理使用期限，横梁不管是自然掉落还是被第三人导致的掉落，发生损害类型都不会改变，都是被砸伤。

因此，货柜车司机的行为不属于广义第三人原因中的第一种情形，即不属于第三人过错是造成损害的唯一原因。

所以，被请求人的抗辩权不成立。

四、小结

综上所述，丁对甲在侵权上的请求权成立。

丁对乙、丙的请求权

——《侵权责任法》第 12 条、第 34 条、第 48 条的请求权

《侵权责任法》第 12 条规定："二人以上分别实施侵权行为造成同一损害，能够确定责任大小的，各自承担相应的责任；难以确定责任大小的，平均承担赔偿责任。"该条是关于共同因果关系的规定。

《侵权责任法》第 34 条第 1 款规定："用人单位的工作人员因执行工作任务造成他人损害的，由用人单位承担侵权责任。"该条是关于职务侵权责任的规定。

《侵权责任法》第 48 条规定："机动车发生交通事故造成损害的，依照道路交通安全法的有关规定承担赔偿责任。"该条规定是关于机动车交通事故责任的法律适用。

《中华人民共和国道路交通安全法》第 76 条规定："机动车发生交通事故造成人身伤亡、财产损失的，由保险公司在机动车第三者责任强制保险责任限额范围内予以赔偿；不足的部分，按照下列规定承担赔偿责任：①机动车之间发生交通事故的，由有过错的一方承担赔偿责任；双方都有过错的，按照各自过错的比例分担责任。②机动车与非机动车驾驶人、行人之间发生交通事故，非机动车驾驶人、行人没有过错的，由机动车一方承担赔偿责任；有证据证明非机动车驾驶人、行人有过错的，根据过错程度适当减轻机动车一方的赔偿责任；机动车一方没有过错的，承担不超过 10% 的赔偿责任。交通事故的损失是由非机动车驾驶人、行人故意碰撞机动车造成的，机动车一方不承担赔偿责任。"该条规定是关于机动车交通事故的归责原则。

一、请求权的发生

根据上述请求权规范基础，丁请求乙、丙承担机动车交通事故责任。

机动车交通事故责任的构成要件：一是造成了他人损害，二是机动车处于运行中，三是损害因机动车的运行所致，四是机动车之间发生交通事故时，加害人应具有过错。

关于机动车处于运行中。机动车交通事故必须是机动车"在道路上"给他人造成了损害。根据《道路交通安全法》第 119 条的规定，①"道路"，是指公路、城市道路和虽在单位管辖范围但允许社会机动车通行的地方，包括广场、公共停车场等用于公众通行的场所。②"车辆"，是指机动车和非机动车。③"机动车"，是指以动力装置驱动或者牵引，上道路行驶的供人员乘用或者用于运送物品以及进行工程专项作业的轮式车辆。④"非机动车"，是指以人力或者畜力驱动，上道路行驶的交通工具，以及虽有动力装置驱动但设计最高时速、空车质量、外形尺寸符合有关国家标准的残疾人机动轮椅车、电动自行车等交通工具。⑤"交通事故"，是指车辆在道路上因过错或者意外造成的人身伤亡或者财产损失的事件。

受害人的损害必须是由于机动车的运行所致。也就是说，因机动车运行所形成的危险现实化而造成了他人损害。至于损害的发生是否因机动车之间、机动车与非机动车或行人之间发生物理上的接触所致，在所不同。如果受害人的损害虽然与机动车相关，却并非因机动车的运行所致，而是因其他原因所致，也不属于机动车交通事故责任。但是，如果受害人的损害是由于机动车的运行和第三人的侵权行为结合所致，则应该依据不同的情形分别处理。就机动车之间发生交通事故而言，如果加害的机动车一方并无过错，第三人应就受害人的损害承担侵权责任。如果加害机动车的一方也有过错的，其应与第三人承担按份责任。[1]

《人身损害赔偿司法解释》第 9 条第 1 款规定："雇员在从事雇佣活动中致人损害的，雇主应当承担赔偿责任；雇员因故意或者重大过失致人损害的，应当与雇主承担连带赔偿责任。……"就此，王利明教授认为，我国《侵权责任法》第 34 条所规定的"用人单位责任"同时包括法人侵权责任和雇主责任。[2]

当事人承担该特殊侵权责任，必须具备该责任的构成要件。其构成要件为：

1. 损害结果：丁受重伤以及轿车的损坏。

2. 机动车处于运行当中：货柜车系机动车，且货柜车当时行驶在某公路上，参与了道路交通运行。

3. 因果关系：成立。前面已述，乙、丙与甲属于结合的因果关系，是指多个行为人的行为导致了一个损害的发生，这些行为并非在同一时间发生的，而是共同促成损害结果的发生。也就是说，任何一个行为都不足以造成损害，只有这些行为共同作用之后才能产生该损害。在结合的因果关系中，每一个加害行为都不足以造成全部的损害，但他们对于损害的发生都具有原因力。[3]

在此案中，因为限高架的实际高度并没有达到提示牌所显示的高度，而甲本来就有自身的维护管理的注意义务和职责，因此，甲的不作为也是一种加害行为。而司机丙在路上违规驾驶 4.28 米高的货柜车的行为也不能直接导致乙的损害。因此，只有他们俩的行为结合才会产生了对乙的损害。因此，乙、丙的行为在这起事故中有因果关系。也就是说，他们造成受害人丁的损害与机动车的运行也有因果关系。

4. 过错：丙作为驾驶货柜车的老司机，对于货柜车的高度的测量和对限高架的高度预测有重大过失。且乙、丙的行为违反相关法律规定，根据《超限运输车辆行驶公路管理规定》第 3 条的规定和《中华人民共和国道路交通安全法实施条例》第 54 条第 1 款第 1 项的规定，重型、中型载货汽车及半挂车载物，高度从地面起不得超过 4 米，载运集装箱的车辆不得超过 4.2 米。据此，认定乙丙具有过错。

所以，丁对乙丙在侵权上的请求权发生。

二、请求权的消灭

本案请求权发生后，并无消灭之情形，故请求权没有消灭。

---

〔1〕　参见程啸：《侵权责任法教程》，中国人民大学出版社 2011 年版，第 193～194 页。

〔2〕　参见王利明：《侵权责任法研究（上卷）》，中国人民大学出版社 2010 年版，第 80 页。

〔3〕　参见程啸：《侵权责任法》，法律出版社 2011 年版，184 页。

三、被请求人的抗辩

在本案中，乙、丙根据《道路交通安全法》第76条的规定（"机动车发生交通事故造成人身伤亡、财产损失的，由保险公司在机动车第三者责任强制保险责任限额范围内予以赔偿；不足的部分，按照下列规定承担赔偿责任：①机动车之间发生交通事故的，由有过错的一方承担赔偿责任；双方都有过错的，按照各自过错的比例分担责任……"）和《侵权责任法》第26条的规定（"被侵权人对损害的发生也有过错的，可以减轻侵权人的责任"）提起抗辩。

乙、丙的抗辩权不成立。因为：对于机动车双方各自过错的比例如何确定的问题，目前法院的做法主要是以公安机关交通管理部门的交通事故责任认定书为依据。而本案例中，交警当场作出的认定书认定货柜车负全责。

所以，被请求人的抗辩不成立，不能以此作为减责事由的依据。

四、小结

综上所述，丁对乙、丙在侵权上的请求权成立。

甲对乙、丙的请求权
——《侵权责任法》第86条第2款之请求权

《侵权责任法》第86条第2款规定："因其他责任人的原因，建筑物、构筑物或者其他设施倒塌造成他人损害的，由其他责任人承担侵权责任。"该条是关于物件倒塌致人损害责任的规定。

一、请求权的发生

根据上述请求权规范基础，甲请求乙、丙承担一般侵权责任，赔偿限高架损失的费用。当事人承担该一般侵权责任，必须具备该责任的构成要件。其构成要件为：

1. 加害行为：丙违规驾驶超高的货柜车撞及限高架。

2. 损害结果：限高架损坏且掉落。

3. 因果关系：成立。针对一因一果关系，相当因果关系说为通说，其判断标准为条件关系与相当性的结合，即无此行为虽不必生此种损害，有此行为通常即足生此种损害者，是为有因果关系。结合案情，如果没有货柜车的超高行驶，虽然不一定会导致横梁的掉落，但是如果有了货柜车此行为，通常就会导致限高架倒塌的后果。因此，根据相当因果关系，加害人的加害行为与损害结果之间有因果关系。

4. 过错：乙、丙的行为违反相关法律规定，根据《超限运输车辆行驶公路管理规定》第3条的规定和《中华人民共和国道路交通安全法实施条例》第54条的规定，重型、中型载货汽车及半挂车载物不得超过4米，载运集装箱的车辆不得超过 4.2 米。据此，认定乙、丙具有过错。

所以，甲对乙、丙在侵权上的请求权发生。

二、请求权的消灭

本案请求权发生后，并无消灭之情形，故请求权没有消灭。

三、被请求人的抗辩

在本案中，被请求人丙的抗辩权体现在被请求人可以根据《侵权责任法》第 34 条第 1 款的规定（"用人单位的工作人员因执行工作造成他人损害的，由用人单位承担侵权责任"）行使抗辩权。

在本案中，被请求人乙的抗辩权体现在被请求人可以根据《侵权责任法》第 26 条的规定（"被侵权人对损害的发生也有过错的，可以减轻侵权人的责任"）行使抗辩权。

过错的判断标准以及结合具体案情分析。法律对过错并没有明文解释，主流观点对被侵权人的过错采取客观说。即过错不是由人的主观心理态度决定的，而是由人的客观行为判定的，如果一个人的行为没有达到一个正常人在相同情况下应该达到的标准，那么这个人就是有过错。王泽鉴先生认为：单就方法论而言，民法上过失的认定标准应当有别于刑法。因为民法尤其是侵权行为法的目的在于合理分配损害，所以过失的认定应当采取客观说。

甲的过错非常明显，违背了公共设施安全设置、管理义务，限高架超合理期限使用，而且明明是 4.3 米高的限高架，实际上却只有 4.1 米，可知甲也有过错。

所以，被请求人的抗辩权成立。

（四）小结

综上所述，甲对乙丙在侵权上的请求权成立。

［结论］

1. 甲对丁承担侵权责任。

2. 乙、丙对丁承担侵权责任。

3. 乙对甲承担侵权责任。

雇佣关系的侵权责任

案例一[1]

[案情简介]

2010 年 10 月 14 日，魏广富雇井山拉玉米，拉玉米回家途中，魏广富坐在井山的农用车上，行使至北京市房山区周口店村村口时，由于井山开车的时速过快（已构成超速），在一个十字路口遇到一辆迎面行驶而来的小车（违规行驶），为了避开小车，井山把车转向另一个路口，因来不及刹车，魏广富被路上设置的限高杆刮下致伤。同时，农用车也因碰撞到限高杆而导致井山出现轻伤。事后查明，魏广富为了多运一些玉米而把玉米叠堆起来，超过了限高杆。魏广富被送往北京市房山区中医医院（以下简称房山中医医院）治疗，经诊断，魏广富伤情为：右髂骨骨折，左侧髋前缘骨折，左锁骨远端骨折，左肩胛骨骨折。魏广富分别于 2010 年 10 月 14 日至 2010 年 11 月 15 日、2011 年 1 月 17 日至 2011 年 1 月 23 日在房山中医医院住院治疗，花费医疗费 55 865.05 元、120 救护车收费及医疗急救收费 185 元、医疗器具费用 210 元。魏广富分别于 2010 年 11 月 18 日、12 月 7 日、12 月 28 日到河北省涿州市码头骨伤科诊所看病，支付膏药费 1290 元。后因与井山就赔偿问题达成一致意见，魏广富诉到法院。经魏广富申请，法院委托中心出具司法鉴定中心对魏广富伤残等级进行鉴定。2011 年 4 月 6 日，中天司法鉴定中心出具司法鉴定意见书，魏广富的伤残等级鉴定结论为八级伤残。后魏广富增加诉讼，要求井山赔偿残疾赔偿金 43 765 元，精神抚慰金 1.5 万元、鉴定费 2000 元、交通费 186 元、医疗费 1539.16 元。以上请求共计 127 474.77 元。庭审中，魏广富提交房山中医医院诊断证明证实，魏广富于 2010 年 11 月 1 日~15 日在房山中医医院住院治疗期间需要高营养饮食、专人护理；2011 年 1 月 17 日~23 日在房山中医医院住院治疗期间需要陪护。经核算，魏广富的合理经济损失为房山中医医院医药费 55 865.05 元、120 救护车

---

[1]　撰稿人：李耀。

收费级医疗急救收纳 185 元、护理费 1000 元、住院伙食补助费 1900 元、营养费 700 元、伤残赔偿金 1290 元、交通费 186 元、精神损害赔偿金 1 万元、伤残鉴定费 2000 元，以上共计 113 122.05 元。井山已经支付魏广富医院药费 19 500 元，小车的车主刘某未支付任何费用。[1]

根据本案具体案情，试以请求权基础规范为基础，分析本案中的请求权。

[基于请求权基础的案件分析]

1. 结合本案，首先，以井山为中心，进行请求权的检索，不难发现，井山共有两项请求权，分别为：对刘某的请求权；对魏广富的请求权。下面分而述之：

（1）对刘某的请求权。首先，在契约上的请求权方面，我们不难发现，并没有合同关系；其次，本案不存在无权代理等类似契约关系上的请求权、无因管理上请求权、物权关系上请求权以及无因管理请求权；最后，因为刘某的违规驾驶导致井山的损害，应当承担相应的侵权责任。

（2）对魏广富的请求权。不存在合同上的请求权、无权代理等类似契约关系上的请求权、无因管理上请求权、物权关系上请求权以及无因管理请求权；但井山与魏广富形成雇佣关系。井山开车时超速驾驶，其固然有过错，但超速驾驶只是速度较快，并不一定会撞上限高杆。而雇主魏广富为了多运一些玉米而把玉米叠堆起来，超过了限高杆而导致了损害结果的发生，故损害结果与井山的超速驾驶和魏广富把玉米叠堆过高是密不可分的，双方都有过错，故魏广富应对井山的损害承担赔偿责任。

2. 以魏广富为中心，进行请求权检索，共有两项请求权，分别为：

（1）对井山的侵权请求权。首先，在契约上的请求权方面，井山与魏广富并不存在契约上的请求权；其次，本案不存在无权代理等类似契约关系上的请求权、无因管理上请求权、物权关系上请求权、无因管理请求权以及侵权请求权；但由于井山的过错造成魏广富的损害，故存在侵权上的请求权。

（2）对刘某的侵权请求权。首先，不存在合同行的请求权、无权代理等类似契约关系上的请求权；但由于刘某的过错造成魏广富的损害，故存在侵权上的请求权。

井山对刘某的请求权

——《侵权责任法》第 48 条之请求权

《侵权责任法》第 48 条规定："机动车发生交通事故造成损害的，依照道路

---

〔1〕　改编自北京市第一中级人民法院（2011）一中民终字第 18616 号民事判决书。

交通安全法的有关规定承担赔偿责任。"该条规定意味着，当机动车发生交通事故的，可以参照有关特别法来处理，即按照《道路交通安全法》的相关规定来处理。

一、请求权的发生

本案中，因为刘某的违规驾驶，导致井山把车转向另一个路口因碰撞限高杆而自己受到损害。而井山与刘某均驾驶的是机动车，根据《道路交通安全法》第 76 条第 1 款的规定，当机动车之间发生交通事故时，应适用过错责任的归责原则，由有过错的一方承担责任。

过错责任原则的基本含义是：过错是加害人承担民事责任的前提和基础，无过错则无责任。①以过错作为机动车之间道路交通事故的损害赔偿责任归责原则，意味着机动车一方有过错才承担侵权责任，无过错则无需承担责任。此处的过错包括故意和过失。故意，是指行为人已经预见到自己行为的损害后果，但依然积极地追求或放任该损害后果的发生。而过失则是指行为人因未尽合理的注意义务而未能预见损害后果，导致损害后果的发生。因此，正确地认定过错程度对于确定责任的归属和承担具有重要意义，特别是在共同过错的情况下，过错程度直接影响过失相抵规则的适用。在一般情况下，对于他人的权利和利益负有一般注意义务的人，应当尽到一个诚信善意之人的注意义务；对他人的权利和利益负有特别义务的人，应当尽到法律、法规、操作规程等所要求的特别注意义务，例如机动车驾驶员对于行人和非机动车辆的注意义务比一般注意义务要高。②以过错作为确定行为人责任范围的重要依据。当加害人和受害人都有过错的情况下，应当依据双方的过错来分担责任。

过错责任原则在侵权责任归责原则的体系中居于核心地位，它是侵权行为法最突出的特征，充分体现了侵权行为法补偿、制裁、教育和预防的功能，各国侵权行为法均以过错责任原则为其首要归责原则。对于道路交通事故损害赔偿责任的归责原则，英国采取的是过错责任原则，美国的一部分州也在实行过错责任原则。除此之外，极少有国家采取过错责任的归责原则，多数国家采取的是过错推定和无过错责任。[1]

而在本案中，井山是因刘某违规驾驶才导致损害结果的发生，刘某对损害结果的发生具有过错，故井山可请求刘某承担侵权上的赔偿责任。

所以，井山对刘某侵权上的请求权发生。

二、被请求权的消灭

本案请求权发生后，并无消灭之情形，故请求权没有消灭。

---

〔1〕　参见孙玉荣："《中华人民共和国道路交通安全法》第 76 条之法律适用"，载《法学杂志》2011 年第 5 期。

三、被请求人的抗辩权

在本案中，被请求人的抗辩权体现在被请求人可以根据《侵权责任法》第27条、《民法通则》第131条的规定行使抗辩权。

《侵权责任法》第26条规定："被侵权人对损害的发生也有过错的，可以减轻侵权人的责任。"该条规定，当受害人对损害结果的发现具有过错（如重大过失）的，应减轻侵权人的赔偿责任。

《民法通则》第131条规定："受害人对于损害的发生也有过错的，可以减轻侵害人的民事责任。"该条规定类似于《侵权责任法》第26条的规定。

机动车之间发生交通事故的，应适用于承担过错责任的场合。在此场合下，过失相抵均可适用，此时的过错包括故意、重大过失与一般过失。关于这部分的理论学说，在"准共同侵权行为"这部分已进行详细的阐述，此处不再展开论述。

在本案中，虽然刘某在驾驶过程中有违规行为，但井山的人身损害是与其超速驾驶密不可分的，如果井山未超速驾驶的话，则可及时刹车，完全可避免撞到限高杆这样的损害后果发生。可见，井山是存在重大过失的过错，其损害与其过错是密不可分的。

所以，被请求人的抗辩成立。

四、小结

综上所述，井山对刘某侵权上的请求权成立。

井山对魏广富的请求权
——《侵权责任法》第35条之请求权

《侵权责任法》第35条规定："个人之间形成劳务关系，提供劳务一方因劳务造成他人损害的，由接受劳务一方承担侵权责任。提供劳务一方因劳务自己受到损害的，根据双方各自的过错承担相应的责任。"《侵权责任法》出台后，相关的法律术语也发生了变化，用"提供劳务一方"代替了"雇员"，用"接受劳务一方"代替了"雇主"，但实质的法律关系并未发生变化。该条规定，当提供劳务一方在从事劳务时造成他人伤害时，由接受劳务一方承担侵权责任，此时接受劳务一方承担的是无过错责任；而当提供劳务一方在从事劳务时自己受到损害的话，是根据其与接受劳务一方二者各自的过错来承担责任的，此时接受劳务一方承担的是过错责任。

一、请求权的发生

在本案中，井山与魏广富形成雇佣关系。井山开车时超速驾驶，其固然有过错，但超速驾驶只是速度较快，并不一定会撞上限高杆，而是因为雇主魏广富为了多运一些玉米而把玉米叠堆起来，超过了限高杆而导致了损害结果的发生，故损害结果与井山的超速驾驶和魏广富把玉米叠堆过高是密不可分的，双方都有过错，故魏广富应对井山的损害承担赔偿责任。

所以，井山对魏广富雇佣关系上的请求权发生。

二、被请求权的消灭

本案请求权发生后，并无消灭之情形，故请求权没有消灭。

三、被请求人的抗辩

在本案中，被请求人可以根据《侵权责任法》第 26 条、《民法通则》第131 条、《侵权责任法》第 35 条行使抗辩权。

《侵权责任法》第 26 条规定："被侵权人对损害的发生也有过错的，可以减轻侵权人的责任。"该条规定，当受害人对损害结果的发现具有过错（如重大过失）的，应减轻侵权人的赔偿责任。

《民法通则》第 131 条规定："受害人对于损害的发生也有过错的，可以减轻侵害人的民事责任。"该条规定类似于《侵权责任法》第 26 条。

《侵权责任法》第 35 条规定："个人之间形成劳务关系，提供劳务一方因劳务造成他人损害的，由接受劳务一方承担侵权责任。提供劳务一方因劳务自己受到损害的，根据双方各自的过错承担相应的责任。"该条规定，当提供劳务一方在从事劳务时造成他人伤害的，由接受劳务一方承担侵权责任，此时接受劳务一方承担的是无过错责任；而当提供劳务一方在从事劳务时自己受到损害的话，是根据其与接受劳务一方二者各自的过错来承担责任的，此时接受劳务一方承担的是过错责任。

在本案中，虽然魏广富为了多运一些玉米而把玉米叠堆起来从而超过了限高杆，但并不必然地导致井山驾驶农用车去撞上限高杆，而是因为井山超速驾驶而导致损害后果的发生，故井山对损害后果的发生有重大过失，应减轻魏广富的赔偿责任。

所以，被请求人的抗辩成立。

四、小结

综上所述，井山对魏广富雇佣关系上的请求权成立。

魏广富对井山的请求权
——《侵权责任法》第 35 条之请求权

《侵权责任法》第 35 条规定："个人之间形成劳务关系，提供劳务一方因劳务造成他人损害的，由接受劳务一方承担侵权责任。提供劳务一方因劳务自己受到损害的，根据双方各自的过错承担相应的责任。"该条规定，当提供劳务一方在从事劳务时造成他人伤害的，由接受劳务一方承担侵权责任，此时接受劳务一方承担的是无过错责任；而当提供劳务一方在从事劳务时自己受到损害的话，是根据其与接受劳务一方二者各自的过错来承担责任的，此时接受劳务一方承担的是过错责任。

一、请求权的发生

根据上述请求权基础规范，雇主魏广富请求雇员井山承担侵权责任。

虽然从法条表面的文字内容来看，该条文并未明确规定提供劳务一方因提供劳务过程中对接受劳务一方造成损害的责任承担问题，但笔者认为，提供劳务一方因提供劳务过程中对接受劳务一方造成损害的，此种情形应当同提供劳务一方因劳务造成自己损害的相类似，即根据双方各自的过错来承担相应的赔偿责任。因为从平等保护劳务双方利益的角度出发，《侵权责任法》第35条第2款规定调整的是提供劳务一方与接受劳务一方之间的内部关系，同时明确规定适用的是过错责任原则。当同样是劳务双方内部关系，若规定提供劳务一方自己受到损害时适用过错原则，但接受劳务一方受到损害时适用无过错责任（即自己承担损害后果），这样是有失公平的，对接受劳务一方不利。也许有学者提出，接受劳务一方应自担风险，因为提供劳务一方的职务行为是为接受劳务一方创造更大的价值，若还需提供劳务一方对接受劳务一方承担责任，则会加重前者的义务。但笔者认为，这样的观点容易导致提供劳务一方对接受劳务一方人身和财产权益的漠视，不利于社会和谐和经济发展。故提供劳务一方因提供劳务过程中对接受劳务一方造成损害的，也应根据双方各自的过错来承担相应的赔偿责任。

所以，魏广富对井山侵权上的请求权发生。

二、被请求权的消灭

本案请求权发生后，并无消灭之情形，故请求权没有消灭。

三、被请求人的抗辩权

在本案中，被请求人可以根据《侵权责任法》第26条、《民法通则》第131条、《侵权责任法》第35条行使抗辩权。

《侵权责任法》第26条规定："被侵权人对损害的发生也有过错的，可以减轻侵权人的责任。"该条规定，当受害人对损害结果的发现具有过错（如重大过失）的，应减轻侵权人的赔偿责任。

《民法通则》第131条规定："受害人对于损害的发生也有过错的，可以减轻侵害人的民事责任。"该条规定类似于《侵权责任法》第26条。

《侵权责任法》第35条规定："个人之间形成劳务关系，提供劳务一方因劳务造成他人损害的，由接受劳务一方承担侵权责任。提供劳务一方因劳务自己受到损害的，根据双方各自的过错承担相应的责任。"该条规定，当提供劳务一方在从事劳务时造成他人伤害的，由接受劳务一方承担侵权责任，此时接受劳务一方承担的是无过错责任；而当提供劳务一方在从事劳务时自己受到损害的话，是根据其与接受劳务一方二者各自的过错来承担责任的，此时接受劳务一方承担的是过错责任。

在本案中，虽然井山超速驾驶，但并不必然地导致井山会撞上限高杆，是因为魏广富为了多运一些玉米而把玉米叠堆起来从而超过了限高杆而导致损害后果的发生，故魏广富对损害后果的发生具有重大过失的过错，应减轻井山的赔偿责任。

所以，被请求人的抗辩成立。

四、小结

综上所述，魏广富对井山侵权上的请求权成立。

魏广富对刘某的请求权
——《道路交通安全法》第 76 条第 1 款之请求权

《道路交通安全法》第 76 条第 1 款规定："机动车之间发生交通事故的，由有过错的一方承担赔偿责任；双方都有过错的，按照各自过错的比例分担责任。"该条规定确立了机动车之间发生交通事故时，应适用过错责任的归责原则。

一、请求权的发生

在本案中，刘某违规驾驶，导致与井山发生交通事故，其对损害后果的发生具有过错，需承担责任。魏广富作为雇主，在向其雇员井山承担赔偿责任后，可向造成此事故的责任一方刘某进行追偿。

所以，魏广富对刘某侵权上的请求权发生。

二、被请求权的消灭

本案请求权发生后，并无消灭之情形，故请求权没有消灭。

三、被请求人的抗辩

在本案中，被请求人的抗辩权体现在被请求人可以根据《侵权责任法》第 26 条、《民法通则》第 131 条行使抗辩权。

《侵权责任法》第 26 条规定："被侵权人对损害的发生也有过错的，可以减轻侵权人的责任。"此前已阐述，此处略述。

《民法通则》第 131 条规定："受害人对于损害的发生也有过错的，可以减轻侵害人的民事责任。"此条规定类似于《侵权责任法》第 26 条。

机动车之间发生交通事故的，应适用于承担过错责任的场合。在此场合下，过失相抵均可适用，此时的过错包括故意、重大过失与一般过失。

在本案中，虽然刘某在驾驶过程中有违规行为，但魏广富的损害是与其雇员超速驾驶和自己叠堆玉米过高密不可分的，如果井山未超速驾驶的话，则可及时刹车；如果魏广富没有把玉米叠堆过高，则可完全避免撞到限高杆这样的损害后果。可见，魏广富一方存在重大过失，其损害与其过错是密不可分的。

所以，被请求人的抗辩成立。

四、小结

综上所述，魏广富对刘某侵权上的请求权成立。

［结论］

1. 井山可请求第三人刘某或雇主魏广富承担人身损害赔偿责任，但由于其有重大过失，可减轻刘某或魏广富的赔偿责任。

2. 魏广富可请求井山对自己的人身损害承担赔偿责任，但由于其同样具有重大过失，可减轻井山的赔偿责任。

3. 若井山请求魏广富承担赔偿责任，可魏广富有权向刘某进行追偿。

案例二[1]

［案情简介］

刚刚成立的正兴商场，为大力宣传商场的知名度，特委托本市最著名的天雷广告公司制作一块宣传企业形象的广告牌，并且双方约定由天雷广告公司负责安排安装在商场外墙。某日，狂风大作，广告牌被吹落，恰逢路人甲由此经过，受重伤。事后，经查发现，由天雷公司负责安装的广告牌存在质量问题。

根据本案的具体案情，试以请求权基础规范为基础，分析本案中的请求权。

［基于请求权基础的案件分析］

本案案情请求权基础可以从以下几方面进行分析：

1. 结合本案，以甲所为中心，进行请求权的检索：对正兴商场的请求权。首先，在契约上的请求权方面，我们不难发现，甲与正兴商场并没有合同关系；其次，本案不存在无权代理等类似契约关系上的请求权、无因管理上请求权、物权关系上请求权以及无因管理请求权；最后，由于正兴商场所有的广告牌被大风吹落导致甲遭受损害，应当承担相应的侵权责任。故存在侵权请求权。

2. 结合本案，以正兴商场为中心，进行请求权的检索：对天雷广告公司的请求权。首先，在契约上的请求权方面，我们不难发现，正兴商场和天雷广告

---

［1］ 撰稿人：公君超。

公司存在承揽合同关系，故可能存在合同上的请求权；其次，本案不存在无权代理等类似契约关系上的请求权、无因管理上请求权、物权关系上请求权、无因管理请求权以及侵权上的请求权。

甲对正兴商场的请求权
——《侵权责任法》第 85 条上的请求权

《侵权责任法》第 85 条规定："建筑物、构筑物或者其他设施及其搁置物、悬挂物发生脱落、坠落造成他人损害，所有人、管理人或者使用人不能证明自己没有过错的，应当承担侵权责任。所有人，管理人或者使用人赔偿后，有其他责任人的，有权向他责任人追偿。"该条规定修改了《民法通则》第 126 条原有的规定，将适用范围进一步扩大，由所有人、管理人扩大到使用人。

一、请求权的发生

根据上述请求权基础规范，甲请求正兴商场承担侵权损害赔偿责任。

通过分析案例可知，正兴商场对甲的侵权损害属于侵权法中物件脱落、坠落致人损害的特殊侵权情形。物件致人损害，是指因为物件的脱落、倒塌以及物件坠落等而致人损害。构成此种侵害情形需要具备如下几个要件：

1. 责任主体范围：所有人、管理人、使用人。《民法通则》第 126 条规定的责任主体仅包括所有人和管理人，《侵权责任法》第 85 条将责任主体进一步扩大，将使用人囊括在内。即此责任的构成主体仅限于所有人、管理人、使用人，脱落物、坠落物的主体在此范围之外的都不构成物件致人损害的情形。

2. 归责方式：适用过错推定责任，即所有人、管理人、使用人不能证明自己没有过错的，承担侵权责任。

3. 第三人原因不能免责：所有人、管理人或使用人在承担责任后，有其他责任人的，再向其他责任人追偿，而不是直接面对受害人免责。其他的责任人主要是指导致物件搁置物、悬挂物发生脱落、坠落的原因制造者。

物件致人损害不同于抛掷物致人损害。抛掷物致人损害，也称为高楼抛掷物致人损害，是指高层建筑的所有人或者其他居住人从其住所抛出物件致使受害人受到损害，但不能确定真正的行为人。[1] 在侵权方式上，物件致人损害与抛掷物致人损害是一样的，导致损害结果发生的原因皆为物件直接致人损害而导致的，尽管产生责任的方式一样，但是两者还是存在显著差别的。首先，物件致人损害的情况下，脱落物或者坠落物所指向的归属人是特定的、明确的，若受害人由此物而受到伤害，其所有人、管理人或使用人就应对损害的结果负

---

[1] 参见王利明："抛掷物致人损害的责任"，载《政法论坛》2006 年第 6 期。

责。而抛掷物致人损害的物的归属人不明确，无法查清具体某个人。其次，在物件致人损害中，行为人大多存在过错或者过失而导致损害结果的发生，比如未尽到妥善的维修、管理检查等义务。而抛掷物致人损害的行为人的行为是一种积极行为，主观上存有过错，才导致损害结果的发生。再次，物件致人损害的情况下，过错与因果关系是确定的，而抛掷物致人损害由于无法查找到真正的行为人，过错与因果不能明确，只能适用推定，从而保护受害人的利益。最后，法律适用存在差异。物件致人损害主要适用《侵权责任法》第 85 条的规定，而抛掷物致人损害主要适用《侵权责任法》第 87 条的规定，两者在承担责任的方式上存在很大区别。

本案中，被吹落的广告牌毋庸置疑归属于正兴商场，即正兴商场为广告牌的所有人。既然为广告牌的所有人，就理应对此广告牌负有妥善管理的义务，在大风狂作之前或者之中，应对广告牌进行检查或发布告示告知广告牌存有危险性等行为。而正兴商场未实施此义务，导致广告牌坠落、造成被害人甲受伤。其侵权行为符合《侵权责任法》第 85 条的构成要件，被害人甲有权向其主张侵权损害赔偿请求权。

所以，甲对正兴商场在侵权上的请求权发生。

二、请求权的消灭

本案请求权发生后，并无消灭之情形，故请求权没有消灭。

三、被请求权人的抗辩

在本案中，正兴商场根据《侵权责任法》第 28 条的规定（"损害是因第三人造成的，第三人应当承担侵权责任。"）提起抗辩。

正兴商场的抗辩不成立。因为：首先，此广告牌宣传内容为正兴商场的企业形象且安装于正兴商场的外围墙上，通过客观的表现形式以及社会的一般经验可推知，此广告牌的所有权归属于正兴商场。其次，正兴商场与天雷广告公司所生成的加工承揽合同，根据合同所具有的相对性，其约束力仅约束合同双方的当事人即正兴商场和天雷公司，对外并不产生任何法律上的效力。作为路人的甲，无须也无法知晓两公司之间存在合同关系，且甲与广告公司不存在任何法律上的关系。最后，路人甲的伤害是由广告牌脱落直接造成的，其侵权行为与损害结果存在必然的因果关系。

所以，被请求人的抗辩不成立。

四、小结

综上所述，甲对正兴商场的请求权成立。

正兴商场对天雷广告公司的请求权
——《合同法》第 262 条上的请求权

《合同法》第 262 条规定："承揽人交付的工作成果不符合质量要求的，定作人可以要求承揽人承担修理、重作、减少报酬、赔偿损失等违约责任。"该条规定主要为承揽人的违约责任，在承揽人履行合同中或者履行合同后，出现不符合质量要求的，定作人对其享有请求权以维护自身的合法权益。

一、请求权的发生

根据上述请求权基础规范，正兴商场请求天雷公司承担合同上的违约责任。

合同上的请求权是基于一定合同而产生的，在确定请求权的类型时，应首先确认合同的类型。根据案情分析，可得知正兴商场与天雷广告公司之间所成立的合同类型为我国合同法上明确规定的有名合同——加工承揽合同。然后，再按照合同内容分析双方是否存有违约行为。对于承揽人交付的工作成果不符合质量要求这一行为，其法律属性在理论界存有争议。

第一种观点：瑕疵担保责任说。此学说主张，"若定作物不符合合同约定或者法律规定的质量标准和要求的，承揽人应向定作人承担瑕疵担保责任"。[1]

第二种观点：不完全给付说。此学说认为："该条与我国《合同法》第 111 条关于不完全给付的规定基本相同，不宜认定为有关承揽人物的瑕疵担保责任的规定，而是有关承揽人不完全给付责任的规定。此种定性不仅有助于简化法律适用关系，而且也契合大陆法系有关承揽合同法的最新立法精神。"[2]

第三种观点：违约责任说。根据《合同法》第 262 条的规定，"确立了承揽人违反约定的质量要求应当承担违约责任"。[3] 此种观点为我国合同法中的通说。

构成违约责任须具备以下几个要件：

1. 违约行为。按照《合同法》的规定，因各个合同的各类具体形式不同，其违约行为也相应地不同。《合同法》第 107～108 条分别规定了各类合同的违约行为。根据《合同法》第 262 条之规定，承揽人所交付的工作成果不符合质量要求即属于违约行为。换言之，承揽人对于完成之工作应担保其无瑕疵，所担保的范围除材料外，也应包括因工作方法及过程中产生的承揽人的修补义务。

本案中，根据案情介绍可以分析得出，正兴商场与天雷广告公司之间为加

---

〔1〕　参见李志国主编：《合同法分则典型案例疏议》，知识产权出版社 2012 年版，第 147 页。

〔2〕　参见李永军、易军：《合同法》，中国法制出版社 2009 年版，第 550 页。

〔3〕　参见王利明：《合同法研究（第 3 卷）》，中国人民大学出版社 2012 年版，第 442 页。

工承揽合同，作为承揽人一方的天雷广告公司除保证广告牌的质量符合合同约定之外，还需按照约定为其安装好广告牌，安装行为属于承揽人天雷公司的合同义务。但经查明发现广告牌的质量存在问题，即表明天雷公司违反了承揽人对于完成工作之瑕疵担保的义务。

2. 损害后果的发生。违约责任的构成要件并不以损害后果的发生为前提条件，对于继续履行、采取补救措施、违约金、定金这几种违约责任形式而言，就不需要此条件。但如果发生损害赔偿金的请求时，就必须要求损害后果的出现。

本案中，由于天雷广告公司安装的广告牌存有质量问题，导致广告牌在大风刮起时砸伤无辜路人甲（重伤）的损害事实发生。

3. 因果关系。对于不需要以损害结果发生为要件的违约行为，就不存在因果关系问题，但对于损害赔偿金而言，需要违约行为与损害事实的发生存在因果关系。

本案中，路人甲遭受重伤正是因为天雷公司安装广告牌存有质量问题致使广告牌脱落，造成正兴商场为此承担了损害赔偿金。正兴商场的损害赔偿金与天雷公司广告牌存在质量问题之间存在因果关系。

综上所述，天雷公告公司在履行与正兴商场之间的加工承揽合同时，因技术失误违反了合同中的瑕疵担保义务，造成了正兴商场的损失，正兴商场有权基于违约责任向其主张违约请求权，请求履行修补义务，赔偿相应的损失。

所以，正兴商场对天雷公司的违约请求权发生。

二、请求权的消灭

本案请求权发生后，并无消灭之情形，故请求权没有消灭。

三、被请求人的抗辩权

在本案中，天雷公司根据《合同法》第261条的规定："承揽人完成工作的，应当向定作人交付工作成果，并提交必要的技术资料和有关质量证明。定作人应当验收该工作成果。"《合同法》第117条规定："因不可抗力不能履行合同的，根据不可抗力的影响，部分或者全部免除责任，但法律另有规定的除外。当事人迟延履行后发生不可抗力的，不能免除责任。本法所称的不可抗力，是指不能预见、不能避免并不能克服的客观情况。"提起抗辩。

天雷公司的抗辩不成立。因为：首先，正兴商场与天雷广告公司之间形成的加工承揽合同属于以定作的方式完成工作成果，其原材料都由天雷广告公司提供，不存在提供材料的不合格。且损害结果的发生是由于天雷广告公司所交付的工作成果不符合质量要求所直接导致的，正兴商场在管理方面存在注意义务上的过失，但不影响此因果关系的成立。其次，天气变化并不是法律中所规定的不能预见、不能避免并不能克服的客观情况。天雷广告公司完全可以在主观上预料到此种情况的发生，在客观行为上实施避免此损害事实发生的措施。所以，其主张以不可抗力免除违约责任的抗辩理由不成立。

所以，被请求人的抗辩权不成立。

四、小结

综上所述，正兴商场对天雷广告公司的违约损害赔偿请求权成立。

[结论]

1. 甲对正兴商场的请求权成立。
2. 正兴商场对天雷广告公司的违约损害赔偿请求权成立。

图书在版编目（ＣＩＰ）数据

侵权责任法案例教学实验教程/鲁晓明主编. —北京：中国政法大学出版社,2016.1
ISBN 978-7-5620-6454-1

Ⅰ.①侵…　Ⅱ.①鲁…　Ⅲ.①侵权行为-民法-中国-高等学校-教材　Ⅳ.①D923

中国版本图书馆CIP数据核字(2016)第014542号

出 版 者　　中国政法大学出版社

地　　址　　北京市海淀区西土城路 25 号

邮　　箱　　fadapress@163.com

网　　址　　http://www.cuplpress.com（网络实名：中国政法大学出版社）

电　　话　　010-58908435(第一编辑部)　58908334(邮购部)

承　　印　　固安华明印业有限公司

开　　本　　720mm×960mm　1/16

印　　张　　14.25

字　　数　　264 千字

版　　次　　2016 年 1 月第 1 版

印　　次　　2016 年 1 月第 1 次印刷

印　　数　　1～3000 册

定　　价　　32.00 元